이 책에 쏟아진 찬사

"인간 행동 설계에 대 ⋯⋯ ⋯⋯적인 책을 쓴 저
자는 없었다."

— 로버트 치알디니, 《설득의 심리학》 저자

"심도 깊은 연구와 매우 실용적인 방법론이 모든 담겼다. … 습관과 인생
을 바꾸고 싶은 이들에게 이보다 좋은 책은 없다."

— 그레첸 루빈, 《지금부터 행복할 것》 저자

"저자는 학술적인 연구와 현실적인 필요 사이에서 균형점을 찾아내는 놀
라운 능력을 가졌다."

— 숀 아처, 《행복의 특권》 저자

"강력하고, 독특하며, 실용적이다."

— 라미트 세티, 《당신이 부자가 되는 법을 가르쳐드립니다》 저자

"당신이 기억해야 할 우리 시대의 새로운 구루가 등장했다."

— 〈포춘〉

"회의에 지각하거나 약속을 잊어 먹는 사람이 있다면, 이 책을 선물하라."

— 〈비즈니스인사이더〉

"습관에 대한 비밀을 이보다 과학적으로 다룬 책은 없다. 새해에 함께 해야 할 책."

— 〈포브스〉

"에너지 넘치는 이론가이자 혁신적인 구루."

— 〈뉴욕타임스〉

"3만 명 이상의 멘토링, 50만 개 이상의 데이터 포인트로 확립한 습관 설계 법칙."

— 〈패스트 컴퍼니〉

"다이어트, 금주, 금연에 매번 실패하고 낙담한다면, BJ 포그를 만날 시간이다."

— 〈월스트리트저널〉

"BJ 포그가 개발한 행동 모델은 인간의 행동과 그 발생 요인을 이해하는 데 중요한 이정표가 됐다."

— 〈하버드비즈니스리뷰〉

"BJ 포그 덕분에 우리는 변화할 수 있다는 희망을 얻었다."

— 로버트 우드 존슨 재단, 미국 최대의 건강 자선 단체

"저자는 작은 습관의 중요성을 강조하지만 그의 공식은 모든 인간 행동에 적용할 수 있다."

— Thrive Global

습관의 디테일

TINY HABITS

위대한 변화를 만드는 사소한 행동 설계

습관의 디테일

BJ 포그 지음 | 김미정 옮김

흐름출판

행동과학자의 습관 설계법

작은 것은 강하다.

적어도 변화에 있어서는 그렇다. 이는 행동과학자로서 지난 20여 년 동안 6만 명이 넘는 사람들의 행동을 분석하고 그 이면의 작동 원리를 탐구하면서 내가 내린 결론이다.

"건강에 좋은 음식을 먹고 싶다." "주기적으로 운동하고 싶다." "푹 자고 싶다." "아이들에게 긍정적인 말을 하고 싶다." "일찍 일어나고 싶다." 이런 작은 결심이 행동으로 이어지고 이것이 매일의 작은 습관이 될 때, 우리의 인생은 극적으로 바뀐다. 브라질에 있는 나비의 날갯짓이 텍사스에 부는 토네이도가 된다는 나비효과처럼 말이다.

물론 이런 이야기를 하면 많은 이들이 "내가 안 해서 그러지 저 정도는 마음만 먹으면 얼마든지 할 수 있어"라고 답한다. 과연 그럴까?

내가 참여한 스탠퍼드대학교의 연구에 따르면 대답은 '아니오'다. 의지가 강하다고 자부하는 사람조차 사소한 행동을 습관으로 정착하는 데 어려움을 겪었다. 심각한 수준의 비만, 불면증, 스트레스를 겪는 이들의 일상을 따라가보면, 사소한 실패가 쌓여 큰 좌절감으로 이어진 경우가 많았다. 작은 것은 강하지만, 작은 변화는 생각보다 쉽지 않아 보인다.

그런데 나는 이 책에서 "위대한 변화를 만드는 작은 습관을 쉽고 즐겁게 만들 수 있다"는 주장을 하려 한다. 물론 구체적인 방법도 소개할 것이다. 내 이야기에 관심이 가고, 그래서 이 책을 한두 페이지 더 읽고 싶어졌다면, 당신은 나비의 날갯짓을 시작할 준비가 된 것이다.

여기서 잠깐, 그 전에 한 가지 확실히 해둘 게 있다. 인생을 바꾸고 싶다면 지금 이 순간부터 '내 탓하기'는 그만두자.

"어제 또 폭음을 하고 말았어. 나는 틀려먹었어." "또 늦잠을 잤어. 나는 왜 이리 게으를까." "또 운동을 빼먹었어. 나는 의지가 너무 약해." 우리는 자신을 탓하는 문화에 너무도 익숙하다. 늦잠을 자고, 폭음을 하고, 운동을 빼먹은 원인이 '내 탓'이라고?

분명히 말하는데, 당신 탓이 아니다!

원인은 당신이 아니다!

변화에 실패하는 원인은 '내'가 아니라 '접근 방식'에 있다. 이렇게 생각해보자. 수납장을 조립하는데, 설명서가 잘못되었고 빠진 부품도 있다면? 결코 수납장을 완성할 수 없다. 누구의 잘못일까? 내 잘못은 아니다. 제조사의 잘못이다. 그런데 우리는 노력하다 실패했을 때 '제조사'를 비난하지는 않는다. 자신을 탓한다.

결과가 기대에 미치지 못할 때면 우리 내면의 비판자는 그 틈을 놓치지 않는다. 그래서 일을 효율적으로 해내고, 체중을 줄이고, 규칙적인 운동을 하는 데 실패하면 문제의 원인을 자신에게 돌리기 바쁘다. "내가 더 나은 사람이었다면 실패하지 않았을 텐데." "규칙과 프로그램을 정확히 따랐다면, 자신과의 약속을 지켰다면 성공했을 텐데." "마음을 가다듬고 더 노력했다면 잘 됐을 텐데." 과연 그럴까? 결코 그렇지 않다.

당신이 실패의 원인이 아니다! 변화에 대한 접근 방식이 문제다. 성격상 결함이 아니라 설계상 결함이 원인이다. 앞으로 살펴보겠지만 습관을 기르고 긍정적인 변화를 일으키는 일은 어렵지 않다. 올바른 접근법을 안다면 말이다. 인간의 심리적 기제에 기반한 시스템, 변화를 쉽게 만들어주는 절차, 어림짐작과 잘못된 원칙에 의존하지 않는 도구가 있으면 된다.

우리는 지킬 수 없는 시간표를 짤 때처럼 습관 형성과 변화에 관해 비현실적이고 높은 기준을 세우곤 한다. 습관이 중요하다는 건 알고 있다. 그래서 좋은 습관을 늘리고 나쁜 습관을 줄이려 한다. 하지만 변화를 위해 고군분투하다가 실패하면 또다시 내 탓이라는 생각을 반복한다. 내가 지금까지 해온 모든 연구와 경험을 토대로 단언할 수 있다. 이것은 잘못된 마인드세트mindset이다. 좋은 습관을 만들고 행동을 바꾸는 일이 성공하려면 다음 세 가지를 지켜야 한다.

- 내 탓하기를 멈춘다.
- 원하는 것을 아주 작은 행동으로 쪼갠다.
- 실수는 새로운 발견이다. 이를 발판으로 앞으로 나아간다.

누군가에게는 이런 말이 와 닿지 않을 수 있다. 맞다. 자연스럽게 되는 일은 아니다. 무의식적으로 뇌에서 "내 탓이야" 하는 생각이 드는 걸 막을 순 없다. 자기비판도 일종의 습관이기 때문이다.

앞으로 소개할 작은 습관^{TINY HABITS} 기르기의 절차를 따른다면 달라질 수 있다. 자기 회의로 가득했던 과거를 뒤로하고 새로운 곳으로 들어서면 그곳이 내 길이 된다. 작은 습관 기르기는 부정적인 감정이 아니라 긍정적인 감정을 통해 변화를 시도한다. 의지를 억지로 끌어내고, 책임 소재를 묻고, 보상을 요구하지 않는다. 얼마 동안 실천하면 달라질 수 있다는 무책임한 약속도 하지 않는다.

이 책의 목적은 현재 내 모습과 내가 되고 싶은 모습 사이의 격차를 줄일 수 있는 쉽고 즐거운 방법을 제안하는 데 있다. 이 책이 여러분들에게 완전히 새로운 접근 방식의 안내서가 되기를 바란다.

이제부터 제안할 시스템은 주먹구구식이 아니다. 6만 명 이상을 대상으로 수년간 연구하고 전 세계의 다양한 문화권의 사람들을 코치하고 데이터를 수집하면서 개선해온 과학적 결과물이다. 이 시스템은 잘못된 해석과 처방전 대신에 입증된 원칙과 절차를 제시한다. 내 제자 중에는 내 이론을 활용해 인스타그램을 만든 창업자가 있다.

여러분도 작은 습관 기르기를 따르다 보면 나와 타인의 삶을 획기적으로 바꿀 수 있다. 그리고 무엇보다도 이 모든 변화를 즐겁게 할 수 있다.

행동과학자는 어떻게 습관을 바꾸었나

행동과학자인 나는 포춘 500대 기업과 함께 오랫동안 사람들이 매일 건강을 관리하고, 꾸준히 저축하고, 효율적으로 운전할 수 있도록 돕는 혁신적인 제품을 만드는 일을 해왔다.

그러던 어느 날, 거울을 봤다. 거울 속에 나를 보며 바꾸고 싶은 몇 가지 모습을 발견하게 됐다. 그래서 열성적인 과학자라면 누구나 한 번쯤은 해봄 직한 일을 시도하기로 했다. 나 자신을 대상으로 실험을 시작하기로 한 것이다. 먼저 내 생활에 도입하고 싶은 행동들을 시도해보았는데, '소변을 본 후 팔굽혀펴기 2회 하기' 같은 사소한 행동은 큰 효과가 있었다. 반면 '매일 점심에 오렌지 하나 먹기'처럼 건강에 도움이 된다는 명확한 이유가 있는 행동은 의외로 완전히 실패하기도 했다.

잘 실천되지 않는 행동이 있을 때마다 내 행동 모형을 돌이켜 분석했다. 그러자 어떤 패턴이 보이기 시작했다. 나는 직감에 따랐다. 방향을 완전히 바꾸기도 했다. 그리고 끝없이 실험을 반복했다. 행동과학자인 내게도 습관 형성은 자연스럽게 되는 일이 아니었다. 의도적인 과정이자 도전이었다. 하지만 연습을 통해 점차 약점을 장점으로 바꾸어나갔다. 그렇게 6개월이 지나자 내 삶이 크게 달라졌다. 체중이 9킬로그램 줄었고 더 건강해졌다. 어느 때보다 생산적이고 효율적으로 일하게 됐다. 아침으로 달걀과 시금치를, 오후 간식으로 콜리플라워를 머스터드에 찍어 먹었고, 건강하지 않은 음식은 식단에서 퇴출했다. 매일 기분이 좋아지는 습관으로 하루를 시작했고 숙면할 수 있는 생활과 환경을 설계하고 실천했다. 이 과정에서 나의 변화 능력이 향상되고 탄력이 붙고 있음을 깨달았다. 작지만 새로운 습관 수십 가지가 쌓이면서 내 생활은 과거와 완전히 달라졌다. 습관을 유지하기가 힘들지도 않았다. 이런 식으로 자연스럽게 변화를 이끌어나갔고, 모든 변화가 놀랍게도 **재미있었다.**

2011년부터는 사람들에게 내가 실험한 방법을 가르치기 시작했다. 수만 명을 코칭하고 그들의 변화를 연구하면서 나의 접근 방식이 다른 사람에게도 효과가 있고 그들의 삶을 근본적으로 변화시켰다는 사실을 확인했다. 시작은 즉흥적이었지만 자기 탐구에서 적용했던 이론들이 작은 습관 기르기 프로그램으로 정립되었다.

작은 습관의 힘

이야기를 이어가기 전에 분명히 해둘 것이 있다. 어떤 사람들은 올바른 정보를 안다면 사람들의 태도가 변하고 따라서 행동의 변화를 가져올 수 있다고 믿는다. 많은 프로그램과 선의의 전문가들은 교육을 통해 사람들을 변화시키려고 한다. 나는 이것을 정보·행동 동일시 오류information-action fallacy라고 부른다. 정보만으로 행동을 바꿀 수 없다. 여러분 스스로의 경험만 미루어봐도 알겠지만, '안다고' 삶이 바뀌지 않는다.

2009년부터 습관 형성에 관해 연구하면서 지속적인 변화를 만드는 데 세 가지 방법이 있다는 것을 알게 됐다. 깨달음을 얻고, 환경을 바꾸고, 아주 조금씩 습관을 기르는 것이다.

나나 당신같이 평범한 사람이 수도자처럼 진정한 깨달음을 얻기란 쉽지 않다. 평생 노력해도 불가능할지 모른다. 따라서 갑자기 기적이 일어나지 않는 한 '깨달음 얻기'는 선택지에서 배제해야 한다. 다행히 올바른 프로그램을 따른다면 '환경을 바꾸고, 조금씩 습관을 기르는' 두 선택지를 통해 변화를 지속시킬 수 있다. 두 선택지의 출발점이 바로 작은 습관 기르다. 사소하고 긍정적인 습관이 성장하고 확장하면 이는 훨씬 중요한 습관으로 발전한다. 작은 습관 기르기가 어떻게 작용하고 왜 효과가 있는지 알게 되면 인생의 극적인 변화를 맛볼 수 있다. 과음이나 휴대폰 의존증 같은 나쁜 습관은 버릴 수 있으며 마라톤 완주처럼 꿈만 같았던 버킷리스트도 달성할 수 있다.

앞으로 우리는 일상생활에서 일어날 수 있는 행동·변화 시나리오를 하나하나 살펴보며 작은 습관 기르기의 특징과 효과를 차근차근 알아볼 것이다. 작은 습관 기르기를 한마디로 정리하면, **하고 싶은 행동을 정해서 작게 쪼개고, 일상 속에 자연스럽게 끼워 넣을 곳을 찾고, 그것을 꾸준히 해나가는 것이다. 근본적인 변화를 위해서는 작게 시작하는 게 좋다.** 그 이유는 다음과 같다.

작은 습관은 금방 기를 수 있다

시간은 언제나 부족하다. 시간에 쫓겨서 차 안에서 끼니를 때우고 가족들과 바다에 놀러가도 전화기에 매달리는 것이 우리의 일상이다. 시간이 늘 충분하지 않다는 생각은 압박감을 만든다. 내 인생에서 여유는 결코 없을 것이라 생각마저 든다. 그러다 점차 변화를 거부하게 된다. 하루 30분 운동? 매일 저녁 건강한 식사 준비? 매일 감사 일기 쓰기? 말도 안 돼! 그럴 시간이 어디 있어? 하고 말이다. 달라지기 위해 노력하면서도 자책을 피하기란 쉽지 않다.

그러나 변화는 어렵지 않다. 작게 시작한다면 가능하다.

작은 습관 기르기는 **30초 안에 할 수 있는 사소한 행동**에 주력한다. 작게 시작하면 시간에 쫓기지 않고도 자연스럽게 성장할 수 있다. 나는 내 수업을 처음 듣는 이들에게 일단 아주 사소한 행동 세 가지로 작은 습관을 길러보라고 제안한다. 스트레스가 심하고 시간이 없다면 한 가지도 좋다. 처음부터 너무 큰 목표를 세우지 않는 게 중요하다. 작은 습관은 막간의 시간을 활용하기 때문에 힘들이지 않고도 꾸준히 유지할 수 있다.

작은 습관은 당장 시작할 수 있다

작은 습관은 지금 당장 시작할 수 있다. 누군가는 절박한 심정일 수도 있고, 또 누군가는 운이 좋을 수도 있지만, 극심한 스트레스 상태가 아니라면 누구나 당장 시작할 수 있다. 우리는 모두 감당해야 하는 각자의 생활환경, 바람직하지 않은 편견, 변화를 가로막는 심리적 기제를 갖고 있다. 작은 습관 기르기는 이런 방어적 심리 기제에 영향을 받지 않는다.

　나는 특정 습관을 처방하지는 않을 것이다. 대신 당신이 갖고 싶은 습관을 몸에 익힐 방법을 알려줄 것이다. 어떤 습관을 선택할 지는 당신의 결정에 달려있다.

　내 경우, 매일 아침 일어나자마자 긍정적 에너지를 불러오는 습관 한 가지를 실천하고 있다. 여기에 걸리는 시간은 딱 3초다. 나는 이 것을 마우이 습관이라고 부른다. 아침에 일어나서 발을 바닥에 댄 후 "멋진 하루가 될 거야"라고 외치고 미소 짓는다. 이 행동을 하면서 낙관적이고 긍정적인 기분을 갖도록 노력한다. 이 작은 습관은 다음과 같은 레시피 카드로 만들 수 있다.

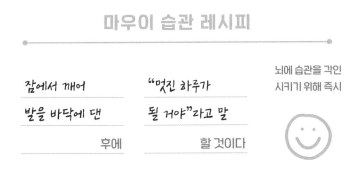

매일 최상의 기분으로 하루를 시작하기 위한 간단한 작은 습관 레시피

나는 내 수업을 처음 듣는 이들에게 마우이 습관을 실천하도록 조언하고 있다. 결과는 기대 이상이었다.

마우이 습관은 각자의 사정에 맞게 바꿀 수 있다. '멋진 하루'를 '기분 좋은 하루'라고 할 수도 있다. 나에게 더 효과가 있는 말로, 내게 더 익숙한 장소로 바꾸는 것도 좋다. 어떤 사람은 시간을 바꿨다. 각자 하루 일과에서 가장 효과가 있을 때, 가장 효과가 있는 방식으로 하면 된다.

피곤하고 불안한 기분이 드는 날이라면 구호를 외치기가 부담이 될 수도 있다. 그런 날도 3초만 투자해보자. 침대 한편에 앉아 낙관적인 기분을 느끼려고 노력한다. 그래도 공허한 느낌이 든다면 평소와는 약간 다른 말투로 "어쨌든 멋진 하루가 될 거야"라고 말해보자. 내 경우, 기분이 저조한 날에도 이 말은 이상하게 도움이 됐다. 그날 하루가 걱정돼도, 자신이 없어도, 마우이 습관은 멋진 하루를 보내도록 문을 살짝 열어주는 듯했다.

마우이 습관을 매일 아침 3초쯤 걸리는 간단한 훈련이라고 생각해보자. 무언가를 시작하는 일이 얼마나 쉬운지 배울 수 있다. 그리고 성공이라는 감정을 느낄 수 있다. 이는 행동 설계에서 가장 중요한 기술이자 출발점이다.

작은 습관은 안전하다

내 친구의 18개월 된 딸 윌라는 이제 아장아장 걷기 시작했다. 며칠 전 윌라는 우리 집 차고 앞에서 우리 개 밀리를 쫓아다녔다. 나는 윌라가 걷다가 대여섯 번 넘어지는 모습을 지켜봤다. 보도의 연석을 올라가고 하수구를 피해가기란 어린아이에게 쉽지 않았다. 윌라는 넘어져도 다시 일어섰다. 물론 몇 번인가 울음을 터뜨렸지만 다치지는 않았다. 계속 가지 않을 이유가 뭐가 있겠는가? 그러나 키가 180센티미터가 넘는 내가 걸음마를 배우는 중이고 단단한 포장도로에서 넘어졌다면 크게 다쳤을 것이다.

새로운 행동이나 습관을 시작하는 데도 같은 개념이 적용된다. 요가를 한 번도 해본 적 없는 사람이 요가를 시작할 수 있는 장소는 많다. 하지만 장소마다 리스크 수준이 다르다. 집에서 매일 태양 경배자세를 한 번 할 수도 있고, 가까운 요가 교실에서 한 달 강습권을 끊을 수도 있다. 큰맘 먹고 일주일간 인도로 요가 여행을 떠날 수도 있다. 선택지마다 시간과 돈의 투자량과 기대치가 크게 다르다. 다만 요가 매트에 서본 적도 없이 인도로 떠날 사람은 극소수일 것이다. 왜일까? 그에 따른 리스크가 얼마나 큰지 우리 뇌가 본능적으로 알기 때문이다. 큰일을 시작하기가 어렵게 느껴지는 이유가 여기에 있다. 내가 잔잔한 파도를 간신히 탈 수 있는데 감히 집채만 한 파도에서 서핑 하려고 하지 않을 것이다. 그랬다가는 큰 부상을 입을 것이고 작은 파도를 탈 자신감마저 잃을 수 있다. 왜 그런 짓을 하겠는가? 처음에는 잔잔한 파도에서 서핑 하는 게 낫다.

작은 습관 기르기에서는 위험을 고려할 필요가 없다. 요란하지 않게 변화를 도모할 수 있다. 누구의 방해도 받지 않을 수 있다. 그렇기 때문에 부담이 적다.

작은 습관 기르기는 융통성이 크고 아주 사소한 행동을 바꾸려는 것이기 때문에 정서적인 위험도 낮다. 작은 습관 기르기에서 실질적인 실패란 존재하지 않는다. 약간 비틀거릴 수는 있지만 다시 일어난다면 실패가 아니다. 습관이 만들어지는 과정일 뿐이다.

전업주부였던 에이미는 교육용 미디어 회사 창업이 목표였다. 처음에는 누구의 지시도 받지 않고 좋아하는 일을 한다는 생각에 매우 신이 났다. 하지만 사무실을 구하고, 직원을 채용하고, 세법을 익히는 등 해야 할 일이 너무도 많았다. 점차 그녀는 계약서 검토 같은 중요한 일을 미루고 회사 로고 디자인처럼 좋아하는 일만 했다. 벤처 회사 창립은 손에 쥘 것같이 가까워보였지만 사업 계획을 세울 시간이 부족해서 (사실은 미룬 일들 때문이다) 창업이 무산될 것 같은 두려움에 머리가 마비되곤 했다. 그럴 때마다 에이미는 조만간 중요한 일을 처리하겠다고 자신에게 거듭 약속했다. 하지만 몇 달이 지나도록 진행은 더디기만 했다.

에이미가 주저한 이유는 변화는 위대해야 하고 그런 게 아니라면 시작할 필요도 없다는 생각 때문이었다. 이는 사람들 사이에 만연한 고정관념이다. 현대인은 욕망을 중시하는 문화 속에 살고 있다. 그런 문화 속에서는 욕구가 즉시 충족되어야 한다. 그래서 서서히 조금씩 발전해나가는 과정을 받아들이기 힘들어 한다. 그러나 의미 있고 장기적인 변화에 필요한 건 바로 점진적인 발전이다. 많은 이들이 변화가 기대만큼 빨리 일어나지 않으면 좌절하고 실망한다. 이는 지극히 정상적인 반응이다. 동시에 이런 태도가 실패 요인이 된다.

내 수업을 들은 후 에이미는 변화는 위대해야 한다는 생각을 버리고 꼭 해야 하는 작은 일부터 하기로 했다. 그녀는 매일 아침 딸을 유치원에 데려다준 후 길가에 차를 세웠다. 그리고 반드시 해야 할 일을 딱 한 가지만 포스트잇에 적었다. 고객에게 이메일 한 통을 보내거나, 기획 회의 시간을 잡거나, 매뉴얼 도입부의 초안을 작성하는 간단한 일이었다. 할 일을 한 가지만 적는 데 에너지를 집중하는 단순한 행동은 연쇄 반응을 일으켰다. 포스트잇을 가지고 집으로 돌아가는 동안 에이미는 성공한 느낌을 받았다. 형광 분홍색 포스트잇과 함께 성공의 기운을 가지고 집으로 돌아갔다. 이런 매일매일의 단순한 행동은 그날의 추진력이 됐고 결국에는 성공적으로 창업할 수 있었다.

아주 작은 행동 하나는 대수롭지 않은 일처럼 보인다. 처음에는 그렇다. 하지만 거기에서 더 큰 도전과 더 빠른 발전에 필요한 추진력을 얻을 수 있다. 작은 습관을 실천하다보면 어느 순간 산더미 같던 일을 해치운 나를 발견하게 된다.

작은 습관은 동기에 의존하지 않는다

행동 변화에 대해서는 다양한 이론과 의견들이 있다. 그러나 잘 알려지고 공인됐다는 이론들조차 사람들의 삶을 실제로는 전혀 바꾸지 못한다. 특히 동기와 의지를 강조하는 이론들이 그렇다. 동기와 의지는 텔레비전 프로그램의 인기 소재인데, 많은 사람들이 지금도 동기와 의지를 끌어올리고 지속시킬 방법을 찾아 헤맨다(이 책을 읽는 독자들도 그런 목적으로 책을 펼쳤을 것이다). 그러나 동기와 의지는 본래 변하는 성질이 강해서 믿을 게 못된다.

시카고 출신의 주니는 '설탕 중독자'라고 부를 만큼 나쁜 식습관을 가지고 있었다. 주니의 설탕 중독은 건강과 가족, 직업을 위협하는 수준이었다. 그녀는 라디오 아침 방송의 진행자로 늘 정신없이 바뻔 일정을 보냈다. 그래서 차분히 앉아서 점심을 먹는 대신 스타벅스의 캐러멜 마키아토만 마셨다. 방송 생활은 치열했고 이를 따라가려면 캐러멜 마키아토 말고도 더 많은 설탕이 필요했다. 그녀의 선택은 아이스크림, 정확히는 버블검 아이스크림과 쿠키 아이스크림이었다. 집으로 돌아갈 때면 늘 쓰러지기 일보 직전이었다. 주니가 소파에 널브러져 있는 동안 두 아이는 비디오 게임을 했다.

내가 주니를 만나기 몇 년 전, 그녀의 어머니는 당뇨병으로 세상을 떠났다. 그때 경각심을 가져야 했다. 하지만 그녀는 더 많은 아이스크림으로 이별의 고통을 잠재웠다. 그 여파로 그해 여름에 몸무게가 약 7킬로그램까지 늘었다. 얼마 후 주니의 자매 둘이 당뇨병 진단을 받았다. 당뇨병을 앓고 있던 할머니도 세상을 떠났다. 당뇨병이 가족의 생명을 하나둘 빼앗아갔다. 아이스크림을 '좋아하는 취향' 정도로 치부했던 주니는 비로소 설탕 중독의 위험성을 인식했다.

이때 설탕을 끊겠다는 주니의 동기가 급등했다. 실제로 며칠은 성공했다. 하지만 작심삼일. 얼마 안 가 원래의 모습으로 돌아가곤 했다. 그녀는 자신과의 싸움에서 질 때마다 망친 기분을 달래려고 더 많은 설탕을 들이부었다. 그리고 체중계 위에 올라가 늘어난 숫자를 지켜보기를 반복했다.

주니는 의지력이 약해서 설탕을 끊지 못한다고 결론내렸다. 자신은 생각만큼 강하지 못하다는 자책이 이어졌다. 인기 라디오 프로그램 진행자로서 주니는 자신이 대단히 의지가 강하고 결단력 있는 사람이라고 믿어왔기 때문에 설탕의 유혹에 질 때마다 남들보다 더 큰 좌절과 혼란에 허우적거려야 했다. 그녀는 이 문제를 어떻게 해결했을까?

주니는 내가 주최하는 행동 설계 캠프에 자발적으로 참석한 건 아니었다. 하지만 캠프에서 개인적 삶을 자세히 들여다볼 기회를 가졌다. 그리고 곧 설탕 중독이 성격상 결함이나 의지의 문제가 아니라 행동 설계의 문제임을 깨달았다.

주니는 단순함이 행동을 변화시킨다는 작은 습관 기르기의 핵심 원칙을 이해했다. 그리고 사소한 행동이지만 큰 효과가 있는 작은 습관에 집중했다. 그녀는 셀러리나 당근만 먹는 극단적인 방법을 취하고 싶진 않았다. 아이스크림 대신 설탕이 덜 들어간 간식거리를 구비하는 등 환경을 재설계했다. 설탕에 대한 욕구를 감소시킬 운동도 시작했다.

주니는 해소되지 않은 슬픈 감정이 설탕에 탐닉하는 나쁜 행동을 촉발한다는 것을 깨닫게 됐다. 그래서 감정을 긍정적으로 처리할 수 있는 몇 가지 습관을 도입했다. 그 역시 아주 사소한 행동으로 시작했다. 예컨대 슬픔이 차오르면 막대사탕을 집어드는 대신 일기를 쓰거나 친구에게 연락할 자극으로 삼았다. 때론 다시 설탕을 집어드는 순간도 있었다. 그러나 예전처럼 이를 의지의 실패로 여기지 않았다. 이런 변화를 통해 그녀는 앞으로의 행동을 개선할 수 있는 통찰을 얻었다.

동기와 의지는 신뢰할 수 있는 요소가 아니다. 이 두 가지를 가지고 행동을 설계한다면 변화의 기대치는 매우 낮을 수밖에 없다. 행동은 쉽게 바꿀 수 있다. 변덕스러운 동기나 의지에 의존하지 않는다면 말이다.

작은 습관 기르기에서는 아무리 작은 성공이라도 축하한다. 이는 뇌 신경화학 이론에 따른 '나를 위한' 선물이다. **축하하기는 의식적인 행동을 무의식적인 습관으로 바꾸는 특효약이다.** 성공했다는 느낌은 새로운 습관을 뇌에 새기고 그 습관을 지속하도록 연료를 제공한다. 작은 습관 기르기를 지속하면 기분 좋은 하루를 보내는 방법을 터득할 수 있다. 자책 대신에 스스로 격려하는 능력은 삶을 지탱하는 견고한 뿌리가 된다.

10년쯤 전 린다의 삶은 비극적으로 무너지고 있었다. 아들은 마약 남용으로 사망했고, 딸은 양극성 장애 진단을 받았다. 가족 사업은 망해가고 있었다. 모두가 힘든 시간을 보냈다. 그뿐이 아니었다. 린다는 뒤늦게 남편이 알츠하이머를 앓고 있다는 사실을 알게 됐다. 결국 그녀가 남편을 대신해 사업을 지휘하게 됐다. 그러나 불경기에 잘못된 사업상 결정까지 겹쳐서 몇 개월 만에 파산 신청을 하기에 이르렀다.

린다와 남편은 평생 모은 돈과 집, 그녀의 꿈이었던 말 목장까지 전부 잃었다. 믿을 수 없을 정도로 나쁜 일만 이어졌다. 그러나 충격에 빠져 있을 수 없었다. 아이를 키워야 했고 회사를 다시 일으켜 세워야 했다. 슬픔에 짓눌렸지만 슬퍼할 여유까지 없었던 그녀는 곧 우울증에 시달렸다. 그녀는 매일 아침 침대 한편에 앉아 힘을 달라고 기도했다. 기분이 나아지기를 바랐다. 침대에서 빠져나오고 싶었다. 아이 옆에 있어주고 싶었다. 하지만 아침에 침대에서 내려오는 것 자체가 힘들었다.

린다는 어떻게 수렁에서 빠져나왔을까? 절망이 아니라 희망으로 하루를 시작하고 싶었던 린다는 작은 습관 기르기를 시작하면서 아침 습관 단 한 가지에 집중하기로 했다. 여러 습관을 실험한 후에 마침내 적절한 습관 하나를 발견했다. 바로 앞에 소개한 마우이 습관이다. 그녀는 마우이 습관이 "내 인생을 구원했다"고 말한다. 이 작은 변화가 버팀목이 되어 일상생활을 지탱해주었다. 곧 생활이 달라지기 시작했다.

린다에게는 작은 습관이 유일한 선택지였다. 작게 시작해 크게 성장해야 했고, 무엇이든 기분 좋아질 일이 필요했다. 마우이 습관은 성공의 느낌을 주는 다른 습관으로 이어졌고 작은 습관들을 실천할 때마다 그녀는 스스로를 격려했다. 이런 변화는 그녀가 더 생산적이고, 더 건강해지고, 아이를 위해 더 강해지도록 도왔다.

작은 습관은 난관에 부딪친 그녀의 인생에 뿌려진 긍정의 씨앗이었다. 그리고 그 씨앗들은 점점 자라났다. 새로운 난관이 나타나더라도 린다는 점차 자신에게는 성공을 느낄 능력이 있음을 상기할 수 있게 됐다. 린다는 매일 아침 빠짐없이 자신에게 물을 주었다. 그렇게 린다는 일어설 수 있었다. 긍정의 씨앗은 그녀 주위에서 꽃을 피웠다.

마침내 린다는 사업을 정상 궤도로 돌려놓았고 지금은 수천 명에게 작은 습관 기르기를 코치하고 있다. 그녀는 여전히 삶은 투쟁이라고 말한다. 하지만 이제 아침에 눈을 떴을 때 망설이지 않는다. 작은 습관이 가져오는 극적인 변화를 잘 알기 때문이다. 침대에서 일어나

다리를 바닥에 내리고 걸터앉아 이렇게 말하며 스스로를 격려한다. "오늘도 멋진 하루가 될 거야."

인간 행동의 작동 원리는 모두 같다

내가 어느 날 갑자기 지극히 사소한 행동을 무작정 시도한 건 아니다. 먼저 인간 행동이 실제로 어떻게 이루어지는지를 연구했다. 그 미스터리를 풀기까지 10년의 시간이 필요했고, 2007년 답을 찾았다. 답은 간단했다. 너무 간단해서 처음에는 아무도 이를 몰랐다는 사실을 믿기 어려울 정도였다. 인생은 때론 말장난으로 가득 찬 수수께끼 같기도 하다. 수수께끼는 답을 모를 때는 풀기가 어렵다. 하지만 일단 답을 알고 나면 모든 게 명확해진다.

칫솔을 새로운 장소에 두기, 매일 아침 식사 전에 식기세척기에서 그릇을 꺼내 정리하기, 저녁마다 화분에 물 주기, 아침에 커피를 내리면서 스쾃 2회 하기, 수요일에 쓰레기 내놓기, 흡연과 금연, 새벽 3시까지 인스타그램 하기, 퇴근 후 남편에게 키스하기, 침대 정리하기 또는 정리하지 않기, 초콜릿 먹기 또는 먹지 않기, 이 책 읽기 또는 읽지 않기. 앞에 나열한 행동의 일부는 긍정적 습관이고 일부는 그렇지 않다. 내가 알아낸 사실은 이 모든 인간 행동의 구성 요소가 똑같다는 것이다. 구성 요소들 간의 관계에서 행동과 반응이 나온다. 그것들이 우리의 행동을 결정한다. 좋은 습관이든 나쁜 습관이든 작동 원리는 같다.

인간 행동의 구성 요소가 어떻게 작동하는지 이해하고 이를 조절할 수 있게 되면 무력감에서 탈출할 수 있다. **내가 되고 싶은 사람이 될 수 있다.** 이는 멋있는 말이지만 어쩌면 부담이 될 수 있다는 것도 안다. 지금은 이를 걱정하지 말자. 삶을 바꾸기 위해 노력한 수만 명의 사람들을 도우며 내가 배운 것을 여러분과 나눌 것이다.

이 책이 좋은 습관을 만들고 싶은 사람들에게 안내서가 되길 바란다. 이 책에 나온 모형과 방법은 부록에 도표로 정리되어 있다. 내가 고안한 모형과 방법은 행동과학 연구와 관련 분야에서 입증된 증거들이 뒷받침하고 있다. 더 자세한 참고 문헌은 TinyHabits.com/references에서 확인할 수 있다.

각 장마다 습관을 설계하는 데 필요한 훈련법을 실었다. 더 많은 훈련법이 필요하다면 TinyHabits.com/resources에서 자료들을 찾아볼 수 있다.

자, 어디서부터 시작하면 좋을까? 인간 행동의 미스터리를 풀어줄 열쇠인 '포그행동모형'부터 살펴보자.

— BJ 포그

1장

무엇이 인간을
움직이게 하는가

인간 행동의 3요소

행동을 바꾸면 인생을 바꿀 수 있다. 우리 모두 아는 사실이다. 그러나 행동을 유발하는 변수가 단 3가지라는 사실은 잘 알려져 있지 않다.

포그행동모형Fogg behavior model은 그 미스터리를 풀어줄 열쇠다. 이 모형은 인간의 모든 행동(치실 사용부터 마라톤 완주까지)을 결정하는 3요소와 이들의 상호관계를 간단한 수식과 도표로 표현한다. 포그행동모형을 이해하면 성격과 절제력 같은 측정이 불가능한 요인을 제거하고 인간의 행동을 논리적으로 분석할 수 있다. 나아가 이 모형을 활용해 나와 타인의 행동 변화를 설계할 수 있다.

$$B = MAP$$

행동이 발생하려면 동기와 능력과 자극이

동시에 갖춰져야 한다

인간을 움직이는 3박자

행동은 MAP, 즉 동기_{Motivation}, **능력**_{Ability}, **자극**_{Prompt}, **세 가지 요소가 동시에 작용할 때 일어난다.** 동기는 어떤 행동을 하고자 하는 '욕구'다. 능력은 그 행동을 할 수 있는 '잠재력'이다. 자극은 그 행동을 하라는 '신호'다.

2010년 어느 날, 헬스장에서 재닛 잭슨의 노래를 들으며 실내 자전거를 타고 있었다. 그때 나는 심장 박동 수가 분당 120이 넘는 사람치고는 이상한 행동을 했다. 자전거를 타다가 적십자에 기부금을 보낸 것이다. 마침 도착한 문자 메시지를 보고 한 행동이다. 그때의 내 행동을 분석해보면 다음과 같다.

행동(B): 아이티에 대지진이 발생했다는 적십자 문자 메시지를 보고 기부금을 보냈다.

동기(M): 끔찍한 재난을 당한 피해자를 돕고 싶었다.

능력(A): 동의 한 번으로 돈을 보낼 수 있어서 기부하기가 쉬웠다.

자극(P): 문자 메시지라는 자극을 받았다.

행동의 세 가지 요소(동기, 능력, 자극)가 모두 갖춰졌으므로 나는 기부라는 행동을 했다. 하지만 세 요소 중 하나라도 충분하지 않았다면 기부라는 행동을 하지 않았을 가능성이 높다. 세 가지 요소를 하나씩 살펴보자.

행동(기부하기)에 대한 동기는 강했다. 당시 아이티의 지진 피해는 며칠 동안 모든 언론에서 집중적으로 다루어서 널리 알려져 있었다. 정말 가슴 아픈 자연재해였다. 능력은 어떨까? 문자 메시지는 동의 한 번으로 기부를 할 수 있도록 설계되어 있었다. 만약 적십자가 문자 메시지 대신 전화를 걸어 신용카드 번호를 요청했다면 어땠을까? 나는 지갑을 차에 둔 채 실내 자전거를 타고 있었으니 기부(행동)를 하기가 어려웠을 것이다. 자극은 어떨까? 적십자가 우편으로 기부를 요청했다면 광고물로 생각하고 읽지도 않고 버렸을 것이다. 자극이 없었으니 당연히 행동도 없었을 것이다. 다행히 적십자는 내가 기부할 수 있도록 동기, 능력, 자극을 완벽하게 설계했다. 나에게만 그랬던 건 아니다. 문자 메시지 기부 캠페인은 매우 성공적이어서 24시간 만에 300만 달러 이상, 한주 동안 2,100만 달러 이상이 모금되었다. 잘했어요, 적십자!

좋은 습관이든 나쁜 습관이든, 작동 원리는 같다

포그행동모형을 처음 접하는 사람들에게 이 모형이 보편적이라고 말하면 미심쩍어할 때가 많다. 알파벳 4개로 구성된 모형 하나가 어떻게 모든 인간 행동을 설명할 수 있는지 의아해한다. 행동 중에는 좋은 것도 있고 나쁜 것도 있다. 그런데 똑같은 원리로 설명할 수 있다는 게 사실일까? 사람들은 인터넷 쇼핑으로 기분 전환하는 것과 운동 계획을 세우는 게 무슨 상관이 있는지 이해하기 어려워한다. 다이어트같이 어려운 일은 원리가 복잡하다고 여긴다. 겉옷을 의자 위에 쌓아두는 나쁜 습관과 다이어트는 작동 원리가 다르다고 여긴다.

다른 점은 없다. 행동은 자전거와 같다. 자전거마다 모양은 다르게 보일 수 있지만, 핵심 메커니즘은 바퀴, 브레이크, 페달인 것처럼 말이다.

그렇지만 행동의 구성 요소가 같다고 해서 그 행동들이 똑같이 느껴지거나, 똑같아 보이거나, 똑같이 작용하는 것은 아니다. 또한 즐거워서 하는 행동과 하기 힘든 행동에 대한 감정은 외발자전거와 (장거리주행용) 로드 바이크를 타는 것만큼 확연히 다르다. 그래서 어떤 행동이든 그 작동 원리가 같다고 말하면 대부분은 이를 받아들이기 힘들어 한다.

나는 매달 행동 설계 훈련 워크숍을 운영하고 있다. 이틀 일정의 워크숍은 주로 기업인을 대상으로 한다. 참가자의 웰니스(행복하고 건강한 삶), 재정적 안정, 지속 가능성 등을 위한 효과적인 해결책을 찾도록 돕고 있다.

참가자들은 대부분 워크숍에서 배운 내용을 '개인적 삶'에 적용하길 원한다. 그래서 보통은 개인적인 사례로 워크숍을 시작한다. 나는 사람들에게 별다른 노력 없이 형성한 좋은 습관 하나와 끔찍이 싫어서 없애고 싶은 나쁜 습관 하나를 이야기해보라고 말한다. 지금까지 수많은 사람들의 다양한 습관을 접했지만, 그중에서도 케이티의 두 가지 습관은 명확하게 대조적이었다.

케이티는 직원 수십 명과 천만 달러 자릿수의 예산을 관리하는 유능한 경영자다. 케이티는 매일 퇴근하기 전에 책상을 정리하는 좋은 습관이 몸에 배어 있다. 퇴근 직전이면 컴퓨터를 끄고, 서류를 가지런히 정리했다. 화이트보드의 포스트잇들을 해야 할 일, 끝낸 일, 진행 중인 일로 분류해서 다시 붙였다. 책상 위가 깔끔해지면 케이티는 의자를 밀어 넣고 사무실을 나섰다. 다음 날 아침 사무실에 들어와 깔끔히 정리된 책상을 보면 항상 기운이 솟는 듯했다. 하루를 시작할 준비, 일을 할 준비가 잘 된 느낌이었다. 이 습관이 의식적인 선택이었냐고 묻자 케이티는 아니라고 했다. 그냥 어느 날부터 그러기 시작했다고 했다.

케이티는 책상 정리를 습관으로 인식하지도 못했다. 그래서 좋은 습관으로 이를 떠올리는 데도 한참이 걸렸다. 하지만 원하지 않는 습관이 뭐냐는 질문에는 바로 대답했다.

"아침에 침대에서 휴대전화 사용하는 거요! 정말 그러고 싶지 않은데 멈출 수가 없어요. 어떤 때는 침대에서 페이스북을 보며 빈둥거리다가 운동도 빼먹어요."

케이티는 휴대전화에 아침 운동 알람을 설정하면서 나쁜 습관이 시작되었다고 했다. 알람이 울리면 몸을 굴려 침대 옆 탁자에 올려놓은 휴대전화를 집어 들고 스크롤하기 시작한다. 나는 기상 알람을 몇 시로 설정해놓았는지 물었다. 오전 4시 30분이라고 했다. "와." 시간을 듣자 절로 탄성이 나왔다.

케이티는 연초에 매일 운동을 하겠다고 결심했다. 운동한 날도 있다. 하지만 대부분은 하지 않았다. 운동을 포기한 건 아니었다. 운동을 하지 않은 이유는 디지털 세계의 소용돌이에 빨려 들어갔기 때문이었다. 아침마다 페이스북 아이콘에 빨간색 알림 숫자가 뜨면 반드시 확인해야 할 것만 같았다. 클릭 한 번으로 동영상이 열리고, 그 동영상에서 알지도 못하는 사람의 피드로, 또 다른 동영상으로 이어지다 보면 5시 30분 운동 종료 알람이 울렸다. 그렇게 스스로 계획했던 운동을 하지 않고 또 하루를 맞이했다. 곧 자기비판과 죄책감이 일었다. 그녀는 이런 패턴에 빠진 자신이 마음에 들지 않았다.

케이티의 두 가지 습관, '책상 정리'와 '휴대전화 과다 사용'을 함께 살펴보자. 두 습관은 완전히 다른 감정을 불러일으킨다. 한 가지 습관은 기분이 좋아지고 생산성이라는 큰 효용을 가져온다. 책상 정리는 거의 무의식적으로 작동하는 자동화된 습관이다. 반대로 휴대전화 과다 사용은 순간은 즐겁지만, 나중에는 실망감을 남기는 나쁜 습관이다. 그녀는 침대에서 휴대전화만 들여다보는 자신에게 몹시화가 나면서도 대개는 유혹을 거부하지 못했다.

이렇듯 두 행동은 케이티에게 매우 다른 감정을 불러일으킨다. 하지만 두 행동의 구성 요소는 다르지 않다. 모든 행동은 똑같이 세 가지 요소에 의해 일어난다. 나는 이것이 자제력과 의지가 부족해서가 아님을 케이티가 알았으면 했다. 케이티는 원래 새벽 운동이라는 습관을 만들고 싶었지만 이를 제대로 설계하지 않아서 휴대전화 과다 사용이란 나쁜 습관이 생겼을 뿐이다.

행동은 동기, 능력, 자극, 세 가지 요소가 동시에 갖춰질 때 일어난다는 사실을 기억하자. 특정 상황에서 개인의 동기, 능력, 자극은 각각 다를 것이다. 동기와 능력 수준은 문화나 나이에 따라 다를 수 있다. 그래도 상관없다. 우주는 무한하고 복잡하지만 우리는 관찰을 통해 모든 현상에 적용되는 몇 가지 기본 원칙을 도출할 수 있다. 동기와

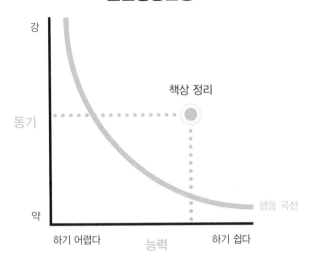

포그행동모형

능력이 서로 어떻게 작용하는지 B=MAP 그래프를 통해 살펴보자.

위의 그래프에서 가장 눈에 띄는 것은 큰 점이다. 점은 케이티의 책상 정리 습관을 나타낸다. 책상을 정리하도록 자극을 받았을 때 그녀의 동기와 능력이 어느 정도였는지 점의 위치가 알려준다. 동기는 중간 정도이고, 능력 대비 책상 정리의 난이도는 낮은 편이다.

이제 행동 곡선을 살펴보자. 스마일 모양과 비슷한 행동 곡선에 익숙해지자. 앞으로 계속 등장할 곡선이다. (여담이지만 만약 내 묘비에 딱 한 가지만 새긴다면 이 스마일 모양으로 할 것이다.)

어떤 행동이 행동 곡선 이상의 자극을 받을 때 그 행동이 발현된다. 동기는 강하지만 능력은 없다고 가정해보자. 가령 몸무게는 54킬로그램인데 벤치프레스에서 220킬로그램 역기를 들고 싶다면? 이 행동은 행동 곡선 아래에 놓이므로 자극을 받으면 오히려 좌절감을 느낄 것이다. 반면에 어떤 행동을 할 능력은 있지만 동기가 전혀 없다고 해보자. 자극만으로 행동을 유발할 수 없기 때문에 우리는 자극을 무시하게 된다. 어떤 행동이 행동 곡선 위 또는 아래로 가는지는 동기와 능력의 조합으로 결정된다. **여기서 '꾸준히 행동 곡선 위에 놓이는 행동이 습관이 된다'는 점을 기억하자.** 다음은 케이티의 휴대전화 과다 사용을 그래프로 그려보았다.

점의 위치를 보면, 동기가 매우 강하고 능력도 '하기 쉬운' 수준이므로 행동을 하기가 쉽다. 케이티의 휴대전화는 매일 새벽 4시 30분에 울리게 맞춰져 있다. 자극도 확실하다. 아침에 침대에서 일어나기 싫은 것도 아니고 운동하기 싫은 것도 아닌데, 케이티가 휴대전화 과

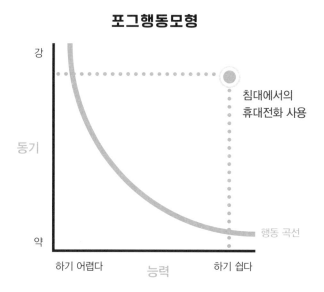

포그행동모형

다 사용 습관을 왜 멈추지 못하는지 그래프를 보면 이해가 된다. 꾸준히 행동 곡선 위에 놓인 행동이 습관으로 굳어진 것이다. 무언가 바뀌지 않는다면 케이티는 계속 휴대전화만 들여다보고 운동은 하지 않을 것이다.

두 가지 조치가 필요하다. 케이티는 휴대전화 사용 습관을 재설계한 다음, 운동 습관을 재설계해야 한다. 어떤 행동 과제든 해결책은 하나가 아니다.

원하는 행동을 하려면 동기, 능력, 자극의 요소를 조정하면서 어떤 상황에서 어떤 조합이 가장 효과가 있는지 알아내야 한다. 케이티가 휴대전화를 들여다보고 있기 힘들게 만들거나 휴대전화를 들여다보려는 동기를 감소시켜야 한다. 그런 다음 케이티의 운동 습관을 재설계하면 된다.

행동을 결정하는 4가지 원리

"**동기와 능력은 상호적 관계다**", 이 원칙이 어떻게 작용하는지 이해하면 원하는 행동을 거의 모두 설계할 수 있다. 행동 곡선이 이 원칙을 시각적으로 보여주고 있지만, 말로 풀어서 설명하면 다음 4가지 원리로 정리할 수 있다.

1. 동기가 높을수록 행동할 가능성이 높다

동기 수준이 높으면 자극이 낮더라도 힘든 일을 할 수 있다. 흔치 않

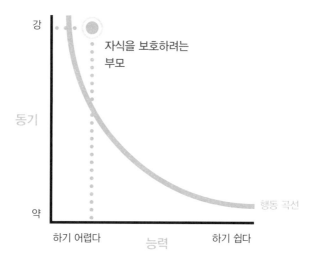

동기가 높을수록 행동할 가능성이 높다

강

자식을 보호하려는
부모

동기

약

하기 어렵다   능력   하기 쉽다

행동 곡선

은 일이지만, 부모가 자식을 구하기 위해 곰과 맞서 싸운 이야기나 평범한 사람이 곧 열차가 들어올 선로에 떨어진 사람을 구한 이야기를 들어본 적 있을 것이다. 아찔한 상황 앞에서 동기가 급증하고 아드레날린이 솟구치면 불가능해 보이는 일도 해낼 수 있다. 그러나 동기 수준이 보통일 때는 케이티의 책상 정리처럼 하기 쉬운 행동만 가능하다.

2. 하기 어려운 행동일수록 행동할 가능성이 낮다

누군가 지금 읽고 있는 책의 표지를 보여달라고 부탁하면 그렇게 하겠는가? 책 읽기를 잠시 중단하고 손목만 살짝 들면 된다. 귀찮기는 하지만 별일 아니다. 하기 쉽다. 하지만 누군가 책 전체를 낭독해달

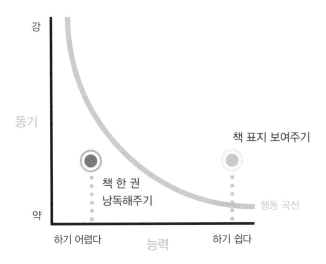

하기 어려운 행동일수록 행동할 가능성이 낮다

라고 부탁한다면? 그 부탁을 들어주려면 동기가 훨씬 강해야 한다. 시각장애인이 부탁한다든가 수고비로 1천 달러를 주겠다고 한다면 또 모를 일이다. 그러면 가능할 것이다. 어려운 행동은 동기가 매우 강해야 할 수 있다.

정리하면, 하기 쉬운 행동일수록 습관이 될 가능성이 높다. 이는 모든 습관에 적용된다. 좋은 습관이든 나쁜 습관이든 상관없다는 말이다. 침대에서 휴대전화를 사용하는 케이티의 습관을 생각해보자. 케이티는 알람 때문에 이미 휴대전화를 손에 쥐고 있다. 그러므로 다음 단계인 스크롤로 넘어가기가 정말 쉽다.

3. 동기와 능력은 서로를 보완한다

어떤 행동이 행동 곡선 위쪽에 놓이려면 동기와 능력을 모두 갖추어야 한다. 이때 동기와 능력은 한 팀처럼 공조한다. 하나가 약하면 다른 하나가 강해야 행동 곡선 위로 올라올 수 있다. 다시 말해서 한 요소의 수준에 따라 다른 요소의 필요한 정도가 달라진다. 동기와 능력의 이런 관계를 이해하면 행동을 분석하고 설계하는 새로운 방식에 눈뜨게 된다. 둘 중 하나가 약하면 다른 하나가 더 강해야 한다. 즉, 동기와 능력은 보완 관계다.

케이티의 책상 정리 습관은 동기도 상당히 강하고 실행하기도 쉽다. 그녀는 책상 정리를 마치는 데 3분도 채 걸리지 않는다고 했다. 이 습관 때문에 아이를 데리러 가는 길에 늦은 적은 없다. 처음부터 책상 정리는 가진 능력에 비해 쉬웠고 횟수를 거듭할수록 능률도 올랐다. 일반적으로 행동을 반복할수록 실행이 쉬워진다.(행동 ①→ 행동 ②→ 행동 ③)

동기가 급감한 날에도 그녀에게 책상 정리는 너무 쉬운 습관이어서 그다지 영향을 받지 않는다. 여기서 중요한 점은 그녀가 처음부터 사무실 전체를 정리하려 했다면 습관으로 발전하지 않았으리라는 것이다. 그랬다면 급히 나가야 할 때는 책상을 정리하지 못했을 것이다.

4. 자극 없이는 어떤 행동도 일어나지 않는다

자극이 없다면 아무리 동기가 강하고 능력을 갖춰도 소용이 없다. 자극이 없으면 행동도 없다. 단순하고 확실한 원칙이다.

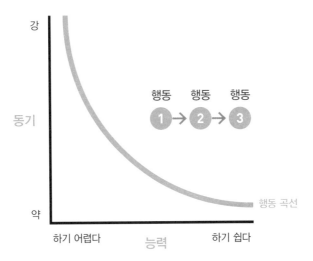

일반적으로 행동은 반복할수록 더 쉬워진다

동기와 능력은 연속 변수다. 특정 행동에 대한 동기와 능력은 언제나 어느 정도는 있다. 하지만 자극은 금방 끊기는 전화벨과 같다. 왔다가 사라진다. 전화벨이 울릴 때 제때 듣지 않으면 전화를 받지 못하는 것처럼 말이다.

원하지 않는 행동은 자극을 제거함으로써 하지 않을 수 있다. 항상 성공하는 건 아니지만, 자극의 제거는 행동을 멈추는 데 가장 효과적인 조치다.

일 년 전쯤 나는 미국 남서부 지역 콘퍼런스에 참석하기 위해 텍사스 주 오스틴에 갔다. 호텔 방에 들어서서 가방을 침대에 던졌다. 그리고 방을 둘러보던 중 책상 위에 놓인 뭔가가 눈에 들어왔다. "아, 안 돼." 아무도 없는 방에서 소리를 지르고 말았다. 프링글스, 블루

콘칩, 거대한 막대사탕, 그래놀라 바, 땅콩 등등. 맛있는 간식거리가 바구니에 가득 담겨 있었다. 나는 건강에 좋은 음식을 먹으려고 노력하지만 짭짤한 과자를 굉장히 좋아한다. 매일 긴 일정을 마치고 돌아오면 간식 바구니 때문에 마음속에서 갈등이 일어날 게 분명했다. 먹으라는 자극이나 마찬가지였다. 바구니를 보고 있자면 결국 간식의 유혹에 굴복할 것만 같았다. 제일 먼저 블루 콘칩, 그다음에는 땅콩을 먹어치울 것이다.

어떻게 하면 이 행동을 방지할 수 있을지 자문했다. 동기를 낮출 수 있을까? 어림없다. 나는 짭짤한 과자를 매우 좋아한다. 그렇다면 과자를 먹기 어렵게 만들 수 있을까? 바구니를 방에서 치워달라고 호텔 프런트에 부탁할까도 생각했다. 하지만 너무 유별난 짓 같았다.

내가 선택한 방법은 '자극 제거하기'였다. 나를 유혹하는 간식 바구니를 TV 수납장의 맨 아래 칸에 넣고 문을 닫았다. 바구니가 여전히 방 안에 있다는 걸 알지만 "나를 먹어줘!" 같은 소리는 더 이상 들리지 않았다. 다음 날 아침 짭짤한 과자에 대해 잊어버렸다. 오스틴에서 지낸 사흘 동안 TV장을 다시 열지 않았다고 말할 수 있어서 참 기쁘다.

자극을 제거하는 단 한 번의 조치로 행동이 일어나지 않았음에 주목하라. 이 방법이 효과가 없다면 다음 조치로 동기와 능력을 조절할 방법을 찾으면 된다.

행동 모형 가르치기

나는 대학에서 학생들을 가르칠 때나 기업가들을 훈련시킬 때 사람들에게 이 행동 모형을 2분 안에 설명해보게 한다. 내가 먼저 화이트보드에 그림을 그리며 각 요소를 설명하는 시범을 보인다.

포그행동모형

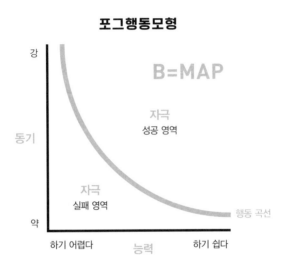

2분간 설명한 후 각 단계를 가장 효과적으로 설명할 방법과 함께 구체적인 문구까지 알려준다. 마지막으로 한 사람씩 화이트보드나 종이에 그림으로 그려 행동 모형의 개요를 다른 사람에게 설명하게 한다. 행동 모형을 간단명료하게 설명하는 법을 배우는 것은 행동 설계를 이해하는 데 가장 유용한 방법이다.

책에서는 직접 이 방법을 알려줄 수 없기 때문에 더 많은 정보가 필요하면 내 홈페이지에서 내가 사용하는 교수안을 내려받을 수 있고, 다른 사람들이 행동 모형을 가르치는 유튜브 영상을 볼 수도 있다.

원리를 알면 행동을 바꿀 수 있다

이제 동기와 능력이 서로 어떤 작용을 하는지 그리고 자극이 행동에 얼마나 필수적인 요소인지 이해했을 것이다. 다시 케이티의 사례를 살펴보자. 케이티는 휴대전화 과다 사용 습관을 어떻게 고쳤을까? 케이티의 휴대전화 사용 동기는 강하다. 휴대전화는 사용하기도 쉽다(능력). 그러므로 습관은 행동 곡선 위로 온다.

케이티는 무엇을 바꿀 수 있을까? 동기? 그럴 가능성은 낮다. 케이티는 자신의 포스팅을 좋아하는 사람이 있다는 걸 확인할 때마다 희열을 느꼈다. 이것만으로도 동기는 높은 수준을 유지한다.

능력은 어떨까? 이 요소는 변화 가능성이 크다. 아예 SNS 계정을 없애는 것도 방법이다. 하지만 너무 극단적인 방안이다. 다행히 케이티가 침대에서 휴대전화를 쓰기 어렵게 할 방법들은 이것 말고도 많다.

우선 휴대전화에 설치한 앱을 제거하는 방법이 있다. 휴대전화를 침대 맞은편 책상 위에 둘 수도 있다. 어린 딸의 방문 앞에 둘 수도 있다. 그러면 딸이 알람 소리에 깰까 봐 알람이 울리면 침대에서 당장 빠져나올 것이다. 아니면 차 안에 휴대전화를 둘 수도 있다. 휴대전화를 들여다보려는 케이티의 동기 강도가 매우 높아서 여러 방법을 시도해야 했다. 마침내 찾아낸 최종 해결책은 밤에 휴대전화를 주방에 두고 침실에는 구식 알람시계를 두는 방법이었다. 그녀는 휴대전화와 물리적 거리를 두어 사용을 어렵게 만들고, 휴대전화 대신 시계로 알람을 맞추어 자극을 완전히 없애버렸다.

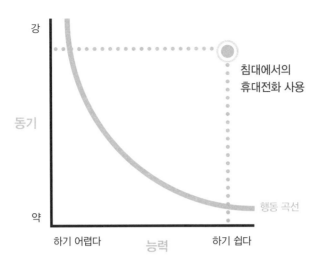

행동 모형의 한 요소를 바꿀 수 없다면 다른 요소를 바꾸는 데 집중하면 된다. 케이티의 경우 동기를 낮출 수 없으므로 능력과 자극을 바꿨다. 그녀의 운동 습관은 어떻게 됐을까? 그건 애써 노력할 필요도 없었다. 케이티는 휴대전화라는 방해 요인이 없어지자 계획대로 운동을 했다.

케이티는 행동 모형을 통해 휴대전화를 보게 되는 요인이 무엇인지 알고 나자 아주 쉽게 습관을 고칠 수 있었다. 행동 설계 워크숍에 참석한 지 몇 달 후 케이티는 난생처음 운동 습관이 생겨 몹시 기쁘다고 했다. 아직도 아침 식사 도중이나 줄을 서서 기다리는 동안 휴대전화에 빠질 때가 있기는 하지만 예전 같지는 않았다. 대부분은 아침 시간을 원하는 대로 보낼 수 있었다. 체력도 좋아졌다. 더 중요한 것은 행동 설계가 예상치 못한 영역에서 변화를 이끌어냈고, 그로써 더 나은 삶을 살 수 있다는 걸 경험했다는 사실이다.

원리를 알면 상대방의 행동도 바꿀 수 있다

인간 행동의 역학 관계를 알게 되면 자신뿐 아니라 타인의 행동을 이해하고 변화시킬 수 있다. 이는 매우 유용한 기술이다.

몇 년 전 비행기를 탔는데 매우 부산스러운 꼬마가 뒷좌석에 앉았다. 아이는 작은 발로 계속 내 좌석을 찼다. 비행 내내 아이가 내 좌석을 찰 가능성이 높았다. 어린아이 아닌가.

그래서 비행기가 이륙하기 전에 아이가 발로 툭툭 차는 행동을 그만두거나 줄이도록 내가 할 수 있는 일이 있는지 자문해보았다.

우선 자극을 따져보았다. 내가 자극을 제거할 수 있을까? 불가능했다. 아이가 좌석을 발로 차도록 촉발하는 요인(내적 욕구, 지루함)이 뭐가 됐든 내가 그걸 통제할 수는 없었다. 그럼 능력은 어떨까? 내가 아이의 발차기를 어렵게 만들 수 있을까? 그 또한 불가능했다. 그러므로 남은 선택지는 동기뿐이었다. 어떻게 하면 차분하면서도 장난스러운 말투로 아이가 발차기를 그만두도록 동기를 부여할 수 있을까?

호혜성의 원칙을 이용하기로 했다. 누군가에게 선물을 받으면 받은 사람도 어떻게든 호의에 보답하려 한다. 이런 역학 관계가 사람들을 서로 잘 지내게 해준다. 동기에 적절히 영향을 미칠 수 있는 방법이기도 하다.

마침 내 가방 안에는 근사한 노란색 스마일 배지가 하나 있었다. 나는 배지를 꺼내 꼬마 승객과 그의 부모에게 보여주며 말했다. "안녕. 아저씨가 이 스마일 배지를 선물로 줄게. 가는 동안 이걸 보면서 아저씨 의자를 발로 차지 말자고 기억할 수 있을까?" 아이가 "네!"라고 대답했고 부모는 진심 어린 미소와 함께 감사의 말을 표했다. 비행은 편안했다. 의자를 쿵쿵 차는 발차기는 더 이상 없었다. 친구도 생겼다. 우리는 수하물 찾는 곳에서 손을 흔들며 작별했다.

행동 모형을 활용하면 가족이 함께 집안일을 할 수도 있다. 집안일을 둘러싼 크고 작은 갈등은 관계를 좀먹는다. 내 파트너인 데니와 나는 집 청소에 대한 관점이 다르다. 내가 적당히 깔끔한 유형이라면 데니는 소독 수준의 청소를 하는 유형이다. 그래서 샤워 부스 청소가 수년 동안 논쟁거리였다. 데니는 곰팡이를 극도로 경계했다. 불행히도 우리 집 샤워 부스는 물이 잘 빠지지 않아서 곰팡이가 잘 생겼다. 그래서 데니는 샤워 부스를 쓰고 나면 물기를 닦아내라고 내게 당부했다. 하지만 나는 대체로 그러지 않았다. 사실 그런 적이 거의 없었다.

하루는 데니가 나를 샤워 부스로 데려가서 행동 모형을 가동했다. "우리는 둘 다 깨끗한 샤워 부스를 원해." 나도 동의했다. 데니는 내게 어느 정도 동기가 있음을 확인했다. 그런 다음 내 능력에 대해 질문했다. "샤워 부스를 닦기가 뭐가 어렵지?" 나는 그의 요청이 뭘 해야 하는 건지 몰랐다고 대답했다. 수건으로 닦으라는 건지 아니면 스퀴즈 밀대를 쓰라는 건가? 벽면도 닦아야 하는 건가? 이때 데니는 깨달았다. 자신이 원하는 바를 구체적으로 말하지 않았고, 추상적 요청을 내가 잘 이해하지 못했다는 사실을 말이다.

데니의 반응은 간단하고도 훌륭했다. 무엇을 해야 할지 직접 보여 줬다. 나를 샤워 부스 안으로 데려가 이렇게 말했다.

"샤워기를 잠그면 사용한 수건을 집어서 바닥에 놓고 이렇게 쓱 쓱 닦아. 그런 다음 수건을 빨래 바구니에 넣으면 끝이야."

데니가 보여준 방법이 너무 쉬워서 처음부터 그러지 않았던 게 바보처럼 느껴질 지경이었다. 시간도 약 10초밖에 걸리지 않았다. 데니가 무엇을 해야 할지 보여주자 과업의 난이도(능력)에 대한 내 인식이 달라졌다. 갑자기 엄청 쉬운 일처럼 보였다.

그날 이후, 나는 매일 샤워 부스를 닦게 됐다. 왜 그랬을까? 우선 데니만큼 나도 깨끗한 샤워 부스가 좋았고 데니를 기쁘게 해주고 싶었다. 그러니까 내게 어느 정도의 동기가 이미 있었다. 하지만 행동이 어려워 보였다. 그런데 데니가 정확히 무엇을 해야 하는지 보여준 순간 쉬운 일임을 알게 됐다. 그래서 샤워 부스 닦기는 행동 곡선 위로 이동했다. 요즘도 나는 능숙하지 않은 집안일은 데니에게 "정확히 어떻게 하라는 건지 보여달라"고 한다. 시범을 보고 나면 내 능력은 분명 향상됐다.

앞의 예들은 행동 모형을 타인에게 어떻게 활용할 수 있는지 보여주는 작은 사례다. 우리의 변화 도구 상자에 더 많은 도구가 갖추어지면 타인을 변화시키는 법에 관해 한 장을 할애해 살펴볼 것이다.

동기보다 능력, 능력보다 자극

살다보면 어떤 행동을 하기를 원하지만 그렇게 되지 않을 때가 많다. 그런 상황에서 행동 설계는 흔히 일어나는 문제들을 해결할 수 있는 구체적인 해법을 제시한다. 다만 방법이 예상과는 좀 다를 수 있다.

팀 회의를 정각에 시작하고 싶지만, 몇몇 직원들이 늘 몇 분씩 늦는다고 하자. 대다수 사람들은 화를 내거나, 벌점을 주거나, 지각한 사람에게 인상을 쓸 것이다. 그 모두가 회의 시간을 지키도록 동기를 부여하려는 시도다. 안타깝게도 이런 접근은 하수의 방법이다. 문제를 해결하려 할 때 동기를 부여하는 방식으로 시작하면 안 된다.

대신 다음과 같이 해보자. 모든 단계를 차례대로 시도하자. 만약 결과를 얻지 못하면 다음 단계로 넘어가면 된다.

1순위, 자극 어떤 행동을 하게 할 자극이 있는지 확인하라.
2순위, 능력 행위자에게 행동을 할 능력이 있는지 확인하라.
3순위, 동기 행위자가 행동을 하도록 동기 부여가 되는지 확인하라.

행동 문제를 해결하기 위한 1순위는 자극을 찾는 것이다. 행위자가 어떤 행동을 하도록 만드는 자극이 있는가? 지각하는 직원들에게 회의 시간을 알람으로 설정해놓았는지 물어볼 수 있다. 어쩌면 그걸로 문제가 해결될 수도 있다. 화낼 필요가 없다. 적절한 자극을 설계하기만 하면 된다.

자극 설계가 효과가 없다면 다음 단계로 넘어간다. 직원들이 회의 시간을 지킬 능력이 있는지 알아보자. 지각하는 직원들에게 무엇이 회의 시간을 지키기 어렵게 만드는지 물어보자. (3장에서 포괄적인 방안에 대해 설명하려 한다. 여기서는 이 질문으로 충분할 것이다.) 지각하는 직원들은 직전까지 다른 회의에 참석했다. 그 회의가 끝나는 대로 달려와도 이 회의에 늦을 수밖에 없다. 그렇다면 답을 찾았다. 지각은 능력의 문제였다.

마지막으로 직원들에게 자극과 능력이 있는데 동기가 문제라고 가정해보자. 이 경우에는 시간 엄수를 위한 동기 부여 방법을 찾아야 한다. (긍정적 및 부정적 동기 부여 방법에는 여러 가지가 있다.) 동기 부여는 행동 문제 해결의 마지막 수단이라는 점을 기억하자. 많은 사람들이 동기 부여에 먼저 집중해야 한다고 생각하지만 말이다.

이런 문제 해결 절차는 일터뿐 아니라 집에서도 사용할 수 있다. 당신이 수업에 쓸 자료를 만들려고 10대 딸에게 하굣길에 종이를 사다달라고 부탁했다고 가정해보자. 딸에게 심부름의 댓가로 주말에 자동차를 쓸 수 있도록 했다. 당신은 그 정도는 정당한 거래라고 생각한다.

그런데 아이는 종이를 사오지 않았다. 당신은 화를 내며 종이가 얼마나 필요한지 설명한다. (두 행동 모두 동기 부여 전략이다.) 아이는 "죄송해요, 내일 사다드릴게요"라고 말한다. 하지만 다음 날도 종이를 사오지 않았다. 이때 당신은 쿵쿵거리며 거실을 오갔고 딸에게 주말에 차를 쓰지 못하게 하겠다고 위협하고, 이러니 신뢰할 수 없다고 말한다. (이 또한 동기 부여 전략이다.)

알다시피 이런 접근은 현명하지 못한 방법이다. 이제 행동 문제의 우선 순위를 안다고 가정하고 이야기의 처음으로 되돌아 가보자.

첫날 아이가 종이 없이 집에 돌아왔을 때 화를 내지 않는다. 대신 문제 해결 방법을 쓴다. "종이를 사와야 한다는 메모 같은 건 해두었니?" "아뇨, 기억할 줄 알았어요. 그런데 잊었어요." 그래서 "어떻게 하면 내일은 기억이 날까? 뭐 좋은 방법이 있을까?"라고 질문해서 다음 날을 위한 자극을 설계한다. 아이는 휴대전화에 메모를 해두겠다고 한다. 그래서 어떻게 됐을까? 다음 날 아이는 종이를 내민다.

이런 문제 해결 방법을 자신의 행동에 적용하면 스스로를 비난할 이유가 없어진다. 아침에 명상할 시간을 갖고 싶지만 그러지 못한다고 하자. 의지와 동기 부족을 자책하는 대신 "명상을 촉발할 자극이 있는가?(자극)" "무엇이 명상을 어렵게 만드는가?(능력)", 이렇게 자문해보자.

단계별 문제 해결을 위해 행동 모형을 사용했던 많은 이들이 모형 덕분에 인간 행동의 기제를 알게 되었다고 말한다. 당신도 변화를 위한 자신의 노력을 분석하고 노력이 어떻게 약화되는지 또는 뒷받침되는지 알 수 있다. 왜 나중에 후회할 행동을 하는지에 대한 이해도 높일 수 있다.

습관은 시스템이다

누구나 한 가지 이상은 마음에 들지 않는 습관을 갖고 있다. 팝콘으로 저녁을 때우기도 하고 아이에게 소리를 지르기도 하고 넷플릭스를 몰아서 보기도 한다. 그러나 이런 행동을 모른 체할 필요도, 그로 인해 좌절할 필요도 없다. 자책할 필요는 더더욱 없다.

이를 확실히 상기시켜준 사람은 유능한 그래픽 아티스트이자 멋진 엄마인 제니퍼였다. 제니퍼는 운동을 생활화하지 못하고 좌절을 느끼던 차에 작은 습관 기르기 온라인 강좌를 신청하고 행동 모형을 배우게 됐다. 제니퍼는 아이를 갖기 전까지는 늘 운동을 해왔다. 대학 시절에는 매일 달리기를 했고, 몇 년 전에는 친구와 함께 하프 마라톤에 참가하기도 했다. 하지만 요즘 제니퍼가 하는 신체 활동이라고는 설거지와 빨래가 전부다. 그녀는 진심으로 운동을 하고 싶었다. 하지만 체력이 예전 같지 않았다.

제니퍼는 이따금 거실에서 15분간 요가를 하거나 가끔은 골목 끝까지 달렸다. 충분히 할 수 있는 간단한 운동이었지만 '규칙적으로' 하지는 못했다. 운동한 날은 기분 좋았고 운동하지 못한 날은 한잔하고 싶었다. 예전에는 일상의 습관이었던 운동이 이제는 매일 같이 애를 써야 가능했다. 성취감을 주었던 5마일(8킬로미터) 달리기는 고사하고 평소에는 우편함까지 가지도 못했다. 제니퍼는 그 때문에 패배자가 된 것 같았다고 털어놓았다. 왜 운동을 하지 못하는지 자책이 이어졌다.

제니퍼는 사람들이 흔히 느끼는 막막함과 저항감을 토로했다. 매일 근력 운동과 달리기를 해야 한다고 되뇌었지만 아이들을 돌봐야 한다는 핑계로 운동을 거르다가 한심한 자신을 돌아보며 하루를 마치곤 했다. 그녀는 자신이 이로운 행동을 하지 않고 핑계만 대고 있다는 걸 알고 있었다. 의지가 약한 걸까? 동기가 부족한 걸까? 무엇

때문일까?

제니퍼는 작은 습관 기르기를 경험한 몇 주 후에 운동을 습관화하지 못한 수수께끼를 풀었다고 했다. 먼저 동기, 능력, 자극이 어떤 상태인지 스스로를 돌아보았다. 단계별로 자신의 행동을 분석해나간 끝에 동기가 문제임을 알아냈다.

제니퍼에게는 요가에 대한 동기가 거의 존재하지 않았다. 거실에서 혼자 요가를 하고 싶지 않았다. 그래서 그녀는 자신이 원하는 운동 방법을 찾기로 했다. 자신이 끌리는 운동을 써 내려가던 중 문제의 근원을 발견했다. 제니퍼가 즐기는 운동들에는 공통점이 있었다. 바로 사람들과 함께하는 운동이라는 점이었다. 생각해보면 혼자 하는 운동은 재미가 없었다. 운동을 해야 한다는 의무감만 들 뿐이지 행동 곡선 위로 오게 할 정도로 동기 부여가 되지 않았다. 제니퍼는 혼자 운동하겠다는 생각을 버리고 그룹 운동을 찾아봤다. 주 1회 스핀 수업과 주 1회 요가 수업에 등록하고, 엄마들의 달리기 모임에도 참석하면서 어느덧 예전의 운동 습관을 되찾았다.

그 자체로도 엄청난 승리였지만 제니퍼가 가장 기뻐했던 이유는 따로 있었다. 그녀는 스스로 기를 죽이는 저주로부터 벗어났다. 행동의 기제를 알기 전에는 왜 예전처럼 운동을 하지 못하냐고 자신을 괴롭혔다. "예전에는 했는데 왜 못해. 이 게으름뱅이야. 대체 뭐가 문제야?" 이런 질책을 반복했다. 곱씹고 곱씹다 결국에는 한잔하며 하루를 마무리했다. 답을 찾기 위해 머리를 쥐어짰다. 나이가 들어서일까, 항우울제를 복용해야 할까, 개인 트레이너가 필요한 걸까 고민하고 고민했다. 결국에는 너무 좌절감이 들고 우울해져서 바삐 저녁을 준비하고 장난감을 치우며 문제를 회피했다.

제니퍼는 행동 설계를 배우고 나서야 문제의 원인이 자신이 아니라는 것을 깨달았다. 행동이 문제였다. 행동을 구성 요소로 분석한 후 행동 설계의 결함이 무엇인지 깨달았다. 그녀에게 능력은 있었지만 혼자 운동할 만큼 동기가 충분하지 않았다.

제니퍼에게 (그리고 우리에게) 다행스럽게도 행동 모형에는 게으름 또는 나약함이란 축은 없다. 자책이 들어갈 곳도 없다. 제니퍼가 행동과 자신이 별개임을 깨닫는 순간 모든 것이 바뀌었다. 그녀는 자신의 습관을 레시피처럼 생각하기 시작했다. 결과가 마음에 들지 않으면 자책하거나 포기하는 게 아니라 재료와 배합 비율을 바꾸었다.

앞으로는 배양 접시에서 자라는 미생물을 바라보는 과학자처럼 객관적인 거리에서 호기심을 갖고 자신의 행동을 바라보기 바란다. 이는 행동 변화에 관한 기존의 책과는 다른 접근법이다. 이 책에서는 의지를 강조하거나 스스로를 몰아세우는 엄격한 처방을 내리지 않을 것이다. 당신의 삶을 변화를 이끌어내는 실험실로 여겼으면 한다. 내가 되고 싶은 사람이 될 수 있는지 실험해보는 장소, 안전하고 무엇이든 가능한 장소로 느꼈으면 한다.

다음에 이어질 장에서 우리는 행동 설계 과정을 배우고 이를 활용해 실험을 한다. 실험의 목표는 작은 습관 기르기이다. 여기에는 긍정적인 습관을 만드는 토대이자, 앞으로 다른 행동을 설계하는 데 필요한 핵심 원리가 담겨 있다. 시간을 두고 특정 결과를 달성하려 하든, 단번에 중대한 행동을 하려 하든, 원치 않는 행동을 그만두려 하든 간에 방법과 절차는 동일하다.

좋은 습관을 기르는 첫걸음은 어떤 습관을 기를지 결정하는 것이 겠지만 그 전에 무엇이 당신을 무너뜨리는지 자세히 살펴봐야 한다. 이 책을 읽고 있다면 바꾸고 싶지만 그러지 못했던 행동이 있을 가능성이 크다. 그렇다면 무엇이 나를 방해하는가?

가장 큰 요인은 동기의 변덕이다. 동기의 변덕은 불합리한 목표를 세우게 부추긴다. 동기는 정상에 도달하게 돕기도 하지만 동기 부여가 가장 절실할 때 우리를 절벽에서 밀어버리기도 한다.

다음 장에는 '변덕쟁이' 동기에 대해 알아보자.

두 가지 훈련을 소개한다. 첫 번째 훈련은 쉽다. 두 번째 훈련은 좀더 노력이 필요하겠지만 건너뛰지 않도록 하자. 투자한 시간과 노력만큼 결실이 있을 것이다.

1. 버리고 싶은 습관 탐색하기

포그행동모형은 모든 종류의 행동 변화에 적용된다. 여기서는 나쁜 습관을 멈출 간단한 방법을 탐색해보자.

1단계 버리고 싶은 습관 3가지를 적는다. 구체적으로 쓰도록 하자. 예컨대 '탄산음료를 끊는다' 대신 '점심시간에 탄산음료를 사지 않는다'고 쓰자.

2단계 각각의 습관을 유발하는 자극을 제거 또는 회피할 방법을 생각해본다. 아무런 방법이 생각나지 않아도 괜찮다. 그럴 때는 다음 단계로 넘어가자. (자극)

3단계 각 습관을 실천하기 어렵게 만들 방법을 생각해본다. (능력)

4단계 각 습관에 대한 동기를 감소시킬 방법을 생각해본다. (동기)

5단계 습관별로 2, 3, 4단계에서 나온 최상의 방법을 선택한다.

2. 포그행동모형을 가르치면서 익히기

좋은 학습 방법 중 하나는 다른 사람에게 가르치는 것이다.

1단계 포그행동모형을 가르칠 교수안은 45쪽을 참고하라.

2단계 교수안을 읽으면서 행동 구성 요소를 그린다. 교수안을 읽지 않고도 모형을 설명할 수 있을 때까지 연습한다.

3단계 행동 모형을 가르칠 사람을 찾는다.

4단계 행동 구성 요소 그림을 놓고 포그행동모형을 설명한다. (모형을 그려가며 설명하면 더욱 좋다.)

5단계 2분 동안 설명한 후에 학습자에게 어떤 점이 흥미로운지 질문한다. 이는 내가 수업에서 즐겨하는 질문이다. 모두에게 더 나은 학습 경험을 선사하는 대화를 끌어낼 수 있는 질문이기 때문이다.

2장

동기를
믿지 마세요

동기

샌드라와 에이드리언은 난생처음으로 내 집을 장만했다. 부동산중개인이 처음 집을 보여주었을 때 뒤뜰 테라스에서 살펴본 뒷마당은 집의 유일한 단점이었다.

마당은 그야말로 엉망이었다. 돌담은 무너져 내렸고, 잔디는 무릎까지 자라 있는 데다, 무시무시한 거름더미가 차고 뒤편에 쌓여 있었다. 그러나 둘은 개의치 않았다. 그때만 해도 그들은 아메리칸 드림에 취해 있었다. 뒷마당의 모든 광경이 가능성으로 보였다. 텃밭과 꽃밭을 가꾸고, 앙상한 떡갈나무 두 그루에는 해먹도 걸 수 있을 듯했다. 심은 지 얼마 안 된 레몬나무에는 희귀한 새가 날아와 앉을 것만 같았다.

이사하던 날 두 사람은 의욕으로 가득 차 있었다. 반드시 손봐야할 곳을 목록으로 만들고 곧장 팔을 걷어붙였다. 실내를 사포질하고, 페인트를 칠하고, 구석구석을 청소했다. 2주 후 샌드라와 에이드리언은 뒷마당을 제외한 집수리 항목을 모두 지웠다. 그들은 뒷마당 테라스에 나란히 서서 마당의 상태를 살폈다. 이번에는 마당이 주는 느낌이 사뭇 달랐다. 집수리 열정이 뚝 떨어졌다. 할 일이 너무 많아 압도당했다.

어디서부터 시작해야 할까? 샌드라는 부모님 대신 잔디를 깎으며 자랐지만 그게 조경 경험의 전부였다. 에이드리언은 아파트에서 자랐으므로 샌드라보다도 아는 게 적었다. 그들에게는 원예 도구도 없었다. 여기 기후에서 레몬나무가 제대로 자라기는 할까? 그들이 원하는 건 분명했다. 친구들을 불러서 놀고, 장차 아이들이 태어나면 스프링클러 사이로 뛰어다니고 모래성도 지을 수 있는 아름다운 뒷마당을 갖고 싶었다. 하지만 지금으로선 뒷마당은 어마어마한 일거리일 뿐이었다.

이럴 때 사람들은 대부분 뒤돌아서 집 안으로 들어간다. 그리고 나중에 하자고 스스로에게 말한다. 아니면 대대적인 정원 개편을 마음먹고 죽어라 일한다. 그렇게 3시간쯤 등이 휘도록 일하고는 손을 놓아버린다. 어느 쪽이든 꿈은 연기되고 죄책감과 실망감이 그 자리를 차지한다.

동기라는 변덕쟁이

집수리뿐만 아니라 다이어트, 규칙적인 운동, 창작 프로젝트, 세금 신고, 창업, 구직, 기획회의와 같은 일상의 모든 상황에서 동기는 시시때때로 변덕을 부린다. 때로 동기는 무수히 많은 은밀한 함정을 파놓고 장난을 친다. 대형 프로젝트를 앞두고 있거나 아주 작은 습관을 고치려 할 때도 동기는 도움이 되기보다는 걸림돌이 될 때가 많다. 한마디로 동기는 신뢰할 수 없다.

64

유감스럽게도 많은 사람들이 동기야말로 행동 변화의 진정한 원동력이라고 믿는다. 보상, 인센티브 같은 단어들이 자주 거론되는 탓인지, 적절한 당근만 찾아서 눈앞에 흔들어주면 어떤 습관이든 기를 수 있다고 생각한다. 이런 식의 접근이 이해는 된다.

1장에서 보았듯 동기는 행동의 3요소 중 하나이다. 하지만 변덕스러울 때가 많다. 이 장에서는 동기의 문제점을 깊이 파헤쳐볼 것이다. **동기는 파티광 친구와 유사하다. 하룻밤 같이 놀기는 좋지만 공항으로 데리러 와달라고 믿고 부탁할 수는 없는 친구 말이다.** 당신은 그런 친구의 역할과 한계를 이해하고 변덕스러운 친구에게 의지할 수 없는 일들을 정해두어야 한다.

먼저 변덕쟁이 동기의 특성부터 하나하나 알아보자. 그런 다음 정말로 원하는 걸 얻기 위해 어떻게 동기의 함정을 피해야 할지 살펴볼 것이다.

1. 동기는 복잡하다

개념부터 점검해보자. 동기^{Motivation}란 무엇인가? 동기는 구체적인 행동(오늘 저녁에 시금치 먹기) 또는 포괄적인 수준의 행동(매일 저녁 채소 또는 건강에 좋은 음식 섭취)을 하려는 욕구다. 외적 동기와 내적 동기를 구분하는 심리학자들도 있지만 그런 구분은 현실에서는 별로 도움이 되지 않는다.

나는 대신 동기의 세 가지 원천, 즉 당신 자신(당신이 이미 원하는 것), 그 행동을 함으로써 얻는 이득이나 처벌(당근과 채찍), 상황(예컨대 친구들이 하는 모든 행동)에 초점을 맞추겠다. 이를 시각적으로 표현하기 위해 PAC 모형을 만들었다. 앞으로 계속 등장하게 될 PAC 모형은 인간Person, 행위Action, 상황Context으로 구성되어 있으며, 이는 행동을 직관적으로 이해하는 데 도움을 준다.

PAC 모형이 보여주듯이 동기의 원천은 인간, 행위, 상황 셋 중 하나다.

PAC 모형

그 행위를 함으로써 얻는 행위Action
이득 또는 처벌

인간Person
이미 어떤 행위를
하기를 원하는 인간

상황Context 개인의 상황에
기인한 동기

첫째, 동기는 사람의 내부에서 생길 수 있다(인간). 당신은 이미 하고 싶은 행동이 있다. 예컨대 우리 대다수에게는 매력적으로 보이고 싶은 동기가 있다. 이는 인간에게 내장된 원초적 동기다. 둘째, 그 행동과 연관된 이득 또는 처벌로 인해 동기가 생길 수 있다(행위). 세금을 예로 들어보자. 간절히 세금을 내고 싶은 사람은 없지만, 세금을 내지 않으면 처벌이 따른다. 처벌이 동기를 부여한다. 마지막으로 동기는 상황(현재 환경)에서 생길 수 있다(상황). 자선 단체를 후원하기 위한 미술품 경매 파티에 참석했다고 가정해보자. 취지도 좋고, 사람들은 적당히 취해 있다. 경매 진행자는 열띤 분위기를 조성한다. (신중하게 설계된) 모든 상황이 소박한 그림에 많은 돈을 내도록 동기를 유발한다.

행동에 영향을 미치는 동기가 하나 이상일 수도 있다. 나는 복수의 동기가 특정 행위로 이끌거나 또는 멀어지게 하는 힘이라고 본다. 이는 집단의 구성원으로 받아들여지기를 바라는 욕구일 수도 있고 신체적 고통에 대한 두려움일 수도 있다. 어쩌면 서로 부딪치는 동기들이 어떤 행위를 하거나 하지 못하게 막고 있을지도 모른다. 동기는 항상 존재하면서 그 순간의 크기에 따라 당신을 행동 곡선 위 또는 아래에 놓이게 한다.

때로 동기가 가진 복잡한 성질 때문에 마음속에서 갈등이 생기기도 한다. 샌드라와 에이드리언이 뒷마당을 청소할지 말지 결정할 때도 여러 동기가 경쟁했다. 그들은 말끔히 청소한 집에서 즐거운 마음으로 휴식을 취하고 싶었다(동기A). 그러나 한편 뒷마당까지 완벽히 정리하고 청소 목록에서 뒷마당을 지워버리고 싶은 마음 또한 있었

경쟁적 동기들

동기A
쉬고 싶다

동기B
청소하고 싶다

다(동기B). 샌드라와 에이드리언은 상충하는 동기를 가졌고, 이 때문에 둘은 딜레마에 빠지게 된다. 상충하는 동기는 심리적 고통으로 이어질 수 있다. 예컨대 식단에서 백설탕을 없애고 싶은데 초콜릿 컵케이크를 먹고 싶을 수 있다.

상충하는 동기들의 경쟁보다 더 큰 문제는 우리가 진짜 동기를 잘 모르는 경우다. 내가 팝콘의 짭짤한 맛을 좋아하는 걸까? 아니면 가족과 함께 영화를 보러 가서 먹었던 팝콘에 대한 추억 때문에 매일 팝콘을 먹는 습관이 생긴 건 아닐까? 동기의 변덕, 불가시성은 동기라는 행동 요소를 정확히 파악하고 통제하기 어렵게 한다.

2. 동기는 파도다

동기가 급격히 강해지면 매우 어려운 일을 해낼 수 있다. 예를 들어 동기에 불이 당겨지면,

위험한 순간에 사람을 구하고,

회사에 사표를 던지고,

상충하는 동기

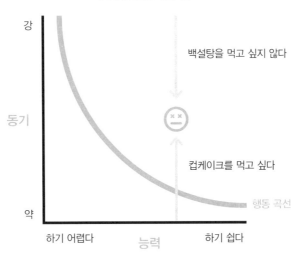

집 안의 정크 푸드를 몽땅 내다버리고,

공항을 쏜살같이 가로질러 비행기를 타고,

익명의 알코올 중독자 모임에 처음으로 참석하고,

새해 결심 10가지 전부를 하루 동안 지킬 수 있다.

그러나 높은 수준의 동기는 산발적이며 지속 불가능하다. 샌드라
와 에이드리언이 매일 집을 사는 것은 아니다. 집 열쇠를 받아든 첫
날 집수리에 대한 동기가 매우 강했고 어려운 일도 척척 할 수 있을
것만 같았다. 동기는 한동안 도움이 되어서 힘들고 오래 걸리는 실
내 수리를 할 수 있었다. 하지만 다음 날이나 다음 주, 다음 달에도
집수리에 대한 동기가 그대로 유지될까? 어느 시점부터 동기는 약해

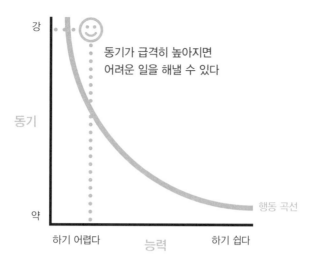

강

동기가 급격히 높아지면
어려운 일을 해낼 수 있다

동기

약

행동 곡선

하기 어렵다   능력   하기 쉽다

진다.

　행동 설계에서는 이와 같이 일시적으로 동기가 급격히 요동치는 현상을 동기 파동-motivation wave 이라고 부른다. 동기가 최고조에 달했다가 가라앉는 경험을 해봤을 것이다. 그리고 아마도 동기를 유지하지 못하는 자신을 탓했을 것이다. 이는 비난받을 일이 아니다. 동기가 우리 삶에 작용하는 방식이 원래 그렇다.

　해마다 약 1억 명이 온라인 강의에 수강 신청을 하지만 그중 대부분은 중도 포기한다. 연구에 따르면 끝까지 수강하는 사람은 10퍼센트 미만이다. 중도 포기자는 처음에는 신이 나서 열심이지만 그 후로 동기가 감소하는 경험을 했다. 중간에 그만둬도 수강료는 내야 한다는 조건도 강의를 끝까지 듣도록 동기를 유지하지는 못했다. 이런 경우는 일상에서 비일비재하다.

홈쇼핑에서 산 어깨 마사지기는 언제 마지막으로 사용했는지 기억하는가? 쇼핑몰에서 시연자가 너무도 간편하게 조리와 세척을 해보였던 주서기는 어떤가? 미래의 동기를 과대평가했던 경우는 이뿐만이 아닐 것이다. 그러나 내가 멍청하고 경솔해서 쉽게 속는 게 아니다. 인간은 누구나 원래 그렇다.

어떤 행동이 좋은 생각이고 필요한 일이라는 판단이 들면 인간은 어떤 감정을 느끼게 된다. 그것이 욕구가 됐든 흥분이나 두려움이 됐든 상관없이, 동기를 부여하는 감정은 곧바로 뇌에 의해 합리화된다. 비용이 많이 들고, 시간을 많이 잡아먹고, 일상생활에 지장을 줄 수 있는 이 일을 하는 게 갑자기 전적으로 논리적인 선택처럼 여겨진다.

이처럼 인간은 감정으로 시작한 행동을 곧잘 합리화한다. 인류가 사바나에서 살던 선사시대부터 이는 생존에 유리한 방식이었다. 동기를 유발하는 감정은 인간의 생존을 돕도록 진화했다. 갑자기 사자가 보이면 빨리 달아날 수 있게 자동으로 두려움이 엄습하는 편이 생존에 더 유리하다. 우리가 이성부터 작동하도록 태어났다면 〈스타트렉〉의 스팍처럼 됐을 것이다. 스팍이 주서기를 지하실에 처박아두었을까? 아닐 것이다. 스팍은 동기 파동에 휩쓸리지 않을 것이다. 그는 동기 파동이 상승하는 걸 보면 그 아래로 헤엄칠 것이다. 그는 주서기를 씻는 데 드는 노동력과 시간을 짐작해보고 애초에 동기의 급격한 하락을 추론할 것이다. 물론 나를 포함한 대부분의 인간은 그렇지 못하다.

3. 동기는 변덕쟁이다

동기는 아주 짧은 동안에도 변한다. 동기는 하루하루, 심지어 시시각 각 요동친다. 예측 가능한 동기 변화의 예시를 들어보겠다. 크리스마 스 다음 날 산타 모자가 필요한 사람이 있을까? 판매 업체는 이런 행 동의 원리를 알고 그에 맞춰 판매한다. 그래서 고객들의 구매 동기가 낮아지는 크리스마스 다음 주에는 산타 모자가 싸다.

더 미묘하지만 예측 가능한 동기 변화도 있다. 일반적으로 의지는 아침에서 저녁으로, 월요일에서 금요일로 갈수록 감소한다. 따라서 오전보다 오후에는 복잡한 결정을 내리기 힘들어진다. 금요일 밤에 는 자기계발 동기가 사라질 수 있다. 동기를 완전히 통제할 수 없는 이유 중 하나가 이런 기복 때문이다.

헬스케어와 웰니스 산업 종사자들은 특히 이런 기복을 잘 안다. 몇 년 전 온라인 다이어트 관리 회사인 웨이트 와처스Weight Watchers의 상품 개발팀에게 행동과학을 강의한 적이 있다. 당시 최고경영자였 던 데이비드 키르히호프는 사업이 계절을 타는 특성이 있다고 설명 했다. 웨이트 와처스는 연중 특정 기간에만 온라인 신청과 검색 순 위가 급증하는 것을 알고 있었다. 1월에는 신청자 수가 평균보다 훨 씬 많다. 새해결심 덕분이다. 사람들이 여름 내내 핫도그와 아이스크 림을 즐긴 후 평소 체중으로 감량하기로 마음먹는 노동절(미국의 연방 공휴일로 9월 첫째 월요일) 후에도 등록이 급증한다. 사람들이 추수감사 절과 크리스마스에 달콤한 파이를 거절할 수 없음을 깨닫는 11월 초 에는 체중 감량 노력이 급감한다. 11월과 12월에 체중 감량 동기는 잔잔한 바다 같다. 그러므로 동기에 기대어 변화를 꾀하는 것은 좋은

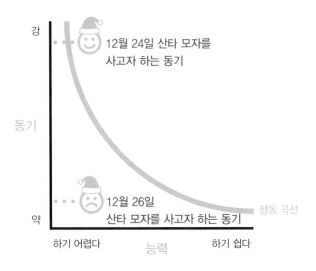

강

동기

12월 24일 산타 모자를
사고자 하는 동기

12월 26일
산타 모자를 사고자 하는 동기

약

행동 곡선

하기 어렵다　　　능력　　　하기 쉽다

판단이 아니다.

　동기의 기복에는 예측 가능한 파동만 있는 게 아니다. 예측할 수 없는 파동도 있다. 아리아나 그란데의 콘서트에 가게 해달라고 일주일 동안 졸랐던 아이가 콘서트 전날 갑자기 가지 않겠다고 변덕을 부린다고 하자. 아이와 가장 친한 친구가 콘서트에 함께 가기로 한 약속을 깨뜨리는 바람에 아이의 동기가 꺾였다는 사실을 부모는 알 리가 없다.

　그렇지만 동기가 계속 발현되는 특별한 상황도 있다. 손자들과 오붓한 시간을 보내고 싶은 할머니를 생각해보라. 또는 언제나 친구들에게 잘 보이고 싶은 10대를 생각해보라. 그런 **지속적인 동기를 나는 열망**aspiration**이라고 부른다.** 다음에 설명할 내용은 바로 그 열망에 관한 것이다. '건강하고 싶다.' '아이의 이야기를 더 잘 들어주고 싶다.' '성취감을 느끼고 싶다.' 이런 열망을 달성하고자 하는 욕구는 오래 유지된다(적어도 금방 바뀌지는 않는다). 이는 좋은 일처럼 보인다. 그렇다. 열망은 삶을 변화시키기에 탁월한 출발점이다.

많은 사람들이 더 건강하게 생활하고, 스트레스를 덜 받고, 더 충만한 삶을 살기를 진심으로 열망한다. 그러나 문제가 있다. 대체로 사람들은 그런 열망에 대한 동기 부여가 지속적인 변화의 힘이 되리라 믿는다. 그래서 사람들은 열망에 집중한다. 그리고 동기를 높이는 데 초점을 맞춘다. 그러나 그 두 조합은 장기적인 변화에는 그다지 효과가 없다.

그러나 이런 잘못된 믿음은 사람들 사이에 널리 퍼져 있다. 미국의 병원에 가면 "무지개 색깔을 기억하세요!"란 제목의 다채로운 채소가 그려진 공중 보건 캠페인 포스터를 볼 수 있다. 이 포스터를 보고서는 건강에 더 좋은 음식을 먹겠다고 다짐한다. 하지만 실생활에서 어떻게 해야 할지 모른다면 소용이 없다. 초록색 음식과 빨간색 음식을 얼마나 먹어야 하지? 샐러드와 사과를 먹으라는 뜻이겠지? 설마 민트 아이스크림과 빨간 사탕을 의미할 리는 없겠지?

꿈과 열망은 좋은 것이다. 공중 보건 캠페인도 의도는 좋다. 하지만 추상적 목표를 위해 나와 타인에게 동기를 부여하는 데 시간과 에너지를 투자하는 것은 실패가 예고된 전략이다.

4. 동기는 장기적 변화에 도움이 안 된다

사람들은 대체로 행동 개선이 행위 주체인 개인과 선택의 문제라고 믿는다. 적절한 동기 요인을 찾을 수 있다면 반드시 해야 할 행동(보통 추상적인)을 하리라고 여긴다. 이런 사고방식은 실패할 경우 전적으로 자신과 동기를 부여하는 자신의 무능력을 탓하게 만든다. 나는 이 모든 것을 바꾸고 싶다.

오직 동기에만 초점을 맞춘다면 행동 변화의 실질적인 원동력인 능력과 자극을 무시하는 것이다. 혈당을 당장 정상 수준으로 낮추면 백만 달러를 주겠다는 제안을 받았다고 해보자. 백만 달러라면 꽤 동기 부여가 될 것이다. 그렇지만 밥 먹듯이 단것을 먹다가 당장 혈당을 낮출 수 있을까? 아마 안 될 것이다. 동기만으로는 목표에 도달할 수 없다. 오로지 동기 수준만 높여서는 목표와 열망을 달성할 수 없다. 동기는 행동 모형의 세 요소 중에서 가장 예측할 수 없고 신뢰할 수 없는 요소이다.

그러나 여전히 많은 사람들이 동기에만 집중한다. 이는 단기적으로 성공으로 이어지기도 한다. 하지만 이제는 동기만으로는 지속적인 변화를 이룰 수 없다는 걸 알았으면 한다. 지속적으로 동기를 높게 유지하거나 동기를 확실히 조작하지 못한다면 장기적 변화는 불가능하다. 그리고 이런 방법은 없다. 다시 한 번 이야기하지만 동기의 변덕은 성격적 결함이 아니다. 동기의 변덕에 의지하지 말고 피해 가야 한다.

"500달러를 저축하세요" vs. "매일 잔돈을 모으세요"

동기의 변덕을 피해갈 방법을 알아보기 전에 분명히 해둘 게 한 가지 있다. 큰 꿈을 가지고, 상상을 펼치고, 비전을 세우는 것은 좋은 일이다. 원하는 꿈은 더욱 생생하게 그릴수록 좋다. 당신이 어디에 있는지 어디로 가는지 알아야 목적지에 도달할 수 있다. 샌드라와 에이드리언이 뒷마당을 보고 흥분해서 야심 찬 계획을 세운 게 잘못은 아니었다. 자기 사업을 시작해보겠다, 저축을 해서 조기 퇴직을 하겠다, 평생에 걸친 비만과의 싸움에서 이기겠다는 열망을 갖고 이 책을 읽고 있다면 그 또한 잘못이 아니다.

인간은 본디 몽상가이므로 항상 뒷주머니에 큰 꿈 몇 가지를 넣어둔다. 하지만 거기서 그칠 때가 많다. 변덕스러운 동기에 걸려 넘어지기 때문이다. 그렇다면 어떻게 해야 동기에 의존하지 않고 주머니 속의 열망을 끄집어내어 실현할 수 있을까?

먼저 열망과 결과, 행동, 이 세 가지의 차이부터 제대로 이해하자. 내가 행동 설계 훈련과 워크숍을 시작할 때 제일 먼저 하는 질문 중 하나는 '일상생활에 도입하고 싶은 새로운 행동은 무엇인가'다. 흔히 듣는 답변은 다음과 같은 것들이다.

- 휴대전화 사용 시간을 줄이고 싶어요.
- 잠을 더 푹 자고 싶어요!
- 체지방을 12퍼센트 줄이고 싶어요.
- 아들에게 더 인내심 있는 아빠가 되고 싶어요.
- 더 생산적이면 좋겠어요.

나는 이렇게 대답한다. "그렇군요. 제가 그 소망을 현실로 만들 방법을 알려드릴 수 있습니다. 하지만 말씀하신 것들은 행동이 아닙니다. 여러분이 가진 열망이거나 얻고 싶은 결과죠." 열망은 아이가 학교에서 우수한 학생이기를 바라는 것과 같은 추상적인 욕망이다. 결과는 2학기 때 전 과목 A 받기처럼 측정 기준이 좀더 명확한 것이다. 이 두 가지 모두 행동 설계의 좋은 출발점이 된다.

그러나 열망과 결과가 곧 행동은 아니다. 행동과 이 둘은 구분해야 한다. **행동은 지금 당장 또는 어떤 특정 시점에서 할 수 있는 실천을 말한다.** 휴대전화 꺼놓기, 당근 먹기, 교재를 펼치고 5쪽 읽기, 이런 것들은 특정 시점에서 할 수 있는 행위들이다. 그에 반해서 열망이나 결과는 어느 한 시점에 달성할 수 없다. 갑자기 잠을 잘 자게 될수는 없다. 오늘 저녁에 5킬로그램을 뺄 수는 없다. 열망과 결과는 일정 기간을 두고 적절한 행동을 지속적으로 수행할 때 달성할 수 있는 것들이다.

저축 권장 캠페인에 나선 은행과 일한 적이 있다. 은행의 목표는 고객이 비상금으로 500달러를 저축하게 하는 것이었다. 은행 홈페이지에는 비상 자금이 없다면 타이어가 터지거나 변기가 막혀 수리 업자를 불러야 하는 비상 상황이 발생했을 때 재정적인 어려움을 겪게 된다는 기사, 전문가 의견, 데이터가 제시되어 있었다.

"그래서 고객에게 요청하려는 행동이 무엇입니까?"

내가 물었다.

"비상금으로 500달러를 저축하라는 거죠."

프로젝트 팀장이 대답했다.

교육 수준이 높고, 지적이며, 훌륭한 이 집단에게는 그 말이 상당히 구체적으로 여겨지는 듯했다. 그러나 이들이 행동이 아니라 결과를 이야기하고 있다는 데 주목하자. 그 점을 지적하고 싶었던 나는 장난스럽게 말했다.

"각자 지금 당장 500달러를 저금하세요."

사람들이 웃음을 터뜨렸다. 그리고 내 지적을 알아들었다. 그리고서 우리는 논의에 들어갔다. 나는 고객이 비상금을 만들기 위해 할 수 있는 구체적인 행동을 찾는 데 초점을 두었다. 다음은 우리가 생각해낸 몇 가지 방법이다.

- 통신사에 전화해서 최저 요금제로 바꾼다.
- 매일 저녁 주머니에 남은 잔돈을 비상금 저금통에 넣는다.
- 안 쓰는 물건을 판 다음 판매금을 전부 비상금 계좌에 넣는다.

우리가 찾아낸 구체적인 행동은 이것 말고도 30가지가 넘었다. 효과는 조금씩 다르지만, 모두가 은행 고객들이 저축이라는 결과에 도달하기 위한 구체적 단계를 밟을 수 있게 해주는 행동들이었다.

은행 사람들은 퍼즐에서 빠진 조각이 동기가 아님을 깨달았다. 고객에게 쉽고 효과적인 구체적 행동들을 제시할 필요가 있었다. 그들은 홈페이지에서 예금해야 하는 '이유'보다 '방법'에 더 초점을 두었어야 했다는 것을 알게 되었다.

의료인도 이런 식으로 초점을 바꿀 필요가 있다. 병원에 갔는데 더 잘 챙겨 먹고 운동을 많이 하라는 조언을 들은 적이 있는 사람이라면 '잘 챙겨 먹기'가 무엇을 지칭하며 어떻게 해야 하는 건지 의문을 가졌을 것이다. 나는 전문가들도 작은 습관 기르기를 실천하는 사람들과 같은 출발점에서 시작하게 한다. 당신도 바로 거기서부터 시작해야 한다.

열망은 명확히, 행동은 구체적으로

행동 설계 7단계

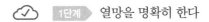 **1단계** 열망을 명확히 한다

행동 설계의 첫걸음은 열망을 (또는 결과를) 분명히 하는 것이다. 내가 하고 싶은 것은 무엇인가? 나의 꿈은 무엇인가? 나는 어떤 결과를 달성하고 싶은가?

1단계에서는 열망 또는 결과를 명확히 적는다. 단 이는 언제든 수정할 수 있다. '체중 감량'이라고 썼다면 이게 정말 내가 하고 싶은 것인지 자문해보자. 어쩌면 그럴 수도 있다. 아니면 원하는 건 멋진 옷맵시일 수도 있다. 또는 당뇨 관리일 수도 있다. 또는 패들보드를 즐기고 싶은데 너무 체중이 많이 나간다고 생각할 수도 있다.

열망을 명확히 할 때 자신이 진정으로 하고 싶은 행동을 효율적으로 설계할 수 있다. 당신은 마음 챙기기가 자신의 열망인 줄 알았다. 하지만 곰곰이 생각해보니 정말로 하고 싶은 건 생활 속 스트레스 줄이기일 수 있다. 그리고 스트레스 줄이기는 마음 챙기기보다 쉽다. 매일 산책하고, 10분간 악기를 연주하고, 사건사고가 가득한 뉴스 시청을 줄여볼 수 있다. 1단계에서 열망 또는 결과를 심사숙고해 정말 원하는 열망을 명확히 하자.

(참고: 열망과 결과 무엇을 출발점으로 삼아도 좋다. 하지만 나는 출발점으로 열망을 선호한다. 구체적인 결과보다는 열망이 더 융통성이 있고 덜 부담스럽기 때문이다.)

행동 설계 7단계

 열망을 명확히 한다

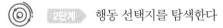 행동 선택지를 탐색한다

2단계는 '구체화하기'다. 열망 중 하나를 고른 다음 그것을 달성하는 데 도움이 될 수 있는 구체적인 행동들을 탐색한다.

이 단계에서는 아직 결정을 내리거나 노력을 기울이지 않는다. 선택지를 탐색하는 과정일 뿐이다. 따라서 행동을 많이 열거할수록 좋다. 본인의 창의력을 발휘할 수도 있고 친구에게 아이디어를 구할 수도 있다.

행동 선택지를 탐색하는 데 도움이 되도록 내가 고안한 방법이 있다. 행동군swarm of behaviors 탐색이라고 이름 붙인 방법이다. 방법은 다음과 같다. 다음 그래프의 구름 안에 열망을 적는다. 그런 다음 구체적인 행동들로 네모 칸을 채운다.

행동군 탐색

내가 친구 마크에게 이 과정을 알려주는 중이고 마크는 자신의 열망을 분명히 알고 있다고 하자. 그는 구름 안에 '스트레스 줄이기'라고 적는다. 다음으로 질문한다. "마크, 요술봉을 흔들어서 스트레스가 줄어드는 행동을 말하면 그대로 이루어진다고 해보자. 그럼 소원으로 무슨 행동을 빌 거야?"

마크가 첫 번째로 일주일에 한 번 마사지 받기를 생각해내면 내가 다시 묻는다. "좋아. 또 뭐가 있을까?" 이때 아이디어를 깊이 분석하거나 평가하지 않는다. 마크가 계속 행동 선택지를 적어가는 동안 나는 계속 "좋아. 또 뭐가 있을까?"라고만 반응한다.

이 단계를 이끄는 동안 나는 사람들에게 지금은 무엇이든 할 수 있는 요술봉을 가졌다고 생각하라고 말한다. 마우이로 이사할 수도 있고, 반려견을 직장에 데려갈 수도 있고, 월급이 30퍼센트 많은 관리직으로 승진할 수도 있다. 이 단계에서는 탐색만 하는 게 중요하다. 그리고 매우 낙관적이어야 한다. 그래서 나는 이 방법에 요술봉 사용하기라는 이름을 붙였다.

요술봉을 쥐고 있으니 초능력을 사용해보라는 격려에도 사람들은 종종 현실적인 소원을 빌곤 한다. 그래도 괜찮다. 어떤 소원은 명상 앱 다운로드처럼 한 번에 끝나는 행동이다. 어떤 소원은 매번 전화 회의 후에 2분간 스트레칭 하기처럼 새로운 습관이다. 그리고 어떤 소원은 저녁 7시 이후에 이메일 확인하지 않기처럼 특정 행동의 중단일 수도 있다. 요술봉을 사용하다 보면 행동들은 대략 다음 세 가지 범주로 분류된다.

- 일회성 행동을 하려 하는가?
- 새로운 습관을 기르려 하는가?
- 기존의 습관을 그만두려 하는가?

하고 싶은 행동을 생각해낼 때마다 "좋아. 또 뭐가 있을까?" 자문하면서 계속 빈칸을 채워보자. 그러다 보면 별난 행동부터 논리적이고 놀라운 행동까지 다양한 행동군을 발견하게 된다.

행동 선택지를 생각해내는 동안 열망을 달성할 방법이 생각보다 많다는 사실을 알게 될 것이다. 나중에 이 선택지들을 분류하고 현실적으로 검토할 것이다. 지금은 요술봉을 믿고 되도록 널리 탐색하는 게 좋다.

신선한 아이디어가 잘 떠오르지 않는다면 다른 사람에게 조언을

여러 가지 행동이 열망을 달성하게 할 수 있다

구하자. 열망을 달성하는 데 도움이 될 행동을 친구와 자녀는 물론
이고 소셜미디어의 지인에게도 물어보자. "만약 ＿＿을 달성하는 데
도움이 되는 행동은 무엇일까?"라고 질문할 수 있다.

사람들의 대답에 놀랄지도 모른다. 하고 싶은 행동 중 너무 비현
실적인 게 있더라도 걱정하지 말자. 최상의 행동 선택지를 선택하고
그것을 현실로 만들어갈 방법은 뒤에 소개하겠다. 지금은 창의력을
발휘해 새로운 행동을 생각해내는 것으로 충분하다.

요술봉의 힘을 빌려 작성을 마쳤다면 하고 싶은 행동을 훑어보면
서 각각을 좀더 구체적으로 다듬어보자. 만약 스트레스를 줄이는 방
법으로 '반려견과 놀기'를 적었다면 '매일 저녁 집에서 개에게 공 던
지고 물어오기 시키기'라고 수정할 수 있다. 하고 싶은 행동을 매우
구체적으로 수정해 명쾌하게 만들었다면 행동 설계의 다음 단계로
넘어가 이를 현실적으로 분석하고 분류하자.

행동 설계의 다음 단계로 넘어가기 전에 '변화의 설계'라는 더 큰 맥락에서 이 내용을 이해해주기 바란다.

일반적으로 사람들이 변화를 모색하며 범하는 잘못 중 하나는 실행에 옮길 행동을 결정하는 방식이다. 사람들이 A지점(출발점)에서 B지점(열망 또는 결과 달성)으로 가는 방법을 정할 때 가장 흔히 저지르는 실수는 다음과 같은 것들이다.

잘못된 방식 1: 방법에 대한 고민 없이 추측에 의존한다

버스를 타고 출근한다고 가정하자. 교통 체증에 걸린 버스 안에서 창밖을 내다보고 있다. 자전거를 타고 쌩 지나가는 사람을 보고는 이렇게 생각한다. '출퇴근은 저렇게 해야지. 나도 자전거로 다녀야겠다! 자전거 타는 거 좋지.'

유감스럽게도 당신은 12살 이후로 자전거를 주기적으로 탄 적이 없고, 출퇴근 거리는 24킬로미터나 된다. 하지만 (그 순간) 진심으로 자전거로 출퇴근하고 싶었던 당신은 자전거 전문점에서 각종 장비를 산다. 다음 날 장비를 착용하고 문을 나서는데 춥고 비까지 내린다. 이런 날씨에 자전거를 타려고 장비를 산 게 아니다. 순간 짜증과 실망감이 몰려든다. 잠시 후 당신은 버스 정류장으로 향한다. 결국 자전거로 출퇴근하기는 적절하지 않은 방법으로 판명된다.

이런 접근 방식의 문제점은 무계획성에 있다. 자전거를 타고 직장까지 가는 시간, 날씨, 경로를 확인하지 않고 막연한 추측에 의존하

는 것이다. 이는 복권을 사는 거나 마찬가지다. 복권에 계획의 여지
는 없다. 당첨될 수도 안 될 수도 있다. 행동 설계에서 추측은 없어야
한다.

잘못된 방식 2: 인터넷에서 영감을 받는다

사람들은 곧잘 온라인 강연을 보고 영감을 얻는다. 세상에는 놀라운
사연을 갖고 있고 대단한 일을 해낸 연사들이 참 많다. 명상의 대가
인 스님이 나온 영상을 봤다고 가정해보자. 그는 지혜롭고 인자하게
이야기한다. 스트레스에 시달리지 않는 듯이 보인다. 그는 자신의 혈
압(아주 좋다)과 안정 시 심박수(더 좋다)를 알려주고 이를 입증할 뇌
스캔 영상까지 제시한다. 여기까지 보면 '세상에나. 명상의 힘이 대
단하네. 그러니 수천 년 동안 사람들이 명상을 해왔지' 하는 확신이
든다. 강연이 끝나갈 무렵 스님은 과학적으로 반박의 여지가 없는 명
상에 하루 30분만 투자하면 삶이 크게 개선될 수 있다고 말한다. 당
신은 그 말에 혹한다. 이건 해야만 한다, 해야겠다고 마음먹는다.

실제로 그날 바로 스님이 추천한 대로 30분 동안 앉아본다. 마음
을 차분히 하려고 노력한다. 처음에는 기분이 상당히 좋다. 그러다
곧 지루해진다. 그래서 다음 날은 15분간 명상을 시도해본다. 한동안
은 그럭저럭 해낸다. 하지만 어떤 날은 명상을 하고 싶지 않고 어떤
날은 명상을 해도 마음을 가라앉지 않는다. 노력해도 실패하고 나면
기분이 나빠진다. 결국에는 명상을 그만두게 된다.

왜 명상이 효과가 없었을까? 먼저 당신은 스님이 아니다. 하지만
주된 이유는 이 행동이 당신에게 너무 어려웠기 때문일 것이다. 명상

에 대한 비현실적인 기대를 안고 시작했음은 말할 것도 없다. 스님의 의도는 좋았지만, 그는 자신에게 효과 있는 방법을 이야기했을 뿐이다. 당신에게는 명상이 스님만큼 효과가 없을 수 있다.

또 하나 고려해야 할 점은 당신이 본 영상, 읽은 기사, 팔로우하는 블로거가 신뢰할 만한 정보원일 수도 아닐 수도 있다는 것이다. 이런 식의 행동 선택은 추측보다는 낫지만 여전히 위험하다. 그 순간 감정이 고양된 것 말고 다른 선택 기준이 없기 때문이다.

잘못된 방식 3: 남에게 효과가 있는 행동을 따라 한다

친구와 가족은 누구보다 좋은 의도로 조언한다. 하지만 그들의 조언이 항상 최상의 방법은 아니다. 핫 요가가 친구의 인생을 바꿔놓았다고 해서 당신에게도 적절한 운동일까? 새벽 4시 30분 기상이라는 새로운 습관이 삶을 바꿔주었다며 강력히 권하는 친구들이 있다. 나는 새벽 기상이 삶을 바꿔놓는다는 사실을 의심하지 않는다. 하지만 긍정적 변화를 가져올 때도 있고 아닐 때도 있다. 그렇기 때문에 주의해야 한다. 그 습관이 실제로 당신 삶을 개선할지는 알 수 없다. 수면시간이 줄어든다면 특히 그렇다. 그러므로 친구에게 효과가 있었던 방법을 시도해볼 수는 있지만, 친구의 해답이 당신에게 해답이 아닐수도 있다.

이 세 가지 접근 방식 모두 추측과 우연을 포함하고 있다. 추측과 우연은 삶의 변화를 설계하기에 좋은 방식이 아니다. 행동을 어떻게 선택할지 체계적인 기준이 있다면 자신에게 적합한 구체적인 행동을 찾을 수 있다. 행동 설계의 3번째 단계가 이에 대한 해답이 되어 줄 것이다.

포커스 맵: 나에게 요술봉이 있다면…

행동 설계 7단계

⊘ **1단계** 열망을 명확히 한다

◎ **2단계** 행동 선택지를 탐색한다

☼ **3단계** 자신에게 적합한 구체적인 행동을 찾는다

행동군 탐색으로 다양한 행동 선택지를 확보했다면 이제 현실성을 따져보자. 3단계에서는 자신에게 맞는 구체적인 행동을 찾을 것이며, 이때 추측은 없어야 한다.

이건 매우 중요한 개념으로 나는 여기에 행동 매칭behavior matching이라는 이름을 붙였다. 자신에게 적합한 행동을 찾아야 삶을 변화시킬 수 있다. **행동 설계에서는 자신에게 가장 적합한 행동을 황금 행동** golden behavior**이라고 부른다.**

황금 행동은 3가지 기준을 충족시켜야 한다.

- 열망을 실현하는 데 효과적인 행동(영향)
- 하고 싶은 행동(동기)
- 할 수 있는 행동(능력)

황금 행동을 찾는 좋은 방법이 있다. 바로 포커스 맵focus map 그리기다. 포커스 맵 그리기는 앞서 탐색한 행동군을 영향력과 실행 가능성, 두 기준으로 재배치하는 방법인데 20분도 채 걸리지 않는다. 마지막까지 상위에 남는 두세 가지 행동이 황금 행동이 된다. 당신이 도입할 행동은 바로 그 황금 행동들이다.

황금 행동은 일회성일 수 있다. 케이블 방송 가입 취소는 한 번의 행동으로 TV 시청을 줄일 수 있다. 황금 행동은 날마다 반복하는 습관일 수도 있다. 휴대전화를 침대 옆이 아니라 주방에서 충전하기가 그 예다.

포커스 맵 그리기는 십여 년 동안 스탠퍼드대학에서 연구를 하고, 나 자신의 삶을 바꾸고, 비즈니스 리더들이 새로운 제품과 서비스를 설계하도록 도우면서 개발한 툴이다. 나는 포커스 맵을 개선하기 위해 수년간 노력했고 그 결과 현재는 포커스 맵이 황금 행동을 찾는 최상의 방법이라고 믿는다.

포커스 맵은 다음과 같은 형태를 띤다. 여기에서는 스트레스를 줄이려고 노력 중인 마크를 예로 들어 포커스 맵 작성 방법을 소개하겠다. 마크는 각각의 행동군을 카드에 따로따로 적었다. 그다음 카드를 한 장씩 검토하기로 했다.

포커스 맵

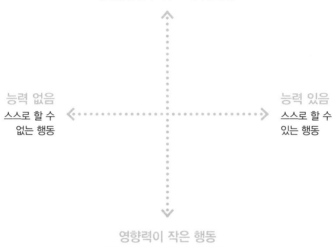

영향력이 큰 행동
[열망] 달성에 매우 효과적인 행동

능력 없음
스스로 할 수
없는 행동

능력 있음
스스로 할 수
있는 행동

영향력이 작은 행동
[열망] 달성에 비효과적인 행동

포커스 맵 1단계: 영향력

포커스 맵 1단계에서 마크는 오직 행동의 영향력, 즉 스트레스 감소에 도움이 되는지를 기준으로 카드를 구분한다. 행동의 실행 가능성 또는 현실성은 고려하지 않는다. 행동 카드를 보며 "스트레스를 줄이는 데 이 행동이 얼마나 효과가 있는가?"를 자문한다.

마크가 고른 첫 번째 행동은 '매일 10분간 기타 연주하기'다. 그는 기타 연주를 좋아해서 잠시만 기타를 쳐도 기분이 좋아졌다. 그는 이 행동이 자신에게 큰 영향을 미치리라는 것을 알고 있으므로 포커스 맵의 상단, 영향력이 큰 행동 쪽에 카드를 놓는다. 다음에 그가 고른 행동은 '매일 15분 일찍 퇴근하기'다. 처음에는 좋은 아이디어 같았지만, 나중에는 역효과가 있을지 모른다는 생각이 든다. 마감에 쫓길 때는 특히 그럴 것 같다. 그래서 영향력이 작은 행동 쪽에 놓는다.

이런 식으로 카드를 한 장씩 포커스 맵에 배치한다. 영향이 얼마나 있을지 확신이 안 가는 행동도 최선을 다해 적절한 위치를 찾아서 놓도록 한다. 혹시라도 생각이 바뀌면 위치를 옮기면 된다. 마크가 '일찍 퇴근하기'를 영향력이 큰 행동에 잘못 놓았다고 해도 문제가 될 일은 없다. 최악의 경우라고 해봐야 이틀쯤 일찍 퇴근하다가 도리어 스트레스가 늘어났다는 걸 깨닫는 정도다.

이런 식으로 새로운 습관으로 삼을 가능성이 있는 행동을 영향력 척도를 기준으로 배치하고 이것을 또 다른 렌즈로 살펴보자.

포커스 맵 2단계: 실행 가능성

2단계에서는 실행 가능성에 초점을 맞춘다. 행동 카드를 위아래로 옮기는 게 아니라 실행 가능성 척도를 따라 좌우로 옮겨 배치한다.

마크는 '기타 연주'와 '일찍 퇴근하기' 카드를 보면서 "내가 이 행동을 실천할 수 있을까?" 하고 자문해본다. 질문 문구가 중요하다. 이 질문은 동기와 능력을 동시에 묻는다. 질문 하나로 행동 모형의 두 가지 구성 요소를 검토하게 된다.

대부분의 경우 실행 가능성 질문에 쉽게 답할 수 있다. 마크가 "내가 매일 기타를 칠 수 있을까?"라고 자문해보면 대답은 명백히 "그렇다"이다. 그러나 "내가 매일 일찍 퇴근할 수 있을까?"라고 자문해 보면 얼굴을 살짝 찡그리며 머릿속으로 반박하기 시작한다. 그것이 바로 마크가 일찍 퇴근할 수 없다는 신호다.

대다수 행동은 실행 가능성을 간단히 판단할 수 있다. 그러나 바로 판단되지 않는 행동이 있다면 이렇게 질문해보자. **"나는 이 행동을 하고 싶은가?"** 즉, 동기를 질문해보라.

하기 싫은 행동을 억지로 할 수는 없다. 적어도 꾸준히 하지는 못한다. 한두 번 할 수는 있겠지만 습관이 될 가능성은 낮다. 우리가 해야만 한다고 생각하는 행동이 아니라 이미 하고 싶은 행동을 찾아내야 나중에 동기 부여를 위한 요령과 기법을 고민할 필요가 없다. 그래야 동기의 변덕을 무력화할 수 있다.

아이스크림 먹기를 매일의 습관으로 만들고 싶다고 가정해보자. 전혀 문제 될 게 없다. 왜? 직장에서의 고단한 하루를 끝낸 후 초콜릿 칩 아이스크림을 열심히 먹도록 굳이 동기 부여를 할 필요가 없기 때문이다. 만약 아이스크림 먹기를 포커스 맵에 배치한다면 '당연히 할 수 있지'라는 생각이 들 것이다. 그리고 그래프의 오른쪽 끝에 갖다놓을 것이다.

행동 카드를 좌우로 옮기는 동안은 감정을 배제해야 한다. 그 행동을 하는 자신을 상상해보자. 약간의 두려움이 드는가? 아니면 흥분되는가? 여러 감정이 있겠지만, 여기서 중요한 기준은 '하고 싶다'와 '해야 한다'다. 하고 싶은 행동을 찾아내야 지속적인 변화가 가능하다. 예컨대 매일 운동을 하고 싶으면 선택지는 많다. 아침 식사를 준비하는 동안 '비욘세 노래를 들으며 5분간 춤추기'가 하고 싶은 운동이라면 춤추기를 매일의 습관으로 삼으라. 헬스장의 러닝머신은 머릿속에서 지워도 된다.

행동 설계와 다른 접근법의 큰 차이점 한 가지는 이미 동기가 부여된 행동에 초점을 맞춘다는 것이다. 행동 설계는 습관부터 고르고 나중에 동기를 부여하는 방식이 아니다. 행동 설계에서 동기는 이미 새로운 습관에 내포되어 있다. 다른 접근법에서는 해야만 한다고 생각하는 습관을 유지하기 위해 고군분투해야 한다. 결국 결과가 좋지 않다. 스스로 하고 싶은 행동의 매칭은 지속적인 변화를 위해 매우 중요하므로 나는 행동 설계에서 이 개념을 특별히 강조한다.

2단계에서는 현실성도 따져야 한다. 행동 카드를 분류하는 동안 하루하루의 생활이라는 맥락에서 그 행동을 하는 자신을 상상해보자. '과일을 더 많이 먹기'가 열망이고, 행동군 탐색을 통해 정한 행동이 '오트밀에 블루베리 넣어 먹기'라고 가정해보자. 매일 6시에 일어나 오트밀을 준비하는 완벽한 모습을 상상하지 말라. 대신 침대에서 간신히 빠져나와 20분 만에 황급히 출근하는 현실의 자신을 직시하라. 아마도 '매일 오트밀에 블루베리 넣어 먹기'는 현실적이지 않은 행동일 것이다. 대신 가방에 사과를 한 개 넣어가는 건 어떨까?

포커스 맵의 목적은 하고 싶고 동시에 열망을 달성하는 데 효과적이면서도 하기 쉬운 행동을 찾아 연결하는 데 있다. 가장 쉬운 행동, 가장 동기 부여가 되는 행동으로 시작할 때 자연스럽게 더 중요한 행동으로 옮겨갈 수 있다.

행동 설계는 가장 바쁠 때, 가장 동기 부여가 안 될 때, 불안한 느낌이 들 때에도 실천할 수 있는 습관을 찾게 해준다. 가장 힘든 날에도 그 행동을 하는 자신을 상상할 수 있다면, 그것이 자신에게 적합한 황금 행동이다.

황금 행동을 찾아라

처음으로 행동 매칭을 연구하고 실험하기 시작했을 때 나는 색인 카드를 엄청 많이 샀다. 행동 카드를 작성하면서 내 손에 요술봉이 있다고 상상했다. 타이머를 5분으로 맞춰놓고 25가지 행동을 적었다. 생각보다 쉬웠다. 그런 다음 행동 카드를 분류하고 포커스 맵에 카드를 배치했다. 퍼즐 풀기와 비슷했다. 나는 항상 열망 또는 결과라는 추상적 개념으로 행동 설계를 시작했다. 행동 설계 단계를 거친 후 즉시 실행할 수 있는 구체적인 행동을 찾아냈다. 이 모든 과정이 20분이면 가능했다. 나는 여전히 이 방법을 애용한다.

오래전 대규모 콘퍼런스를 준비하면서 심한 스트레스로 제대로 잠을 자지 못했다. 당시 나는 낙관적인 평소의 내가 아니었고 콘퍼런스가 엉망이 될까 봐 노심초사했다. 잠을 조금만 더 잘 수 있어도 좋은 기운으로 더 많은 일을 처리할 수 있을 것 같았다. 나는 '수면 시간 늘리기'를 열망으로 정하고 제일 자주 쓰는 샤프펜슬과 카드 뭉치를 들고 주방 식탁에 앉았다. 좋은 기운으로 요술봉을 쓴다고 상상하며 잠을 잘 자는 데 도움이 될 행동을 적기 시작했다.

- 저녁 7시 이후에는 휴대전화를 비행기 탑승 모드로 바꾼다.

- 저녁 식사를 일찍 한다.
- 매일 밤 백색 소음기를 켜둔다.
- 암막 블라인드를 설치한다.
- 더 좋은 침구를 마련한다.
- 저녁에 15분 동안 긴장 풀기 의식을 치른다.
- 잠자리에 들기 전에 걱정거리를 적어본다.
- 밤에 반려견 밀리를 케이지에 넣는다.

이 목록은 내가 떠올린 아이디어의 4분의 1가량이다. 이런 식으로 작성한 행동 카드를 영향력을 기준으로 포커스 맵에 배치하기 시작했다. 영향이 크다고 확신하는 행동은 '휴대전화를 비행기 탑승 모드로 바꾸기' '밤에 백색 소음기 켜두기' '암막 블라인드 설치하기'였다. 그 카드들을 영향력 축의 위쪽으로 배치했다. 반면 목록 중 '저녁 식사 일찍 하기'는 침대에 일찍 누울 수는 있겠지만 일찍 잠들 수 있을지는 확신할 수 없었다. 그래서 영향력 축의 중간쯤에 배치했다. '걱정거리 적어보기'는 효과가 확실하지 않아 보여서 하단에 놓았다.

2단계로 넘어가 각각의 행동을 내가 할 수 있을지 자문했다. '저녁 식사 일찍 하기'는 너무 어려울 것 같아서 그 카드는 왼쪽 끝으로 보냈다. 하지만 '암막 블라인드 설치'는 사람을 써서 할 수 있으므로 한 번에 끝낼 수 있는 쉬운 행동이었다. 그 카드는 오른쪽 끝으로 보냈다. '백색 소음기 켜두기'도 마찬가지였다. 매일 밤 소음기 켜기는 쉬운 행동이다. '휴대전화를 비행기 탑승 모드로 바꾸기'는 여러 단계

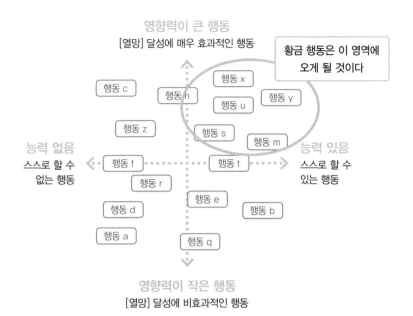

영향력이 큰 행동
[열망] 달성에 매우 효과적인 행동

황금 행동은 이 영역에
오게 될 것이다

행동 c
행동 n
행동 x
행동 u
행동 y

행동 z
행동 s
행동 m

능력 없음
스스로 할 수
없는 행동
행동 f
행동 t
능력 있음
스스로 할 수
있는 행동

행동 r
행동 e
행동 b

행동 d

행동 a
행동 q

영향력이 작은 행동
[열망] 달성에 비효과적인 행동

(휴대전화 켜기, 설정 들어가기 등)를 거쳐야 하므로 조금 더 쉬운 행동인
'무음 설정'으로 수정했다. 포커스 맵을 완성하면 위의 그래프처럼
행동들이 분산되어 있을 것이다.

단 몇십 분의 포커스 맵 그리기로 일회성 행동 한 가지(암막 블라인
드 설치)와 습관이 될 수 있는 행동 2가지(휴대전화 무음 설정, 백색 소음
기 켜두기) 총 3가지 황금 행동을 찾아냈다.

포커스 맵 그리기의 마지막 단계는 '설계에 들어갈 행동'의 선택
이다. 어떤 행동이 남고 어떤 행동이 빠져야 할까? 오른쪽 상단에 있
는 행동이 우리가 찾던 해결책이다. 황금 행동을 설계하고 나면 나머

지 행동은 잊어버리자.

당시 나는 어떻게 하면 좀더 푹 잘 수 있는지 몇 주째 고민만 하고 있었다. 그러나 열망에서 실천 가능한 행동으로 단계를 밟는 포커스 맵을 그리면서 자연스럽게 내가 할 수 있는 구체적이고 쉬운 행동을 발견했다. 대단히 창의적이거나 독창적이지 않더라도 내게 적합한 행동들이었다. 황금 행동을 보면서 새로운 깨달음을 얻은 느낌이었다. '저런 행동이라면 당연히 할 수 있는데 왜 진작 떠올리지 못했지?' 매칭 과정에서 나만 이런 반응을 보이는 게 아니다. 학생 또는 고객들과 포커스 맵을 그릴 때마다 '아하!' 같은 반응이 나오는 순간이 많다.

일회성 조치를 취하자 새로운 수면 습관이 정착되면서 수면의 질이 크게 향상됐다. 그전에는 콘퍼런스 걱정을 하느라 잠드는 게 두려웠다. 마치 전투를 하러 가는 기분이어서 뜬눈으로 밤을 새우기 일쑤였다. 하지만 모든 것을 바꿀 수 있었다. 나는 잠을 더 자면서도 낙천성을 회복하고 콘퍼런스의 성공적 개최를 위한 산더미 같은 과업을 완수할 수 있었다. 포커스 맵과 행동 설계 절차 덕분이었다.

열망을 가져야 하지만 열망을 달성하게 해줄 행동에 대해서는 환상을 가져서는 안 된다. 행동은 현실에 기반해야 하며 구체적이어야 한다. 행동은 암벽을 타고 오를 때 손으로 잡고 발로 디딜 곳이다. 정상까지의 길은 당신이 가야 할 길이다. 어떤 암벽을 오르는가에 따라 행동을 선택해야 한다. 자신에게 적합한 행동의 매칭은 행동 설계 과정에서 가장 중요한 단계이자 동시에 실패했을 때 되돌아올 중요한 지점이기도 하다.

지금까지 자신의 열망을 확인하고 이를 실현하기 위한 구체적인 행동을 찾는 방법을 알아보았다. 다음 단계는 '최대한 단순화하기'다.

1. 행동 매칭의 지름길

1단계   종이에 구름 모양을 그린다.

2단계   구름 안에 '숙면'이라는 열망을 적는다.

3단계   숙면이라는 열망에 도달하게 할 행동을 10가지 이상 생각해낸
다. 구름 바깥쪽에 각 행동들을 적고 구름 쪽으로 화살표를 그
린다. 이제 행동군이 만들어졌다.

4단계   열망 달성에 매우 효과가 있으리라고 생각되는 행동 4~5개 옆
에 별표를 친다.

5단계   당신이 쉽게 할 수 있는 행동에 동그라미를 친다. 현실적으로
판단하도록 하자.

6단계   별표와 동그라미가 같이 그려진 행동을 찾는다(황금 행동).

2. 황금 행동 찾기

당신만의 열망을 정해서 포커스 맵에 배치해 황금 행동을 가려낸다.

1단계 종이에 구름 모양을 그린다.

2단계 구름 안에 열망을 적는다(만약 아무것도 생각나지 않는다면 '스트레스 줄이기'라고 적어보자).

3단계 열망에 도달하게 할 행동을 10가지 이상 생각해낸다. 구름 바깥쪽에 그 행동들을 적고 구름 쪽으로 화살표를 그린다.

4단계 색인 카드 또는 작은 종이에 10가지 행동을 하나씩 적는다. 이것이 포커스 맵 그리기의 첫 단계다.

5단계 영향력을 기준으로 행동 카드를 위아래로 배치한다. 이때 실행 가능성에 대해서는 생각하지 않는다. 그 행동이 가질 수 있는 영향력에만 집중한다(앞에 나왔던 포커스 맵을 참고하라).

6단계 실행 가능성을 기준으로 행동 카드를 좌우로 배치한다. 정말 스스로 할 수 있는 행동인지 현실적으로 판단한다.

7단계 그래프의 오른쪽 상단을 본다. 거기 배치된 행동이 황금 행동이다(그 영역에 배치된 행동이 전혀 없다면 3단계로 돌아가라).

3장

작게 아주 작게
시작하라

능력

야후와 구글의 차이는 무엇일까? 블로그와 트위터의 차이는? 최고라고 불리던 혁신 기술이 도태하고 새로운 혁신 기술이 세상을 평정하는 이유는 무엇일까? 재능? 비전? 자금? 행운? 기술력? 여러 가지 이유가 있겠지만 가장 큰 이유는 바로, 단순함의 차이다.

2009년 마이크 크리거와 케빈 시스트롬은 새로운 앱 개발을 논의하면서 자신들의 실패작인 위치 공유 앱 '버븐'에 대한 검토부터 했다. 그들은 버븐의 무엇이 잘못됐고 무엇이 잘됐는지 샅샅이 분석하며 수백만 달러의 가치가 있는 아이디어를 발견했다. 바로 사진 공유였다.

인스타그램에 숨겨진 습관의 디테일

사람들은 자신의 위치를 친구들과 실시간으로 공유하는 위치 기반 서비스 버븐의 체크인 기능을 좋아하지 않았지만 부가 기능이었던 사진 공유는 좋아했다. 그래서 두 개발자는 호주머니에 넣고 다니는 아이폰 카메라를 활용할 수 있는 앱을 개발하기로 했다. 사진 공유는 크리거와 시스트롬에게 황금 행동이었다. 두 사람의 황금 행동은 한 가지가 더 있다. 그건 음식과 석양, 반려견 사진을 더 예뻐 보이게 만드는 필터 기능이었다. 사진 필터는 사용자가 공유할 사진에 만족감을 느끼게 해줌으로써 더 자주 사진을 찍고 공유하게 했다. 크리거와 시스트롬은 사람들이 이미 하고 싶어 하는 행동을 선택함으로써 동기 요소를 확보했다. 행동 모형에 따르면 그들의 사업 전망은 이미 밝았다. 그것만으로도 어느 정도 성공을 거둘 수 있었다. 그러나 그들을 실리콘밸리의 신전에 등극시킨 것은 다음 조치 때문이었다. 그들은 **황금 행동을 '하기 쉽게' 설계했다.**

크리거는 스탠퍼드대학에서 내 강의를 막 들은 참이었다. 그는 인간 행동이 어떻게 작동하는지를 공부하면서, 사람들의 행동을 유도하고 싶다면 단순해야 한다는 사실을 알게 됐다. 이는 버븐에 부족했던 점이었다. 버븐에는 불필요하고 이해하기 힘든 기능들이 너무 많았다. 이런 깨달음은 새로운 사진 공유 앱을 단순하게 만들고자 하는 그들의 욕구를 강화시켰다. 그래서 그들은 단순한 앱을 만들기로 했다.

2010년 출시된 인스타그램은 단 3번의 클릭으로 사진을 올릴 수 있었다. 앱스토어에 있는 인스타그램 소개글은 다음과 같다. "식은 죽 먹기만큼 쉽다.Easy as pie" 이는 인스타그램 초창기의 경쟁 앱들을 살펴볼 때 주목할 만한 차별점이다. 당시 인스타그램의 경쟁 앱은 플리커, 페이스북, 힙스타매틱이었다. 이들 모두 사용자들에게 '사진 공유를 포함해' 다양한 기능을 제공하고 있었으며, 페이스북과 플리커는 자금과 인프라 면에서 인스타그램보다 우위에 있었다. 반면에 인스타그램은 두 사람이 커피숍에서 만든 무료 앱이었다. 기능이라고는 사진을 찍고 필터를 사용한 뒤 사람들과 공유하는 것뿐이었다. 어찌보면 약점으로 보이는 이 작은 차이가 인스타그램의 미래를 바꿨다. 인스타그램과 경쟁하는 앱에는 다양한 기능이 있었지만, 사진 공유를 인스타그램만큼 간단하게 할 수 있는 기능은 없었다. 결과는 모두가 알다시피 페이스북이 출시된 지 18개월도 안 된 인스타그램을 10억 달러에 인수했다. (당시 페이스북은 인스타그램을 과대평가했다고 공개적으로 조롱당했다. 현재 인스타그램의 추정 가치는 천억 달러를 뛰어넘는다.)

그렇다면 왜 인스타그램의 단순한 접근법이 그토록 성공을 거뒀을까? 왜 다른 앱 개발자들은 그렇게 하지 않았을까? 지금 보면 너무나 명백해 보이는데 말이다.

사람들은 대부분 모 아니면 도라는 가정하에 움직인다. 나쁜 습관을 버리거나 스트레스를 줄이거나 떼돈을 벌려면 극단적으로 무언가를 해야 한다고 여긴다. 술을 끊고, 도시의 아파트를 팔고 바닷가로 이사 가고, 가진 걸 모두 걸어야 한다고 생각한다. 그래서 극단적 선택으로 성공한 사람들은 높은 평판을 얻는다. 3살 때부터 하루에 12시간씩 훈련해온 올림픽 선수나 진정한 행복을 찾기 위해 전 재산을 팔고 이탈리아로 간 사업가에 관한 특집 방송을 본 적 있다면 내 말이 무슨 뜻인지 알 것이다.

대담한 행동을 하는 게 잘못은 아니다. 인생은 가끔 그러기를 요구한다. 하지만 모든 걸 걸고 변화를 시도한 사람들의 이야기가 알려지는 이유는 일반적이지 않고 예외적이기 때문이다. 서사극은 주로 점진적 발전과 그에 따른 지속적인 성공이 아니라 대담한 행동을 소재로 하여 쓰여진다. 그런 까닭에 내가 화장실에 다녀온 후 팔굽혀펴기를 두 번 하는 모습을 카메라맨이 따라다니며 찍지는 않는다(그 이유 때문만은 아니겠지만). 내 말의 요지는 불안한 상황에서의 대담한 결단은 예상보다 효과적이지 않다는 것이다.

사소한 행동은 멋있게 보이지 않을지 몰라도 실행하기 쉽고 지속 가능하다. 실제로 사람들이 이루고 싶은 삶의 변화는 대부분 중대하고 대담한 조치보다 작고 은밀한 행동을 통해 얻어진다. 어떤 행동에 많은 판돈을 걸수록 자기비판과 실망도 큰 법이다. 우리는 동기가 큰 일을 벌이도록 부추기다가 상황이 어려워지면 슬그머니 빠지기를 좋아한다는 사실을 이미 알고 있다.

우리는 종종 신체적, 정서적, 정신적 역량을 넘어서도록 자신을 몰아붙이곤 한다. 인간은 그런 노력을 잠깐은 할 수 있지만 지속적으로 할 수는 없다. 설령 일을 단계별로 나누더라도 각 단계가 너무 거창하거나 복잡한 경우가 많다. 이 경우에도 동기가 급감하면 큰 부담을 느끼고 경로에서 이탈하게 된다.

잘못된 신화

인도 방갈로르에 본사가 있는 포춘 500대 기업의 팀장 사리카는 주기적인 동기 파동을 수년간 경험했다. 사리카는 건강을 위해 직접 음식을 해 먹고 운동하는 습관을 들이기 위해 애써왔다. 그러나 그는 양극성 장애를 겪고 있어서 기분과 에너지의 기복이 매우 심했다. 사리카는 약으로 상태를 조절했지만, 약의 부작용이 너무 싫었다. 담당 의사들은 대안으로 명상과 운동, 심리 치료를 제안했다. 다만 이런 치료 방식이 효과가 있으려면 일상을 안정적으로 유지하는 게 중요했다.

그런데 문제가 하나 있었다. 사리카는 아무리 노력해도 루틴한 일상을 유지할 수 없었다. 사리카의 생활에서 출근을 제외한 루틴은 전혀 없었다. 그마저도 일정 시간에 출근하는 일이 드물었다. 아침 식사는 푸드트럭에서 해결했고 점심은 거르거나 포장해왔다. 설거지도 미루고 미루다가 너무 지저분해지면 1시간 만에 후다닥 치웠다. 사리카는 명상을 좋아했지만, 건너뛰는 경우가 많았다.

안정적인 일상의 기반이 되어줄 루틴이 없기 때문에 그는 통제가 안 되는 느낌이 자주 들었다. 집에서는 화가 났고 직장에서는 우울했다. 그래서 의사가 일상을 붙들어줄 습관을 만들라고 이야기했을 때 화성행 우주선을 만들라는 얘기를 들은 기분이었다.

사리카는 주기적으로 조울증에 빠졌는데 그 원인 중 하나가 운동이었다. 어느 해 무릎을 다친 후 매일 30분씩 재활운동을 해야 한다는 처방을 받았다. 그러나 아주 가끔 기분이 내킬 때만 이를 지키다 보니 몇 개월이 지나도 다친 무릎이 나을 기미를 보이지 않았다. 운동이 필요했지만, 운동용 밴드를 꺼내지도 못했다. 사리카는 더는 통증을 참을 수 없을 때만 강한 동기를 발휘해 미뤄왔던 운동을 했다. 하지만 휘몰아치듯 하는 운동 때문에 운동한 날은 평소보다 더 아팠고, 그럼 우울 주기가 찾아와 며칠씩 운동을 하지 않는 악순환에 허우적거렸다. 사리카는 습관을 길러보려 할 때마다 거의 항상 이런 악순환을 반복했다.

특별해 보이는 사리카의 사례는 사실 아주 흔한 경우다. 탄산음료 끊기, 해뜨기 전에 일어나기, 매일 집에서 저녁 해 먹기, 수입을 철저히 관리하기, 새로운 가능성을 찾기 위해 매일 공부하기 등 무엇을 시도하든 상당수의 사람이 의욕이 넘쳤다 사라지는 주기를 반복하며 불안과 실망을 느낀다. 이런 주기에 갇힌 사람들처럼 사리카의 감정도 들쭉날쭉했다. 어떤 날은 기분이 좋았고 어떤 날은 건강한 습관을 기를 수 없어서 기분이 나빴다. 자신감은 늘 바닥이었다. 영원히 바뀌지 않을 것만 같은 걱정에 사로잡혀 살았다.

그랬던 사리카가 작은 습관 기르기로 일과를 조금씩 꾸준히 만들어가기 시작했다. 매일 20분간의 명상을 목표로 삼는 대신 거실 중앙에 깔아둔 요가 매트에서 3회 호흡하기를 시작했다. 아침 식사를 해 먹는 대신 주방에 들어간 직후 가스레인지를 켜려고 노력했다. 30분간의 물리치료 운동 대신 좋아하는 파란 요가 매트에서 30초 동안 스트레칭을 하기 시작했다. 차츰 요령과 자신감을 쌓이자 사소한 행동들이 몸에 배어 뿌리를 내리게 됐다. 그렇게 작은 습관을 하나씩 늘려갔다. 차츰 식사를 만들어 먹고, 주방을 깨끗이 치우고, 운동과 명상을 하고, 매일 화분에 물을 주면서 정신 건강도 좋아졌다. 전에 없던 회복력을 얻었다. 사리카는 작은 습관을 통해 무엇보다 자신감을 얻게 됐다고 말한다. 이제는 자신이 원하는 건 거의 전부 할 수 있다는 걸 안다. 작게 시작하는 한 말이다.

최근 사리카는 발목을 삐어서 며칠 동안 침대에서 생활했다. 엘리베이터가 없는 건물에 살고 있으므로 예전이었다면 '왜 이런 일이 항상 내게만 일어나지?'라며 울었을 것이다. 하지만 이번에는 감정이 곤두박질치지 않았고 통증을 있는 그대로 받아들였다. 발목이 낫는 대로 건강한 일상으로 돌아갈 수 있다는 생각으로 하루하루를 넘겼다. 이렇게 바뀔 수 있었던 이유는 다시 시작하기 쉬운 작은 습관들 덕분이다. 처음부터 산을 오르는 건 어렵지만 야트막한 언덕을 오르는 건 간단하고 쉽다. 이런 태도가 사리카의 실행 능력뿐 아니라 하루하루 기분에도 큰 영향을 미쳤다. 이제 사리카는 기분이 저조한 날에도 자책하지 않는다. 작지만 중요한 일상을 내일 다시 시작하면 된다는 걸 알기 때문이다.

사리카와 인스타그램 창업자들이 '근본적인 변화'라는 신화를 극복하고 성공할 수 있었던 이유는 행동을 촉진하는 가장 믿을 만한 방법을 활용했기 때문이다. 즉 능력의 다이얼을 조절해 쉬운 행동에서 시작했기 때문이다.

나는 주로 습관에 초점을 맞추고 있지만 '단순하게 행동하기'는 거의 모든 일에 도움이 된다. 이제부터 우리는 미뤄왔던 행동을 실천하는 방법들을 구체적으로 알아보고 원하는 삶을 설계하는 데 도움이 될 더 많은 도구를 익혀볼 것이다. 핵심은 이 한 문장으로 설명할 수 있다. **이루고 싶은 변화가 크건 작건 출발점은 아주 작은 행동에서 시작한다.**

아주 작게 쪼개고, 나누라

행동 설계 7단계

☁  열망을 명확히 한다

◎ 행동 선택지를 탐색한다

☀ 자신에게 적합한 구체적인 행동을 찾는다

☺ **4단계** ▶ 아주 작게 시작한다

특정 행동을 하려면 동기와 능력이 충분해서 그 행동이 행동 곡선 위쪽에 놓여야 한다. 동기를 신뢰할 수 없다는 것은 이미 알아보았다. 다행히 능력^{Ability}은 그렇지 않다. 능력이 행동 모형의 어디쯤 놓이는지 살펴봄으로써 행동이 습관이 될 가능성이 얼마나 되는지 가늠할 수 있다.

매일 팔굽혀펴기를 20회 하고 싶다고 가정하자. 일반적으로 팔굽혀펴기는 오른쪽의 행동 모형 그래프의 점 위치에 놓인다. 하루 중 대부분은 팔굽혀펴기를 20회 하려는 동기가 낮을 것이므로 세로축의 아래쪽에 가게 된다. 또 하기 힘든 행동이므로 가로축에서는 왼쪽 거의 끝에 놓인다. 이렇게 대입해보면 팔굽혀펴기 행동은 행동 곡선의 한참 아래에 놓이게 된다. 이는 팔굽혀펴기 20회가 단시간에 습관이 될 가능성이 낮음을 보여준다. 능력이 매우 부족하므로 동기 파

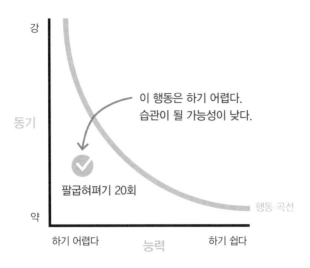

강

동기

이 행동은 하기 어렵다.
습관이 될 가능성이 낮다.

팔굽혀펴기 20회

약

행동 곡선

하기 어렵다   하기 쉽다

능력

동이 상승하는 날에만 이 행동을 할 수 있다.

그러나 벽 짚고 팔굽혀펴기 2회 하기를 새로운 습관으로 만들고
자 한다면 다음 페이지의 그래프가 그려질 것이다.

동기를 나타내는 세로축은 팔굽혀펴기 20회와 별 차이가 없다. 중
요한 차이점은 능력이다. 벽 짚고 팔굽혀펴기 2회는 가로축의 오른
쪽 끝에 위치한다. 하기 쉽게 만든다면 동기가 약해도 행동 곡선 위
로 오게 된다는 데에 주목하자. 이렇듯 아주 작은 행동으로 쪼개어
동기에 의존하지 않게 만드는 것이 작은 습관 기르기의 비결이다. 벽
짚고 팔굽혀펴기 2회는 쉽게 해낼 수 있으므로 습관으로 유지될 가
능성이 훨씬 커진다.

습관을 설계할 때는 지속가능성을 염두에 둬야 한다. 지속가능성
의 핵심은 '단순함'이다. 단순함이 행동을 영원히 바꾸어 놓는다.

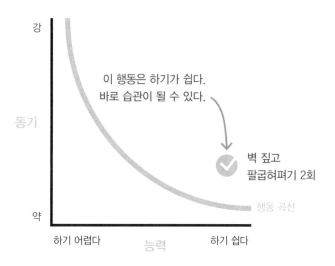

강

동기

이 행동은 하기가 쉽다.
바로 습관이 될 수 있다.

벽 짚고
팔굽혀펴기 2회

행동 곡선

약

하기 어렵다   능력   하기 쉽다

꾸준히 습관을 지키고 싶다면 B=MAP 모형에서 능력을 조정해야한다. 능력은 조정하기 쉬운 요소이다. **하기 버거운 행동이라면 하기 쉽게 쪼개자.** 시간의 흐름에 따라 동기의 강도는 바뀌지만 능력은 새로운 습관을 반복할수록 강화된다. 그리고 능력의 강화는 습관을 뿌리내리게 한다.

오른쪽 그래프는 몇 주 동안 벽 짚고 팔굽혀펴기 2회 하기를 꾸준히 하면 어떻게 되는지 보여준다. (행동 ①→ 행동 ②→ 행동 ③) 날마다 팔굽혀펴기를 하면 근력과 유연성, 기술이 조금씩 향상된다. 이는 행동을 점점 하기 쉽게 만들어 가로축의 오른쪽으로 이동하게 한다. (그리고 성공했다고 느낀다면 동기 또한 증가한다.)

동기를 제쳐두고 능력만 조정해도 얼마나 빨리 습관이 정착되고 자라는지 놀라울 정도다. 작은 습관 기르기라는 이름을 붙이기 전에

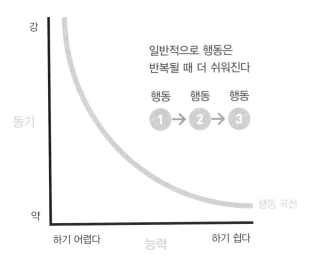

실험 삼아 사소한 습관들을 만들면서 나는 이를 일찌감치 알고 있었다. 하지만 행동 이론을 정립한 후에도 학교에서의 연구와 기업들이 새로운 제품과 서비스를 설계하도록 도울 때만 이를 활용했다. 개인적 변화의 영역으로 가져오지는 않았다.

그러던 어느 날 나는 치실을 사용하지 않은 벌을 치과에서 (또) 받았다. 창피했다. 행동과학자라는 사람이 매일 치실을 사용하지 못했으니 말이다. 어떤 날은(치과를 다녀온 다음 날) 치실을 사용했지만 대부분은 치실 따위는 까맣게 잊어버렸다. 동기의 변덕이 이긴 것이다. 방법이 없을까? 행동 모형 중 능력 요소에 집중한다면 매일 치실을 쓸 수 있을 것 같았다.

치과에서 누워 치료를 받던 중 나는 "어떻게 하면 치실 사용을 쉽게 만들 수 있을까?" 자문했다. 해답이 떠올랐지만 의사에게 말할 엄

작은 습관 레시피

이를 닦은ㅤㅤ이 하나만

치실질

후에ㅤㅤㅤㅤ할 것이다

뇌에 습관을 각인
시키기 위해 즉시

☺

두는 안 났다. 내 해답을 의사가 들었다면 아마 충격을 받았을 것이다. **나는 그날 이후로 이를 '하나만' 치실질 하기로 했다.**

바로 그거였다. 우스워 보이겠지만 효과가 있었다. 처음 며칠 동안은 행동의 단순함을 유지하기 위해 오직 한 개의 이만 치실질을 했다. 단, 인센티브 규칙을 만들었다. 이 한 개만 치실질 하면 되지만 다른 이까지 하면 가산점을 주기로 했다. 그렇게 약 2주 후가 흐른 뒤 나는 하루에 두 번, 모든 이에 치실을 쓰게 되었다. 지금은 치실 사용이 몸에 배여서 습관이 됐다.

이 하나에 치실질 하기는 겉으로 보기엔 쉬운 행동처럼 보인다. 그러나 이 밑바탕에는 꽤 복잡한 과정이 있다. 나는 치실질을 아주 작은 단위로 나눔으로써 해결책에 도달했지만 먼저 무엇이 행동을 어렵게 만드는지 이해해야만 했다. 습관을 만들 때는 항상 "무엇이 이 행동을 어렵게 만드는가?"라는 질문으로 시작해야 한다.

연구와 수년간의 경험을 통해 그 대답에는 다섯 가지 요소 중 최소 하나가 포함된다는 사실을 알게 됐다. 나는 그것을 능력 체인이라고 부른다.

- 그 행동을 할 **시간**이 충분한가?
- 그 행동을 할 **돈**이 충분히 있는가?
- 그 행동을 할 **신체적 능력**이 되는가?
- 그 행동에는 창의력 또는 **정신적 에너지**가 필요한가?
- 그 행동은 **일상생활**에 맞는가 아니면 조절이 필요한가?

  내가 발견의 질문discovery question이라고 부르는 "무엇이 이 행동을 하기 어렵게 하는가?"라는 질문을 함으로써 우리는 능력 체인 중 어떤 고리가 가장 문제가 될지 정확히 짚어낼 수 있다.
  '7분간 운동하기' 습관을 예로 들어보자. 이 정도는 대부분이 쉽게 할 수 있다고 믿는다. 과연 그럴까? 능력 체인으로 분석해보면 7분간 운동하기에서 시간은 가장 강력한 고리가 된다. 7분 정도는 일상에 끼워 넣기 쉽다. 적어도 하루 30분씩 운동해야 할 때보다는 쉽다. 돈은 어떤가? 집에서 운동할 수 있다면 돈이 들지는 않는다. 신체적 노력은? 7분간의 운동이 쉬워 보이지만 운동 앱 대부분은 운동하는 동안 최대한 힘껏 하라고 촉구한다. 막상 해보면 생각만큼 쉽지 않다. 그래서 앱이 시키는 대로 하는 사람들에게 신체적 노력은 아마 약한 고리일 것이다. 그것만으로도 7분간의 운동을 습관화하려는 노력을 수포로 돌리기에 충분할 만큼 말이다.

다시 치실 사용의 예로 돌아가보자. 치실 사용은 몇 초밖에 안 걸린다(시간). 비용도 거의 들지 않는다(돈). 치실 사용 방법도 이미 알고 있었다(정신적 노력). 내 생활 속에 끼워 넣기도 쉬웠다(일상). 그러므로 네 요소는 강한 능력 체인이었다. 그러나 신체적 노력 요소를 고려하면서 나는 깜짝 놀랐다.

나에게 치실 쓰기는 물리적으로 힘든 일이었다. 치실 사용이 많은 힘을 요구하는 것도 아닌데, 나에겐 포기하고 싶을 만큼 힘든 행동이었다. (내 사생활이 너무 드러나는 것을 무릅쓰고 말하자면) 나는 이가 너무 촘촘히 나 있어서 치실이 잘 들어가지 않았다. 치위생사가 '치아 밀집'이라고 부르는 치아 상태 때문에 이 사이로 치실을 집어넣는 데 애를 먹었다. 치실을 집어넣기도 힘들었을뿐더러 다시 빼내려면 이가 뽑힐 것만 같았다. 이 사이에 끼웠던 치실을 겨우 빼내면 치실이 너덜너덜해서 새 치실을 다시 꺼내야 했다. 치실 쓰기 능력 체인에서 신체적 능력은 매우 불안정하고 약했다. 그 탓에 수개월씩 치실을 쓰지 않았다.

그렇다면 치실 사용을 쉽게 하기 위해 나는 무엇을 했을까? 내 이 사이에 들어가는 치실을 찾아다녔다. 총 열다섯 종류의 치실을 사서 시도해본 후에 완벽히 맞는 치실을 마침내 발견했다.

내가 만난 사람들 거의 모두에게는 경우는 다르지만 나처럼 해야 하지만 회피해온 행동이 있었다. 건강과 생산성, 정신 건강을 위해 실천하고 싶은데 하지 않는 행동을 떠올려보라. 왜 그 행동을 하지 못하는가? 발견의 질문을 통해 능력 체인에서 약한 고리를 찾아내자. 그런 다음 해결해야 할 문제에 초점을 맞추면 된다. 그럴 때 능력 체인은 혼란이나 짜증, 분노 없이 행동을 변화시키는 변혁의 도구가 된다.

나는 치실 사용을 습관화하는 과정에서 동기나 의지 부족을 자책하지 않았다. 그 대신 '얇은 치실로 치아 하나만 치실질 하기'라는 단순하고 쉬운 행동을 설계했다. 능력 요소를 강화한 후에는 반복해서 그 행동을 했다. 일단 첫걸음을 내딛자 나머지는 쉽게 느껴졌다. 이미 입안에 손을 넣지 않았는가? 게다가 치실을 계속 쓸수록 요령이 생겼다. 매일 성공의 느낌을 얻자 다음 날도 치실질을 하게 되는 동기까지 얻게 됐다. 나는 행동을 아주 작게 유지함으로써 치실질이 일상에 뿌리내리도록 했다. 그렇게 몇 년 동안 다짐만 했던 습관을 만들 수 있었다.

뿌리가 얕은 커다란 식물을 상상해보자. 식물이 단단히 자리 잡지 못해서 강한 바람이 몰아치면 쓰러지고 만다. 습관 형성의 원리도 그와 같다. 하기 힘든 거창한 행동은 뿌리가 얕게 내린 큰 식물과 같다. 인생에 폭풍이 몰아칠 때 뿌리가 얕은 습관은 위험해진다. 그러나 실천하기 쉬운 습관은 유연한 새싹처럼 폭풍을 견뎌낸 다음 더 깊이, 튼튼히 뿌리내린다.

일 년 동안 소파를 벗어난 적이 없다면 7분간의 강도 높은 운동은 도움이 안 된다. 대신 소소한 동작으로 시작해야 한다. 너무 쉬워서 하품이 나올만큼 작은 동작들을 새로운 운동 습관으로 삼음으로써 능력 체인의 가장 약한 고리를 강화하자. 20회 대신 벽 짚고 팔굽혀 펴기 1회로 줄여라. 단 1회만 하라. 감기 같은 장애에 부딪혔을 때 벽 짚고 팔굽혀펴기라면 코가 막힌 상태로도 할 수 있다. 작게 시작하면 꾸준히 할 수 있다. 꾸준히 하면 습관이 된다.

여기서 기르고 싶은 행동이나 습관이 있을 때 물어봐야만 하는 두 번째 중대한 질문이 나온다. 바로 "어떻게 해야 이 행동을 더 쉽게 할 수 있을까?" 이를 돌파구 질문breakthrough question이라고 부르자. 이 질문에 할 수 있는 답은 세 가지이다. **기술의 향상, 도구와 자원의 확보, 행동의 세분화는 모두 B=MAP의 능력 요인을 행동 곡선 위로 이동시켜 실제로 행동을 할 가능성을 높인다.** 이때 행동 설계가 여러 방식으로 이루어질 수 있다는 사실을 기억하는 게 중요하다. 얇은 치실 같은 적확한 도구를 잘 활용하면 새로운 습관을 쉽게 정착시킬 수 있다. 또는 '이를 하나만 치실질하기'처럼 행동을 최소 단위로 세분화하는 것도 방법이다. 하기 쉬운 행동으로 만들기는 바닷물에 들어갈 세 가지 방법에 비유할 수 있다. 선착장에서 뛰어내리든, 물가에서 걸어 들어가든, 절벽 위에서 다이빙해서 뛰어내리든 머지않아 곧 같은 물에서 수영하게 될 것이다. 이제 각 접근법에 대해 알아보자.

작은 행동으로
만든다

행위

인간

기술을 향상시킨다

상황 도구와 자원을
확보한다

쉽고, 단순하게

1. 기술을 향상시킬 방법을 찾는다

기술을 향상할 방법은 다양하다. 온라인으로 조사할 수도 있고, 친구에게 조언을 구할 수도 있고, 강습을 받을 수도 있다. 행동을 여러 번 되풀이함으로써 기술을 향상할 수도 있다. 나는 인터넷에서 동영상들을 찾아보고 치실 사용 기술을 발전시켰다. 곤도 마리에의 책《설

레지 않으면 버려라: 인생이 빛나는 곤마리 정리법》이 세계적인 베스트셀러가 된 이유는 집 청소에 대한 동기 부여가 아니라 정리의 단계와 요령을 알려주는 데 초점을 두었기 때문이다.

당신이 이 장을 읽고 나서 팔굽혀펴기를 하고 싶은 충동이 든다고 가정해보자. 하고자 하는 동기가 높은 이때가 올바른 팔굽혀펴기 자세를 인터넷에서 찾아보기에 좋은 시점이다.

2. 도구와 자원을 확보한다

도구와 자원의 확보는 행동을 쉽게 하도록 설계하는 데 중요한 역할을 한다. 씻어놓지 않은 상추나 짝이 맞지 않는 밀폐 용기 뚜껑 같은 사소한 요인이 샐러드를 싸서 출근할지 아니면 햄버거를 사 먹을지 결정할 수 있다.

나의 경우 치실 사용을 습관화하는 데 도구가 결정적 역할을 했다. 나는 얇고 매끄러운 적절한 치실을 찾기 위해 아일랜드 더블린으로 출장을 갔을 때 치실 공장에 특별 견학까지 갔다. 내가 이상해 보이리라는 걸 안다(내 친구도 처음에는 나를 괴짜라고 생각했다). 하지만 나처럼 치실질이 힘든 사람에게 치실 공장 견학은 전혀 이상한 결정이 아니다.

도구와 자원이 어떻게 변화를 극적으로 촉진시키는지는 몰리를 보면 알 수 있다. 몰리는 10살 이후로 적정 체중을 유지하기 위해 노력해왔다. 성인이 된 뒤로 가장 큰 장애물은 식사 준비였다. 즉석 식품으로 점심을 때우거나 회의 시간에 남은 피자로 끼니를 해결하고 싶지 않았다. 그러나 자신이 먹을 음식을 미리 준비해놓을 때 기분이 얼마나 좋은지 알면서도 바쁘다 보니 지속적으로 식사 준비를 할 수 없었다.

건강식 도시락이 가방 안에 없는 날이면 "점심으로 뭘 먹지? 어디로 가지? 그 정도면 건강한 식사일까?"라는 걱정에 빠져 불안했다. 몰리는 대비가 전혀 되어 있지 않을 때 선택을 해야 하는 부담스러운 상황에 내몰리면 의사 결정의 피로감decision fatigue(연속해서 너무 많은 결정을 내려야 할 때 두뇌의 피로로 인해 시간이 갈수록 피로도가 덜한 결정을 내리는 것으로 선택 피로라고도 한다 - 옮긴이)을 느꼈다. 이는 불필요하게 머리를 쓰게 만들어 스트레스를 유발했고 아이러니하게도 이 때문에 몰리는 종종 폭식을 했다. 바쁜 전문직 종사자인 몰리는 시간에 쫓길 뿐 아니라 요리에 대해서 양가감정을 갖게 됐다.

B=MAP의 관점에서 식사 준비에 대한 몰리의 동기는 약하긴 했지만 전혀 없는 건 아니었다. 그녀는 균형 잡힌 식사가 주는 에너지와 건강, 자신감을 진심으로 원했다.

몰리에게 개선의 여지가 가장 큰 요소는 능력이었다. 다행히 그녀는 멋진 지원군(자원)이 있었다. 몰리의 예비 신랑인 라이언은 역도에 빠져 있었고 영양에 많은 신경을 쓰고 있었다. 그는 주 단위로 식단을 꼼꼼히 준비했고 식사 준비를 어려워하지도 않았다. 혈당이 떨어질 때를 대비해 고구마를 대량으로 삶아놓을 정도였다. 라이언이 쓰는 방법 몇 가지를 몰리도 관찰하고 따라했다. 곧 그들은 일요일마다 함께 다음 주 식단을 짜고 음식을 조리해놓기로 했다. 그러나 몰리는 (라이언과 시간을 보내서 좋기는 했지만) 주방에서 무려 5시간을 보내는 데에는 열의가 생기지 않았다. 일요일이 다가오면 그녀는 주방에서 시간을 보내기 싫어 다른 계획을 잡고는 매일 아침 빼먹지 않고 샐러드를 포장해가겠다고 다짐하곤 했다. 하지만 이를 지킨 적은 드물었다. 그리고는 평일 점심시간마다 회의실에 남은 피자를 내려다보았다. 자신의 선택을 뻔히 아는 그녀는 한 주가 시작하기도 전에 이미 자신에게 실망했다.

이틀 일정의 작은 습관 워크숍에 참석한 후 몰리는 자신의 행동이 성격상 결함이나 의지의 문제가 아니라 행동 설계의 문제임을 알게 됐다. 그래서 일요일에 라이언만 주방에 두고 달아난 자신을 자책하는 대신 어떻게 식사 준비를 쉽게 할 수 있을지 전략적으로 분석하기 시작했다. 몰리는 식사 준비가 라이언에게는 그렇게 재미가 있으니 자기 것까지 해주면 되겠다고 농담처럼 말해보기도 했다. 그녀의 제안에 라이언 눈살을 살짝 찌푸리고 너털웃음만 터트렸다.

어느 날 몰리는 친구 집에 갔다가 납작한 몸체에 조절할 수 있는 칼날이 달린 낯선 도구를 발견했다. 친구는 흔들거리는 도마와 무딘 칼을 쓰지 않고 그 도구로 약 10초 만에 당근 하나를 썰어 샐러드 볼에 담았다. 마술 같은 광경을 지켜보던 몰리가 친구에게 물었다. "와, 그건 뭐야?" 만돌린 채칼이라는 기구였다. 채칼을 시작으로 몰리는 시간을 절약해주는 여러 조리 기구를 사들였다. 예비 신랑이라는 자원과 편리한 채칼 같은 핵심 도구를 활용하면서 몰리는 일요일의 음식 준비 시간을 5시간에서 2시간 30분으로 줄였다. 이제 그녀는 당근, 오이, 피망을 채칼로 썰어서 밀폐 용기에 하루 분량씩 담아놓는다. 음식 준비 시간을 절반으로 줄이고 그 과정을 더 즐겁게 만든 것만으로도 몰리는 행동 곡선 위로 이동할 수 있었다.

행동을 재설계한 후 몇 달 동안 몰리와 라이언은 매주 일요일 10 끼 식사를 준비했고, 그것으로 주중의 점심과 저녁 식사를 해결했다. 의사 결정 피로를 날려버림으로써 몰리는 운동 시간을 확보할 수 있었고, 이는 전반적인 생활의 만족도를 높였다. 그녀는 라이언과 같은 수준으로 조깅을 할 수 있게 됐고 휴가 중에도 건강식을 계속 먹자고 제안하기까지 했다. 일 년 후 몰리는 그 어느 때보다 행복하고, 활력이 넘치고, 생산적이라고 했다. 이제 그녀는 하고 싶은 일에 동기 부여가 안 될 때 "어떻게 이 일을 쉽게 만들지?"라고 질문하게 되었다.

몰리의 문제 해결 과정

식사 준비 습관 – 무엇이 이 행동을 어렵게 만드는가?

<u>문제:</u> 몰리의 능력 체인에서 가장 약한 고리는 시간과 신체적 노력이었다. 몰리에게 5시간의 요리 과정은 너무 길었고 기존의 도구로는 자르고 썰기가 힘들었다.

식사 준비 습관 – 어떻게 이 행동을 하기 쉽게 만들 수 있는가?

<u>해결책:</u> 몰리는 행동 능력을 방해하는 시간과 신체적 노력 요인을 제거하는 데 도움이 되는 도구를 사용했다. 또 다음 주를 위해 무엇을 어떻게 준비할지 안내해줄 자원으로 남자 친구를 활용했다.

3. 작은 행동에서 시작한다

극도로 작은 행동으로 만들기가 작은 습관 기르기 방법의 초석인 데는 다 이유가 있다. 이는 행동을 쉽게 만들어줄 검증된 방법으로 동기 수준과 상관없이 좋은 출발점이 된다. 우리는 이미 작은 행동의 효과를 몇몇 사례로 살펴보았다. 작은 행동으로 시작하기는 '스타터 단계'와 '행동 축소'의 두 가지 방법으로 나눌 수 있다.

스타터 단계

매일 5킬로미터를 걷는 습관을 들이고 싶다면 무엇부터 해야 할까? 정답은 신발 신기다. 워킹화 신기는 '매일 5킬로미터 걷기' 습관을 시작할 때 해야 하는 가장 필수적인 행동이다. 여기서 목표는 원하는 행동의 수행 과정에서 매우 중요한 동작을 하는 데 있다. 그러므로 자신에게 이렇게 말하라. '걸을 필요는 없어. 매일 워킹화를 신기만 하면 돼.'

　워킹화 신기는 인식을 바꿔놓는다. 워킹화 신기가 습관이 되면 걷는 게 그리 어려워 보이지 않을 것이다. 어느 날부터 거의 매일 워킹화를 신은 후 밖으로 나가 동네 한 바퀴를 돌고 오게 될지도 모른다. 이런 식으로 스타터 단계가 더 큰 습관으로 발전하는 문을 열어준다.

　하지만 내가 알려주고 싶은 작은 습관 마인드세트의 중요한 부분은 따로 있다. 조급하게 기대치를 올리지 말라는 것이다. 행동을 키우려고 서두르지 말자. 걷는 게 부담스럽다면 언제든 워킹화만 신고 걷지 않아도 괜찮다. 기대치를 낮추면 습관이 살아 있게 된다. 아무리 동기가 오락가락해도 기대치를 낮추면 언제라도 그 행동을 어렵지 않게 할 수 있다.

사리카가 거둔 가장 큰 승리 중 하나는 아침 식사하기였다. 아침 식사는 그가 극복할 수 없다고 느껴온 과제였다. 사람들은 매일 아침을 해 먹는다. 그런데 왜 그에게는 그렇게 하기 힘든 일이었을까? 작은 습관 기르기 강의에서 스타터 단계를 배운 후 사리카는 이 문제를 해결할 방법을 찾기로 했다.

사리카는 아침에 일어나자마자 가스레인지부터 켜기로 했다. 그것이 그가 정한 스타터 단계였다. 그리고 처음 며칠 동안은 거기까지만 했다. 몇 초 동안 가스레인지 불을 켜놓았다가 껐다. 얼마 후 스타터 단계에 가스레인지에 냄비를 올려놓기를 덧붙였다. 그리고 냄비를 올려놓자 '오트밀 만들 물이나 끓일까?'라는 생각이 들었다. 물이 끓자 오트밀을 넣지 않는 게 어리석어 보였다. 어느 날부터 사리카는 매일 아침을 해 먹게 되었다. 막상 해보니 머릿속으로 생각했던 것보다 훨씬 쉬워서 신기했다. 그러나 서둘러야 하거나 신경 쓸 일이 있는 날은 가스레인지를 켰다 *끄기*만 했다.

스타터 단계는 아주 작은 행위가 놀라운 영향을 미친다는 점에서 일종의 정신적 주짓수(격투기의 일종)라고 할 수 있다. 사소한 행위가 만들어낸 추진력이 마찰을 덜 받으며 다음 단계로 넘어가게 한다. 여기서 핵심은 기대치를 높이지 않는 것이다. 스타터 단계에서는 수행이 곧 성공이다. 습관을 살려두고 성장 가능성을 열어두는 것이 스타터 단계의 목적이다.

가스레인지를 켜는 사소한 행동 하나가 빠른 속도로 더 많은 습관으로 이어졌고 결국 아침 해 먹기라는 목표를 달성했다. 사리카는 놀라울 따름이었다. 성공에 들뜬 그는 어머니의 도움(자원)을 받아 요리 실력(기술)을 늘려나갔다. 몇 개월 만에 사리카는 아침으로 인도식 팬케이크에 곁들여 먹을 처트니까지 만들게 됐다.

사리카의 문제 해결 과정

발견의 질문

아침 해 먹기 습관 – 무엇이 이 행동을 어렵게 만드는가?

문제: 사리카의 능력 체인에서 가장 약한 고리는 정신적 노력이었다. 무엇을 요리할지 계획이 없었다. 개수대에는 그릇이 수북이 쌓여 있고 식사를 준비할 공간이 없었다. 아침 식사 준비는 너무 복잡한 일 같았다.

돌파구 질문

아침 해 먹기 습관 – 어떻게 이 행동을 하기 쉽게 만들 수 있는가?

해결책: 사리카는 엄두가 안 나는 과정을 단계별로 쪼개서 아침 식사하기를 쉽게 만들었다. 가스레인지 켜기라는 쉽고 단순한 행동이 주는 성공의 느낌이 습관을 자리 잡게 했다.

행동의 축소

행동의 축소는 바랐던 행동보다 훨씬 작은 단위로 행동을 쪼개는 방법이다. 내 치실질 습관을 예로 들어보자. 나는 이 전체를 치실질 하고 싶었지만, 처음에는 이 한 개만 치실질 했다. 행동을 작게 쪼갠 것이다.

하고 싶은 행동이 매일 천 걸음 걷기라면 우편함까지 다녀오기로 거리를 줄여보자. 처음은 그만큼만 시도하자. 기대치보다 축소한 행동에서 시작하라. 그것이 기준 행동이 된다. 천 걸음 걷기 습관을 기르기 위해 매일 해야 할 기준 행동은 우편함까지 다녀오기다.

나의 문제 해결 과정

발견의 질문

치실 사용 습관 – 무엇이 이 행동을 어렵게 만드는가?

문제: 내 능력 체인에서 가장 약한 고리는 신체적 노력이었다. 내가 썼던 굵은 치실은 이 사이로 잘 들어가지 않아서 나는 촘촘한 이 사이로 치실을 넣느라 애를 먹었고 좌절을 느꼈다.

돌파구 질문

치실 사용 습관 – 어떻게 이 행동을 하기 쉽게 만들 수 있는가?

해결책: 적절한 도구, 즉 이 사이를 매끄럽게 움직이는 치실을 구해서 치실 사용을 쉽게 만들었다. 애를 쓸 것도 없고 무리할 것도 없었다. 행동의 축소가 없었다면 치실 사용이 습관이 되지 않았을 것이다.

2장에서 소개한 황금 행동을 스타터 단계 또는 행동의 축소를 활용해 쪼개고 나눌 수 있다. 어느 방법이어도 괜찮다. 몇 가지 예를 들면 다음과 같다.

작게 만들 습관	스타터 단계	행동의 축소
매일 책 읽기	책 펴기	한 단락 읽기
물 마시기	가방에 물병 넣기	물 한 모금 마시기
10분 명상	수납장에서 명상 방석 꺼내기	호흡을 3번 할 동안 명상하기
식사 후 주방 정리	식기세척기 열기	식사 후 식탁 위 치우기
매일 비타민 복용	작은 병에 비타민 옮기기	비타민 한 알 먹기
블루베리 먹기	출근용 가방에 블루베리 챙기기	블루베리 두세 개 먹기

사례: 팔굽혀펴기 20회 습관 만들기

기술, 도구, 작게 시작하기?

행동 설계는 다양한 경로가 있는 시스템이므로 단 하나의 정답은 없다. 하지만 스스로 결정을 내리도록 안내해줄 수는 있다. 세 가지 방안을 모두 쓸 필요는 없다. 하지만 세 방안을 모두 또는 다양하게 사용해보며 행동을 최대한 간단히 만든다면 습관을 쉽게 정착시킬 수 있다.

어떤 출발점이 자신에게 가장 좋을지 결정하려면 동기 수준을 살펴보라. 기술과 도구의 습득은 동기 수준이 높을 때 적합한 일회성 조치다. 동기가 강할 때 우리는 어려운 일도 해낼 수 있다. 하지만 동기가 약할 때는 행동을 작게 나눔으로써 이를 보완할 필요가 있다. 행동을 완수하려는 동기의 크기에 따라 행동을 습관화하기 위한 다음 조치가 결정된다. 자동차 타이어의 공기압 점검과 같다. 당신의 경우, 공기를 더 주입해야 하는가 아니면 그냥 차를 몰고 가면 되는가?

나는 체계적인 걸 좋아하는 사람이므로 행동을 하기 쉽게 만드는 순서도를 만들었다. 이 순서도를 활용해 매일 팔굽혀펴기 20회를 습관으로 만드는 과정을 소개한다. 다음은 팔굽혀펴기를 쉽게 해줄 단계들과 지침이 될 질문들이다.

분석 단계

발견의 질문: "무엇이 팔굽혀펴기 20회 하기를 어렵게 하는가?"

능력 체인이 답을 알려줄 것이다. 팔굽혀펴기의 경우 신체적 노력이 고리일 가능성이 가장 크다.

설계 단계

돌파구 질문: "어떻게 하면 팔굽혀펴기를 쉽게 할 수 있는가?"

신체적 노력이 가장 약한 고리임으로 팔굽혀펴기를 쉽게 만들 방법 중 무엇이 가장 효과가 있을지 자문해본다. 설계 단계에서는 PAC 모형의 세 요소를 고려한다.

기술 향상: "팔굽혀펴기 기술을 향상하면 더 쉽게 할 수 있을까?" 완전한 해결책은 아니지만 동기 부여가 된다면 좋은 아이디어이다.

자원과 도구의 습득: "올바른 도구나 자원을 확보하면 더 쉽게 할 수 있을까?" 그렇지는 않다. 올바른 팔굽혀펴기 방법을 알려주는 영상은 많지만, 영상을 본다고 팔굽혀펴기가 쉬워지지는 않는다. 트레이너가 대신 팔굽혀펴기를 해줄 수는 없다.

작은 행동: "팔굽혀펴기 횟수를 줄이면 새로운 습관을 더 쉽게 할 수 있을까?" 그렇다. 팔굽혀펴기 20회는 신체적 노력을 크게 요구하므로 더 작은 습관으로 줄여보자. 팔굽혀펴기 1회로 줄이기 또는 벽 짚고 팔굽혀펴기 등 몇 가지 방법이 있다.

기르고 싶은 습관이 뭐든 이 질문들과 세 가지 접근법(기술 향상, 자원과 도구의 습득, 작은 행동)이 행동 설계의 지침이 되어줄 것이다.

행동을 쪼개고 나누기 – 설계 순서

새로운 기술을 배울 정도로 동기 부여가 됐는가?

YES 잘됐다. 그렇게 하라. 그리고 다음 질문으로 넘어가라.

NO 다음 질문으로 넘어가라.

도구나 자원을 찾아볼 정도로 동기 부여가 됐는가?

YES 정말 잘됐다. 그렇게 하라. 그리고 다음 질문으로 넘어가라.

NO 다음 질문으로 넘어가라.

YES 좋다. 이제 새로운 습관을 연습하면 된다.

NO 다음 질문으로 넘어가라.

스타터 단계를 둘 수 있는가?

YES 잘됐다. 스타터 단계의 행동부터 습관으로 만든 다음 마음이 내킬 때 그 이상의 행동을 하도록 하라.

NO 이런. 만약 이 질문들에 대한 답이 전부 '아니오'라면 행동 설계의 전 단계로 돌아가 행동군에서 다른 적합한 행동을 찾아야 한다.

단순해야 성공한다

하기 쉽게 설계된 행동은 일상에 쉽게 뿌리내리고 성장할 수 있다. 상황이 힘들어져도 지킬 수 있다. 이렇게 생각해보자. 작은 식물에 매일 물을 몇 방울씩 주면 계속 살 수 있다. 습관도 마찬가지다. 지금도 가끔 치실 사용 동기가 유난히 낮은 날들이 있다. 그런 날에는 이 하나만 치실질을 한다. 어쨌든 습관을 지켰으므로 실망할 필요는 없다. 일은 늘 생긴다. 아프기도 하고, 휴가를 가기도 하고, 응급 상황이 발생하기도 한다. 완벽할 필요는 없다. 꾸준함을 목표로 하자. 습관 살려두기는 아무리 사소한 것이든 일상에 뿌리내리게 한다는 뜻이다.

습관이 크게 자라기를 원한다면 작고 간단하게 시작해야 한다. 일단 작고 간단한 습관이 일상에 정착하면 자연스럽게 큰 변화로 이어진다. 작은 습관 기르기를 시작하기 전 사리카와 몰리는 늘 압도당하는 느낌이었다고 한다. 그들은 두려움, 낮은 자존감, 이상한 저항감을 경험했다. 그러나 작은 행동으로 시작하면서 모든 게 바뀌었다. 쉽게 시작했고 금방 성공의 느낌이 들었다. 성공할 때마다 두려움은 줄어들었다. 변화 과정이 해야 하는 일이라기보다 즐거운 체험처럼 느껴지기 시작했다.

다음 장에서는 자극에 대해 살펴보자. 행동 모형의 마지막 구성 요소인 자극은 행동 설계의 다섯 번째 단계이기도 하다. 자극 없이는 어떤 행동도 일어나지 않는다. 자극은 불꽃을 일으키는 스파크처럼 행동을 일깨운다. 그러니 자극도 쉽게 만드는 게 어떻겠는가? 이미 자신의 일상에 들어와 있는 자극을 이용하는 방법은 없을까? 시간이나 노력, 돈을 들이지 않고 구축할 수 있는 자극은 어떻게 설계할 수 있을까?

3장의 훈련은 두 부분으로 되어 있다. 첫 번째는 분석, 두 번째는 설계에 초점을 두고 있다.

1. 어려운 습관의 분석

1단계 과거에 시도해봤지만 유지하지 못했던 어려운 습관 한 가지를 적는다.

2단계 발견의 질문("무엇이 이 행동을 어렵게 만드는가?")을 던져보자. 능력 체인을 검토한다. 너무 많은 시간이 필요한가? 너무 많은 돈이 드는가? 너무 많은 정신적 또는 신체적 노력을 요구하는가? 혹시 당신의 일상을 방해하는가?

2. 습관 설계

3단계 2단계에서 찾아낸 약한 고리에 따라 돌파구 질문("어떻게 이 행동을 하기 쉽게 만들 수 있을까?")을 해본다. 예컨대 어떻게 하면 시간을 덜 들이고 이 습관을 지킬 수 있을지 생각해보자. 각각의 고리에 대해 다양한 아이디어를 떠올려보자.

4단계 3단계에서 나온 아이디어 중 상위의 3가지를 선택한다.

5단계 습관을 지키기 쉽게 해줄 상위 아이디어 3가지를 실천하는 자신을 구체적으로 상상한다.

4장

습관 스위치를 찾아서

자극

자극Prompt은 삶의 보이지 않는 동인이다. 우리는 날마다 수백 가지 자극을 경험하지만, 대부분은 알아차리지 못한다. 신호등의 빨간불이 초록으로 바뀌면 자동차의 가속 페달을 밟는다. 마트에서 치즈 시식을 권하면 먹는다. 새로운 이메일 알림이 화면에 뜨면 클릭해서 열어본다.

어떤 자극들은 자연스럽게 존재한다. 팔에 빗방울이 떨어지면 우산을 펼친다. 어떤 자극은 설계된 것이다. 연기를 감지하고 요란하게 울려대는 화재경보기를 떠올려보라. 자연적인 자극이든 설계된 자극이든 자극은 '당장 행동하라'는 신호다.

어떤 행동도 자극 없이 일어나지 않는다. 사람들은 동기와 능력이 있을 때 자극에 확실히 반응하며, 바로 그 때문에 시의적절한 자극은 강력한 힘을 발휘한다. 앱 아이콘 위에 작은 빨간 숫자가 있으면 참지 못하고 앱을 클릭하는 이유는 뭘까? 여기에는 자극을 활용한 마법이 숨어 있다. 지금도 많은 광고들은 자극과 동기 유발 요인을 결합해(당첨을 원하면 여기를 클릭하세요!) 우리를 유혹하고 있다.

반대로 자극이 없다면 동기와 능력 수준이 높더라도 행동이 일어나지 않는다. 지난주에 혹시 호기심으로 내려받은 앱을 까맣게 잊고 있지는 않은가? 자극이 없으면 쉽게 잊는다.

당신에게 적합한 행동을 찾아 실행하기 쉽게 만들었다면 이제 다음 단계로 넘어갈 준비가 됐다. 하고 싶은 행동을 유발하는 자극을 설계해보자. 자극은 습관을 자리잡게 하는 데 중요한 역할을 한다. 자극을 우연에 맡기지 말아야 한다.

행동 설계 7단계

✓ 열망을 명확히 한다

◎ 행동 선택지를 탐색한다

☆ 자신에게 적합한 구체적인 행동을 찾는다

☺ 아주 작게 시작한다

! **5단계** 적절한 자극을 준다

행동 모형에서 동기와 능력은 연속적이지만 자극은 이분법적이다. 인간은 자극을 알아차리거나 알아차리지 못한다. 그리고 자극을 알아채지 못하거나 타이밍이 맞지 않는다면 행동은 일어나지 않는다. 따라서 적절한 자극은 행동 설계에서 매우 중요한 요소다.

자극을 효과적으로 설계하는 데 성공한 사람 중 한 명을 소개한다. 그 주인공은 프롤로그에서 잠깐 등장한 에이미다. 약 7년 전 에이미는 세 자녀를 돌보고 프리랜서 교육용 매체 작가로서 사업을 키우려고 노력하며 바쁘게 지냈다. 그녀는 병원의 의뢰로 환자 교육용 교재를 개발하는 일을 시작했지만, 사업을 키우는 데 필요한 행동을 하지 못하고 있었다. 에이미는 미래에 대한 걱정에 숨을 쉴 수 없을 지경이었다. 잠도 잘 자지 못했고 불길한 예감을 떨쳐버리지 못했다. 사업을 하는 사람이라면 누구나 일이 잘될지 걱정한다. 그러나 에이미의 두려움에는 도태되거나 고객을 잃는 것보다 훨씬 심각한 이유가 있었다. 그녀의 진짜 두려움은 아이들을 잃는 것이었다.

에이미와 그녀의 남편은 몇 년째 불행한 결혼생활을 이어왔다. 최근에 와서는 정말 견디기 힘들어졌다. 그녀는 남편과 헤어지고 싶었고 남편도 마찬가지였다. 남편과 갈라서는 것도 고통스러웠지만 에이미는 그다음에 벌어질 일이 더 걱정이었다. 수년 동안 그녀는 남편의 좋은 면만 봐왔다. 그는 잘 웃었고, 관대했으며, 늘 에이미의 일을 지지해주었다. 그러나 지금 둘 사이에는 솔직함은 사라지고 적대감과 경멸만 남았다. 그녀는 이를 건강하게 해결할 방법이 없어 궁지에 몰린 기분이었다. 이제까지 외면해왔던 남편의 부정적인 면들 때문에 밤잠을 설쳤다. 이혼을 앞둔 사람들은 최악의 면을 드러낸다고들 한다. 에이미는 남편이 그녀를 미워하다 못해 감당할 수 없는 분노를 드러낼까 봐 두려웠다. 남편이 아이들을 싸움에 끌어들일 가능성이 컸고, 확실한 수입 없이는 양육권을 잃을 위험이 있었다.

아이들 곁에 있을 수 없다는 상상만으로도 마음이 찢어질 듯했다.

만약 생계를 책임지지 못한다면 두려워하는 일이 현실이 될 수 있었다. 에이미는 어쩔 수 없이 아이들을 놓고 끝없는 법정 싸움을 벌이게 될 것 같아 걱정이었다. 생각할 수 있는 유일한 대책은 이혼 재판을 시작하기 전에 변호사를 구하고 재정 상태를 정비하는 것뿐이었다. 하지만 일거리를 늘릴 방법에서 생각이 막혔다.

파탄에 이른 결혼생활에 대한 불안과 하루하루 세 아이를 돌보느라 쌓이는 스트레스로 에이미는 일에 몰입하기 힘들었다. 고객과 연락하고, 프로젝트를 따오고, 열심히 글을 써야 할 이유가 충분했지만, 중요한 일들을 실행에 옮길 수 없었다. 매일 아침 책상에 앉으려고 노력했지만 대신 빨래를 개고, 주방을 정리하고, 해야 할 일의 목록을 다시 쓰거나 순서를 바꾸며 하루를 흘려보냈다. 해야 할 일 목록에 있는 몇 가지를 하기는 했지만 대개 그것들은 부수적인 일들이었다. 때론 생각을 너무 하다 보니 제때 일을 끝내지 못했다. 은행 잔고는 당연히 비어갔다.

행동 설계와 작은 습관 기르기를 배운 후 에이미는 해결책을 찾았다. 어떤 해결책일까? 매일 그날 끝내야 할 가장 중요한 일 한 가지를 포스트잇에 쓰기로 했다. 그게 전부였다. 에이미는 하루 한 가지 일은 날마다 할 수 있다고 자신했다. 포스트잇에 쓴 일을 꼭 실제로 해야 하는 건 아니었다. 우선은 그냥 적기만 했다. 간단했다. 이 행동이 습관으로 정착한 이유는 동기나 능력이 아니라 적절한 자극 설계 때문이었다.

새로운 습관을 도입할 때는 그 습관이 일상에 들어갈 자리를 찾는 게 중요하다. 일상의 어느 부분에 습관이 들어가는가에 따라 성공과 실패가 결정된다. 다행스럽게도 에이미는 첫 번째 시도에서 성공했다. 이는 새로운 습관의 씨앗을 적절한 위치에 뿌렸기에 가능했다.

에이미의 방법은 다음과 같았다. 그녀는 매일 아침 딸 레이철을 유치원에 데려다주었다. 유치원 앞에 도착하면 레이철은 손을 흔들며 작별을 하고 차 문을 닫았다. 차 문이 닫히는 게 에이미에게 신호(자극)였다. 그녀는 즉시 근처 학교의 주차장에 차를 댄 다음 한 가지 과제를 포스트잇에 적었다. 다 적은 후에는 계기판에 포스트잇을 붙이고 "다 됐다!"라고 말하며 손뼉을 한 번 쳤다. 한 주 동안 이를 실천하자 그 다음부터는 노력하지 않아도 자동으로 포스트잇을 작성하게 됐다.

딸을 데려다주기 전까지는 가족들에게 챙겨줘야 할 것들을 생각해야만 했다. 업무와 관련해서는 포스트잇 습관이 첫 번째 일이었으므로 너무 오래 생각하거나 산만해질 여유가 없었다. 또 스타터 행동을 정확히 규정한 것도 도움이 되었다. 자동차 문이 닫히면 마인드세트를 업무 모드로 바꾸었다. 차를 주차하고 오늘 해야 할 가장 중요한 일 한 가지를 생각해서 적었다. 그걸로 끝이었다. (만세!) 일상적인 일(딸을 유치원에 데려다주기)과 포스트잇 쓰기를 연결했기 때문에 이 습관은 쉽게 아침 습관이 되었다. 딸을 유치원에 데려다주라는 문자 알림이나 일정 알림을 설정해 포스트잇을 쓰라고 굳이 일깨워줄 필요도 없었다. 그녀는 확고한 자극을 찾아냈고 따라서 새로운 습관이 자연스럽게 형성됐다.

에이미는 이 간단한 습관이 하루를 명확하게 만들어주어서 기뻤다. 사소한 행위라는 걸 알지만 이때 얻은 몰입감과 성공의 느낌이 점점 중요한 행동으로 이어졌다. 그녀는 첫 번째 습관을 시작으로 다른 습관들도 길렀다. 레이첼을 데려다주고 집으로 돌아오면 곧바로 사무실로 가서 책상 앞 벽에 아침에 쓴 포스트잇을 붙였다. 포스트잇에 쓴 일을 수행하지 못하는 날도 있었지만 대부분은 실행에 옮겼다. 그러자 자부심과 성취감이 밀려들면서 해야 할 일을 계속 작성하도록 동기 부여가 됐고, 황금 행동들이 습관으로 확고히 자리 잡으면서 에이미가 상상했던 이상으로 생산성이 높아졌다. 어느새 두려움은 희미해지기 시작했다. 한 번은 자신에게 큰소리로 이렇게 말했다. "와, 내가 진짜로 하고 있어. 나도 할 수 있어." 그렇게 계속 나아갔다.

포스트잇 한 장으로 시작했던 습관이 나비효과처럼 점점 커졌고 생산성을 높였다. 에이미는 1인 사업에서 전략 및 콘텐츠 개발 대행사로 사업을 키우고 싶은 열망이 있었다. 적절한 자극을 찾아내자 그녀는 정체 상태에서 벗어나 기존 프로젝트를 끝내고 새로운 프로젝트 제안서를 작성하며 그간 억눌렸던 야망을 분출시켰다. 대형 헬스케어 회사에서 백만 달러 규모의 프로젝트에 제안서를 내보라는 연락을 받았을 때 망설이지 않았다. 제안서를 제출까지 완벽히 끝내려면 직원을 고용해야 했지만 몇 개월 동안 성공을 경험했던 터라 자신에 대한 회의감은 더이상 없었다. 에이미는 프레젠테이션에서 보여준 자신감 덕택에 프로젝트를 따낼 수 있었다. 6개월 후 이혼을 했지만 수입은 그사이 4배가 됐다. 덕분에 아이들의 양육권자로 지정받아 밤에 편안히 잘 수 있게 됐다.

에이미처럼 적절한 자극을 설계할 수 있다면 간단한 습관 하나를 다양한 습관으로 확장할 수 있다. 완전히 새로운 습관을 설계하든 또는 나쁜 습관의 문제를 해결하려 하든 매번 그 습관과 연결할 수 있는 자극이 무엇인지 파악해야 한다. 자극을 우연에 맡겨서는 안 된다.

반가운 소식이 있다. 미처 깨닫지 못했을 뿐, 당신은 이미 자극 설계의 경험이 많다! 체크리스트를 만들어본 적이 있을 것이다. 다른 사람에게 내가 할 일을 알려달라고 부탁해본 적도 있을 것이다. 회사 이메일 계정에 일정 알림 기능을 쓰고 있을 수도 있다. 이런 모든 행동이 자극을 추가하는 것이다.

그러나 효과를 기대하고 시작했지만, 잘못 설계된 자극들이 너무 많다. 만약 당신이 알람 다시 울림 버튼을 6번은 누르고서야 일어나는 사람이라면 내가 무슨 이야기를 하는지 알 것이다. (어떤 휴대전화 알람은 일시 정지 버튼이 해제 버튼보다 크고 누르기 쉽다. 기이하게도 알람 일시 정지 버튼을 누르도록 설계된 듯하다.) 이미 포스트잇으로 가득한 컴퓨터 화면에 포스트잇을 하나 더 붙이는 건 효과가 없다. 이제는 나에게 어떤 자극이 효과가 있고 어떤 자극이 효과가 없는가에 관해 알아보자. 자극의 설계는 학습하고 연습할 수 있는 기술이다.

습관에 스위치를 다는 법

우리가 활용할 수 있는 자극에는 어떤 종류가 있으며, 어떻게 작용하는지 살펴보도록 하자. 이를 이해하고 나면 작은 습관을 정착시키는 데 필요한 자극을 더 이상 우연이나 다른 사람에게 맡기지 않아도 된다.

　우리 삶에는 세 가지 유형의 자극이 있다. 바로 인간 자극, 상황 자극, 행위 자극이다. 먼저 인간 자극부터 살펴보자.

인간 자극

인간 자극Person Prompt은 내적 요인에 의존하는 자극이다. 기본적인 신체적 충동은 우리가 가진 가장 자연스러운 인간 자극이다. 우리 몸은 먹고 잠자는 것처럼 꼭 필요한 일을 하도록 일깨워준다. 방광의 압박감? 그렇다, 그건 자극이다. 꼬르륵거리는 소리도 자극이다. 진화 덕택에 이런 자극들은 우리가 행동하게 하는 데 있어서 꽤 믿을 만한 신호가 된다. 그러나 생존을 결정하는 행동이 아니라면 인간 자극은 좋은 해결책이 아니다. 우리의 기억이 불완전하다는 건 증명된 사실이다.

　몇 년 전 나는 새로운 이웃인 밥과 완다를 만났다. 완다는 퇴직한 인텔 임원이었고 밥은 엔지니어로 일했다고 했다. 그들이 나를 저녁 식사에 초대했을 때 기쁜 마음으로 초대를 받아들였고 저녁 6시 정각에 샐러드를 갖고 가겠다고 약속했다.

　어느 날 저녁 6시 42분에 휴대전화가 울렸다. 마감을 앞둔 일에 깊이 빠져 있던 나는 휴대전화에 뜬 번호를 알아보지 못했다. 그래서 음성 메시지로 넘어가게 두었다. 잠시 후 메시지를 확인했다. 완다의 목소리가 들려오는 순간 후회가 밀려왔다. "안녕하세요. 직접 만든 파스타를 준비했는데 다 식었네요. 면까지 직접 만들었는데 불어버렸어요. 6시에 올 줄 알았는데 오는 중인가요? 아니면 다시 약속을

인간

스스로 행동하도록
자극한다

잡도록 하죠. 잘 있어요."

내가 약속을 망쳐버렸다. 나는 완다에게 전화해서 몇 번이나 사과했다. 너무나 민망했다. 이사 온 이웃에게 환영 인사를 그렇게 하다니!

부끄러운 일이지만, 왜 인간 자극 전반을 경계해야만 하고 행동을 설계할 때 전적으로 피해야 하는지 잘 보여주는 사례여서 소개한다. 저녁 약속 지키기 같은 일회성 행동도 그렇지만 습관으로 삼고 싶은 행동을 설계한다면 인간 자극은 더더욱 믿을 게 못 된다.

다른 사람의 습관 형성을 도우려 할 때도 마찬가지다. 딸 아이가 한 시간씩 전화를 붙들고 있는 대신 매일 밤 숙제하기를 바란다고 가정하자. 딸에게 숙제를 기억하라고 말하는 건 좋은 전략이 아니다.

상황 자극

상황 자극Context Prompt은 행동을 이끌어내는 환경 속의 신호를 가리킨다. 포스트잇, 앱 알림, 전화벨 소리, 회의에 참석하라고 상기시키는 동료 등이 그 예다.

행동 설계를 할 때 상황 자극은 어떻게 배치하느냐에 따라 결과가 완전히 달라진다. 만약 내가 저녁 약속을 휴대전화 달력에 알림 설정을 해놓았다면 저녁 6시에 신선한 샐러드를 들고 이웃집 문 앞에 서 있었을 것이다. 그 상황 자극을 만드는 데는 20초밖도 안 걸렸을 것이다. 하지만 "완다와 밥의 집에서 저녁 식사"를 종이에 써두었다면, 그 설계는 실패했을 가능성이 높다. 나는 프로젝트에 깊이 빠져 있을 때는 할 일 목록이 적힌 종이를 보지 않기 때문이다.

상황 자극을 효과적으로 설계하려면 실험과 시간이 필요하다. 약 10년 전 나는 화초에 물 주기, 청구서 납부, 컴퓨터 재부팅 등 주말에 꼭 해야 하는 일을 잊지 않는 법을 찾기로 했다. 제일 먼저 휴대전화에 알림을 설정해보았다. 토요일 오전 10시면 화초에 물을 주라는 알람이 울렸다. 처음에는 괜찮았다. 하지만 그 시간에 마트에 갈 때가 종종 있는데 그때는 과업을 수행할 능력이 전혀 없었다. 가끔은 알람이 울릴 때 이미 물을 줘서 알림 설정이 시간 낭비가 될 때도 있었다.

좀더 효과적인 방법은 없을까? 고심 끝에 매주 주말 과업을 포스트잇 절반 크기의 포스트잇 플래그에 적었다. 그리고 포스트잇 플래그를 주말 과업이라고 제목을 붙인 코팅된 종이에 붙였다. 이제 토요일 아침 나는 코팅된 종이를 꺼내서 주방 싱크대에 올려놓는다. 이 종이는 내 주말 체크리스트다. 각 과업을 수행할 때마다 포스트잇 플래그를 종이 뒷면에 옮겨 붙여서 끝내지 않은 과업만 보이게 한다.

개인이 처한 상황 속 요인이
행동을 자극한다

상황

일요일에 마지막 과업을 끝내면 코팅된 종이를 뒤집어 마지막 포스
트잇 플래그를 붙이고 다음 주를 위해 종이를 보관한다. 주말 체크리
스트 덕분에 나는 냉장고 청소와 화초 물 주기 같은 주기적인 과업
을 빼먹지 않게 됐다.

상황 자극은 주기적인 습관을 만들 때보다는 진료 예약 같은 일회
성 행동에 더 적합하다. 기업인들을 가르칠 때 나는 그들이 가장 효
과를 본 상황 자극을 함께 이야기해보자고 한다. 그중에는 흔하고 명
백한 것도 있고 의외인 것도 있다. 다음은 그중 몇 가지다.

- 다른 손가락에 반지를 낀다.
- 자신에게 문자 메시지를 보낸다.
- 화이트보드용 마커로 화장실 거울에 적어둔다.
- 무언가 이상한 느낌이 들게 가구를 재배치한다.

- AI 비서에 알림을 설정해놓는다.
- 냉장고 안에 메모한 쪽지를 넣어둔다.
- 아이에게 상기시켜달라고 부탁한다.
- 휴대전화 화면에 포스트잇을 붙여둔다.

상황 자극이 가끔은 유용하고 효과적이지만 너무 많은 상황 자극은 스트레스를 줄 수 있으니 적절히 활용해야 한다. 한편 상황 자극을 너무 많이 설정하면 자극에 무감각해지고 주의를 기울이지 않게 될 수도 있다. 나중에는 알림음에 무감해지고 포스트잇을 보지 않게 되는데 철로 옆에 사는 것과 비슷하다고 보면 된다. 처음에는 기차 소음에 귀가 먹먹하지만 나중에는 기차 소리에 무신경해지는 것처럼 말이다.

우리 집의 내 사무실에는 거대한 화이트보드가 있고 거기에는 프로젝트별로 다른 색깔로 표시된 수십 가지 과업이 열거되어 있다. 그냥 엄청 아주 많다. 눈사태처럼 쏟아지는 시각적, 심리적 자극을 관리하기 위해 현재 작업 중인 과업만 보이게 하고 나머지는 이동식 커튼으로 가려둔다. 다른 자극을 가려둘 때 내가 더 차분해지고 집중하게 된다는 것을 알고 있기 때문이다.

상황 자극을 만들었는데 효과가 없다면 당신이 무언가 잘못하고 있는 게 아니다. 동기나 의지가 부족한 탓도 아니다. 그러므로 자책하지 말자. 대신 자극을 재설계하자. 어떤 자극이 자신에게 효과가 있는지 찾아보자.

우리가 자라면서 경험한 전통적인 자극은 관리하기가 비교적 쉬웠다. 광고성 우편물은 재활용 수거함에 넣고 수신자 명단에서 이름을 삭제해달라고 하면 된다. 광고 시간에는 채널을 바꾸면 된다. 사무실 문에는 '방문 사절' 팻말을 붙이면 그만이었다.

디지털 기술이 만들어낸 상황 자극은 이보다 관리하기가 힘들다. 링크드인은 많은 돈과 시간을 투자해 이번 주에 233명이 당신의 프로필을 보았고 그들이 누군지 알고 싶으면 클릭하라고 알려준다. 그 자극을 제거하고 싶은가? 그럴 수도 있고 아닐 수도 있다. 어쨌든 호기심도 생기고 으쓱하는 기분에 관심도 간다. 스팸 메일은 좀더 명확한 문제다. 열어보지 않고 지우는데도 매일 시간을 빼앗아간다. 짜증은 덤이다.

디지털 환경에서도 상황 자극을 누그러뜨릴 방법이 없는 것은 아니다. 최근 어떤 기업가가 내게 일을 부탁하기 위해 휴대전화로 메시지를 보내왔다. 자기 팀에 프레젠테이션을 해달라는 부탁이었다. 나는 그의 제안이 마음에 들었고 수락하고 싶었다. 하지만 그는 수단을 잘못 선택했다. 나는 그에게 이렇게 문자 답장을 보냈다. "안녕하세요! 제안은 수락합니다만 앞으로 이메일로 요청해주세요(저는 문자는 가족과 친구와만 주고받습니다). 감사합니다!" 다음 날 아침 그가 이메일로 답장을 보내왔다. "죄송합니다. 지금부터 이메일로 연락드리겠습니다." 수십 차례 휴대전화 알림이 울리며 정신이 산만해지고 일을 방해받을 수 있었는데 나는 약 30초 만에 이를 막았다.

그러나 우리는 디지털 서비스가 우리를 자극하는 방식 또는 사업상 동료나 친구들이 선의로 보내는 메시지(상황 자극)를 완전히 통제할 수 없다. 하지만 자극 설계에서 상황 자극보다 좋은 선택지가 남아있다. 바로 행위 자극이다.

행위 자극

세 번째 유형의 자극은 내가 가장 좋아하는 행위 자극^{Action Prompt}

이다.

행위 자극은 당신이 이미 하고 있는 행동 중에서 앞으로 기르고 싶은 습관과 연결할 수 있는 일상의 행동을 말한다. 예컨대 기존의 양치질 습관은 새로운 습관인 치실질을 촉발하는 자극 역할을 할 수 있다. '커피메이커의 스위치 켜기'는 새로운 습관인 '주방 싱크대를 활용한 스트레칭'의 자극이 될 수 있다.

당신에게는 꾸준한 일과가 이미 많으며, 각각의 일과는 새로운 습관에 신호를 보내는 행위 자극 역할을 할 수 있다. 아침이면 당신은 침대에서 내려선다. 찻물을 끓이거나 커피메이커의 스위치를 켠다. 변기의 물을 내린다. 아이를 학교에 데려다준다. 퇴근해서 현관으로 들어오면 코트를 걸어둔다. 매일 밤 베개를 베고 눕는다. 이 행동들은 너무나 매끄럽고 자연스럽게 생활에 이미 녹아 있어서 의식할 필요도 없다. 그런 까닭에 환상적인 자극이 될 수 있다. 너무나 자연스러워서 행동 설계의 명쾌한 해법이 될 수 있다. 당신에게는 이미 활기차게 돌아가는 생태계와도 같은 일상이 있으므로 이를 활용하기만 하면 된다.

행위 자극은 인간 자극과 상황 자극보다 훨씬 유용해서 나는 여기에 앵커^{Anchor}라는 애칭을 붙였다. **앵커는 아주 단순하면서도 강력하다. 하고 싶은 습관이 있다면 일상에서 자극이나 알림 역할을 할 적**

절한 앵커를 찾자.

앵커에 관한 아이디어는 '샤워 후'에 번개처럼 떠올랐다. (샤워 중에 돌파구를 찾았다는 사람들은 있어도 샤워 후에 그랬다는 사람은 내가 유일했다. 곧 알게 되겠지만 이유가 있다.) 어느 날 저녁 샤워를 하고 별다른 생각 없이 샤워 부스에서 나와 물기를 닦고 수건을 두르고 침실로 들어갔다. 속옷 서랍을 열던 도중에 아이디어가 떠올랐다. **샤워 후**라는 타이밍이 열쇠였다.

내 뇌는 이런 패턴을 눈치채고 있었던 듯하다. 샤워 후에 나는 항상 물기를 닦는다. 물기를 닦은 후에는 항상 침실로 간다. 침실로 간 후에는 항상 속옷 서랍을 연다. 따라서 새로운 습관을 만들려면 어느 행동 직후가 되어야 하는지 찾아낼 필요가 있다는 깨달음이 불현듯 찾아왔다. 예컨대 내가 이를 닦은 후 항상 치실을 쓰고 싶다면 양치질은 치실질이라는 새로운 습관에 매우 적합한 선행 자극이 된다.

행위

개인의 기존 일과가
다음 행동을 자극한다

속옷 서랍을 열어둔 상태에서 나는 답을 찾았음을 깨달았다. 바로 행동 순서의 파악behavior sequencing이었다. '특정 행동 뒤에 어떤 행동이 연결되는 것이 적합한지만 파악하면 되는구나. 유레카!' 나는 이것이 프로그램 코딩과 비슷하다고 본다. 알고리즘을 올바로 이해하면, 즉 이 행동의 다음 행동, 그다음 행동, 또 그다음 행동을 알면 확실한 결과를 얻을 수 있다.

한 행동에서 다음 행동으로 행동은 순서대로 일어난다

확실한 습관을 형성하려면 행동들을 올바른 순서로 입력해 '코딩'하면 된다.

새로운 습관을 위한 순서를 설계한다

속옷 서랍을 열었을 때 나는 날마다 하는 일이 이미 많았다. 기존 습관에 새로운 습관을 끼워 넣을 수 있다면 그 습관은 별다른 노력 없이 내 생활에 편입된다. 그리고 기존 습관에 기반하는 한 새로운 습관들을 계속 끼워 넣을 수 있으므로 점점 습관을 확장할 수 있다. 이 방법은 스스로 또는 다른 사람에게 부탁해서 새로운 행동을 하도록 상기할 필요가 없으므로 인간 자극과 상황 자극의 리스크를 피할 수 있다. 자극에 압도당하지도 않는다. 대신 하루하루의 생활이 자극이 된다. 이보다 간단할 수가 없다.

즉시 이 방법을 시도해보았다. 나는 가장 기본적이고 확실한 행동 중 하나인 '화장실 가기'를 '팔굽혀펴기'의 자극(앵커)으로 삼았다. 나는 변기의 물을 내린 후에 팔굽혀펴기를 두 번 하기로 했다. 이상한

작은 습관 레시피

소변을 본	팔굽혀펴기를 2회	뇌에 습관을 각인 시키기 위해 즉시
후에	할 것이다	

앵커 설정
작은 행동(새로운 습관)을 실행하도록 상기시킬 생활 속 기존 일과

작은 행동
당신이 원하는 아주 작고 아주 쉽게 축소한 새로운 습관

짓처럼 보일 수도 있지만, 당시 나는 주로 집에서 일했으므로 문제될 게 없었다. 얼마 안 가서 이 습관은 자리를 잡았다. 마치 딱 들어맞는 퍼즐 조각 같았다. 하루에도 몇 번씩 소변을 본 후 팔굽혀펴기를 하게 됐다. 나는 금세 힘이 좋아져서 팔굽혀펴기 횟수를 늘렸다. 7년이 지난 지금도 여전히 나는 이 습관을 지키고 있다. 어떤 날은 팔굽혀펴기를 50회 이상 하기도 하지만(물을 얼마나 마셨는가에 달렸다!) 매번 소변을 본 후에 최소 2회는 한다. 소변을 본 후 팔굽혀펴기 2회 하기는 나의 작은 습관 레시피가 됐다.

앵커는 누구에게나 있으므로 매우 실용적인 자극 설계 방법이다. 새로운 습관을 만들기 위해 비싼 스마트워치나 최신 앱은 필요 없다. 스스로 얼마든지 더 효과적인 자극을 설계할 수 있다. 앵커의 효과는 마법이 아니라 화학 반응에 가깝다. 적절한 행동과 적절한 순서를 조합하면 금방 새로운 습관이 생긴다.

자극을 활용해 작은 습관 레시피 만들기

작은 습관 기르기를 탐색하면서 여기까지 왔으면 자신이 하고 싶은 새로운 습관을 적어도 하나는 찾았을 것이다. 나에게 맞는 행동을 고르고 이를 작게 만들었다면, 이제 자극을 추가하자. 그러면 아래와 같은 작은 습관 레시피를 완성할 수 있다.

나는 (앵커 행동) 후에 (새로운 습관을) 할 것이다

나는 (변기의 물을 내린) 후에 (팔굽혀펴기를 2회) 할 것이다
나는 (차를 갓길에 세운) 후에 (그날 가장 중요한 일을 적어둘) 것이다
나는 (양치질) 후에 (치아 하나를 치실질) 할 것이다

적절한 행동 순서를 찾아서 새로운 습관을 끼워 넣기까지 약간의 조정이 필요하지만, 나중에는 아주 쉽게 할 수 있다.

습관 스위치, 앵커

앵커는 일상 속에서 꾸준히 하는 행동이어야만 한다. 우리는 알게 모르게 확실한 일과로 채워진 일정에 따라 생활한다. 당신의 하루가 아무리 무계획적으로 보일지라도 장담컨대 앵커 역할을 하기에 충분할 만큼 루틴한 일과는 많이 있다. 내가 작은 습관 기르기를 고안하기 몇 년 전에 했던 연구에 따르면 일반적으로 사람들은 아침 일과를 가장 많이 갖고 있다. 따라서 아침은 새로운 습관을 기르기에 비옥한 토양이다.

반면 오후로 갈수록 일상이 어긋나기 쉽다. 한 가지 일과가 깨지면 다른 일과들도 영향을 받는다. 회의가 늦어지면 아이를 데리러 어린이집에 가는 일이 늦어진다. 시간도 늦고 힘든 하루를 보내느라 지쳐서 직접 요리하는 대신 피자를 주문한다. 그 밖에도 많은 일이 흐

트러진다.

다음은 시간대별로 정리한 일반적인 앵커의 사례다.

아침 일과

- 아침에 침대에서 내려선 후…
- 침대에서 일어나 앉은 후…
- 알람을 끈 후…
- 소변을 본 후…
- 변기의 물을 내린 후…
- 샤워기를 켠 후…
- 양치질한 후…
- 머리를 빗은 후…
- 침대를 정리한 후…
- 신발 끈을 맨 후…
- 커피메이커의 스위치를 켠 후…
- 커피를 따른 후…
- 식기세척기에 그릇을 넣은 후…
- 개에게 사료를 준 후…
- 자동차 키를 꽂은 후…

낮 일과

- 전화벨 소리를 들은 후…
- 전화를 끊은 후…

- 커피를 마신 후…
- 받은메일함을 비운 후…
- 화장실에 다녀온 후…

저녁 일과

- 퇴근해서 집으로 들어온 후…
- 열쇠를 걸어둔 후…
- 핸드백을 내려놓은 후…
- 개의 목줄을 걸어둔 후…
- 식탁에 앉은 후…
- 저녁 식사에 쓴 그릇을 식기세척기에 넣은 후…
- 식기세척기를 작동시킨 후…
- TV를 끈 후…
- 베개를 벤 후…

앞의 예들 모두가 구체적인 행동이라는 데 주목하자. '저녁 식사 후' 또는 '스트레스를 받을 때마다' 같은 모호한 앵커는 효과가 없다. 앵커는 명확한 행동으로 한정해야 한다. 요점을 파악했다면 이 장의 끝에 나오는 훈련을 통해 당신만의 앵커 목록을 작성해보자. 앵커를 열거한 후에는 기르고 싶은 새로운 습관을 꼼꼼히 살펴 최적의 앵커 와 짝지어보자.

적절한 앵커를 찾는 법을 수천 명에게 가르치면서 세 가지를 따져봐야 한다는 것을 알게 되었다.

첫째, 물리적 장소의 일치

새로운 습관이 식탁 닦기라면 주방에서의 기존 일과 하나를 찾으라. 그것이 앵커가 될 수 있다. 새로운 습관과 다른 장소에서 일어나는 행동을 앵커로 삼는 것은 피해야 한다. 내 연구에 따르면 장소가 어긋나면 앵커의 효과가 거의 없다. 장소는 앵커와 새로운 습관을 짝지을 때 가장 중요한 요소다.

둘째, 빈도의 일치

기존 일과를 살펴보면서 새로운 습관을 얼마나 자주 실천하고 싶은지 결정하자. 하루에 한 번 실천하겠다면 하루에 한 번 하는 앵커 뒤에 배치하라. 나는 팔굽혀펴기를 하루에도 여러 번 하고 싶었다. 그래서 좀 기이하긴 하지만 소변을 본 후가 좋은 해법이 됐다.

셋째, 주제 또는 목적의 일치

마지막으로 위의 두 가지만큼 필수는 아니지만, 앵커는 새로운 습관과 주제 또는 목적이 같은 행동일수록 힘을 발휘한다. 만약 커피와 카페인 효과를 생산성을 높일 수단으로 본다면 커피는 '할 일 목록 앱의 사용'이라는 새로운 습관에 적합한 앵커이다. 그러나 아침의 커피 한 잔이 여유와 나만의 시간을 위해서라면 할 일 목록 앱의 주제로는 어울리지 않는다. '커피를 따른 후 일기를 펼친다' 같은 작은 습관 레시피가 더 어울릴 수 있다.

앞서 등장했던 사리카에게 가장 효과가 있었던 앵커는 '욕실 화분에 물을 준 후 물을 한 잔 마신다'였다. 내가 왜 그 앵커가 그렇게 효과가 있었는지 물었을 때 그는 둘 다 영양 공급 행위로 생각했다고 대답했다. 화분에 물 주기가 식물의 성장에 필요한 영양을 공급하는 행동이듯 물 한 잔 마시기는 자신의 성장에 필요한 행동이었다. 돌봄이라는 공통된 주제는 사리카가 새로운 습관을 기억하기 한결 쉽게 해주었다. 두 행동의 주제가 너무 잘 맞아서 마치 하나의 습관처럼 되었다고 한다.

그러나 '양치질하고 차고를 빗자루로 쓸어 청소하기' 같은 레시

작은 습관 레시피

뇌에 습관을 각인
시키기 위해 즉시

앵커 설정Anchor Moment	작은 행동Tiny Behavior	축하Celebration
작은 행동(새로운 습관)을 실행하도록 상기시킬 생활 속 기존 일과	대단히 작고 대단히 쉽게 축소한 자신이 원하는 새로운 습관	내면에 긍정적인 감정(뿌듯함)을 불러일으키기 위한 행동

피는 장소나 빈도, 주제가 일치하지 않기 때문에 실패할 게 거의 확실하다. 토요일마다 차고를 비질하고 싶다면 토요일에 차고에서 하는 기존 일과 중에서 앵커로 쓸 만한 행동을 찾는 것이 좋다.

새로운 습관을 설계할 동안에는 여러 가지 레시피를 시도해보자. 레시피가 마음에 들지 않으면 바꾸면 그만이다. 내가 레시피라는 용어를 쓰는 이유도 그 때문이다.

나에게 꼭 맞는 앵커 찾기

이제 작은 습관들을 실험하는 데 필요한 전부를 알아보았다. 우리 삶은 복잡하고 독특하므로 당연히 수정의 과정이 필요하다. 어디에 끼워 넣어야 할지 명백한 습관도 있겠지만(양치질한 후보다 치실질 하기에 더 좋은 때가 어디 있겠는가?) 조정이 필요한 습관도 있다. 처음 며칠 또는 심지어 몇 주 동안 실험하면서 새로운 습관이 크게 바뀔 수도 있다. 이는 자연스러운 과정이다.

만약 한 가지 습관이 앵커에 자연스럽게 고정되지 않으면 더 잘 맞는 습관으로 대체할 자극으로 삼아보자. 나의 경우 베개를 베는 순간이 주의 깊은 호흡mindful breathing을 세 차례 할 적절한 때 같아서 실험해 보았다. 습관은 되었지만 별다른 효과는 없는 듯했다. 시간을 낭비했다는 자조 대신 그 자리에 어떤 습관이 들어갈 수 있을지 고민해보았다. 예전부터 감사한 마음 갖기를 습관으로 만들고 싶었기에 베개를 벤 후 그날 있었던 일 중에서 감사한 일 한 가지를 떠올리기로 했다. 그 이후부터는 꼭 맞는 자리를 찾았다는 짜릿한 성취감을 얻었다.

몇 년 전 근사한 식당에서 갔는데 맛있는 요리를 다 먹을 수 없었다. 그런 일이 처음이 아니었다. 문제가 무엇인지 이미 알고 있었다. 식전 빵을 너무 많이 먹었기 때문이었다. 웨이터가 가져다준 갓 구운 빵은 너무 먹음직스러웠지만, 식전 빵을 너무 많이 먹어서 주요리를 충분히 음미하지 못했다. 이는 해결하고 싶은 문제였다. 그래서 작은 습관 기르기 방법으로 해결책을 찾아보았다. 그리고 습관 레시피를 만들었다.

"웨이터가 식전 빵을 권한 후에 '전 됐습니다'라고 말할 것이다." 이 짧은 문장은 곧바로 내가 원했던 결과를 가져왔다. 더 이상 나는

작은 습관 레시피

웨이터가	"저는 됐습니다"	뇌에 습관을 각인 시키기 위해 즉시
빵을 권한	라고 말	
후에	할 것이다	☺
앵커 설정 Anchor Moment	**작은 행동 Tiny Behavior**	**축하 Celebration**
작은 행동(새로운 습관)을 실행하도록 상기시킬 생활 속 기존 일과	대단히 작고 대단히 쉽게 축소한 자신이 원하는 새로운 습관	내면에 긍정적인 감정(뿌듯함)을 불러일으키기 위한 행동

빵으로 배를 채우지 않고 주요리를 충분히 즐기고 있다. 물론 내 생활에 이 새로운 습관을 정착시키기 위해 약간의 연습이 필요했고 같이 식사를 하는 사람들의 반응도 탐색해야 했지만, 이제는 자동으로 "전 됐습니다"라는 대답이 나온다. 적절한 순간의 짧은 한마디로 나는 식습관을 고칠 수 있었다.

트레일링 에지

일과 중에서 꼭 맞는 앵커를 선택하는 것은 생각 이상으로 중요하다. '소변을 본 후'라는 앵커는 내가 팔굽혀펴기를 2회 하게 해주었다. 그보다 구체적인 앵커는 필요없다. 하지만 그것이 효과가 없었다면 앵커를 좀더 자세히 살펴 **트레일링 에지**trailing edge(비행기나 자동차 등의 몸체 맨 끝부분을 가리키며 이곳의 형상에 따라 몸체에서 떨어져나가는 공기의 흐름이 크게 달라진다 - 옮긴이)를 찾아야 한다. 이는 행동을 할 때 마지막 동작을 뜻한다.

소변을 볼 때의 마지막 행위는 적어도 내 경우에는 변기의 물을 내리는 것이다. 그렇다면 내 습관 레시피를 이렇게 수정할 수 있다. "변기의 물을 내린 후에 팔굽혀펴기를 2회 할 것이다." 트레일링 에지를 찾으려면 행동의 마지막이 무엇인지, 앵커를 꼼꼼히 살펴야 한다. 이는 다소 모호한 앵커의 경우 특히 중요하다.

트레일링 에지를 사용해 습관 레시피를 더 구체적으로 만듦으로써 성공 가능성을 크게 높일 수 있다.

몇 가지 예를 들어보자. '아침 식사 후'라는 모호한 앵커는 좀더 초점을 좁혀 '식기세척기를 작동시킨 후'라는 트레일링 에지로 바꿀 수 있다. '퇴근해서 집에 온 후'라는 모호한 앵커는 '소파에 가방을 놓은 후'로 더 구체화할 수 있다.

엘레나는 주방 싱크대를 닦는 습관을 기르고 싶었다. 그녀는 "아침 식사한 그릇들을 정리한 후에 싱크대를 닦을 것이다"라는 구체적 앵커를 포함한 습관 레시피를 만들었다.

정말 알맞는 레시피 같았다. 하지만 효과가 없었다. 싱크대 닦기 습관이 만들어지지 않았다. 무엇이 잘못된 것일까? 엘레나는 트레일링 에지를 찾아냄으로써 문제를 해결했다. 그녀는 그릇들을 정리하는 마지막 동작이 시리얼 그릇을 한 번 행군 후 수도꼭지 잠그기임을 깨달았다. 수도꼭지 잠그기가 앵커의 종착점이었다. 그래서 그녀는 습관 레시피를 이렇게 수정했다. "수도꼭지를 잠근 후에 싱크대를 닦을 것이다."

어떻게 됐을까? 성공이었다. 트레일링 에지를 찾아냈더니 바로 새로운 습관이 정착됐다. 수도꼭지를 잠글 때의 느낌과 돌연 중단되는 물소리라는 감각이 입력되면서 자극은 더 구체적이고 뚜렷해졌다. 싱크대 닦기는 사소한 일 같지만, 엘레나에게는 아침마다 남편과 갈등을 일으키는 중요한 문제였다(시리얼 부스러기가 떨어진 싱크대는 남편의 가장 큰 불만거리였다). 그녀가 간단한 습관 하나를 일상의 루틴으로 받아들임으로써 아침에 두 사람 사이의 분위기가 완전히 바뀌었다. 다음 페이지의 표는 모호한 앵커와 이를 구체적인 트레일링 에지로 수정한 예들이다.

모호한 앵커	트레일링 에지
양치질	칫솔을 칫솔 걸이에 걸기
커피/차를 따르기	커피포트를 내려놓기
샤워하기	샤워 후에 수건 걸기
면도하기	면도기를 충전기에 도로 넣기
출근하기	사무실에 가방 내려놓기
머리 빗기	빗을 화장대에 내려놓기

불쾌한 자극도 활용할 수 있다

지난 수십 년 동안 숙면은 내게 어려운 도전 과제였다. 수면의 질이 중요하다는 건 오래전부터 알고 있었지만, 수면 장애는 나의 가장 심각한 건강 문제였다. 특히 침실의 소음으로 인해 한밤중에 깨는 일이 잦았다. 벽에 설치된 에어컨 스위치가 켜지거나 꺼질 때마다 딸깍거리는 소리가 났기 때문이다. 처음에는 최첨단 온도 조절 장치를 설치할 생각이었지만 그보다 신속하고 간단한 해결책을 발견했다.

여느 때처럼, 잠이 깨어 에어컨의 다음 딸깍거리는 소리를 기다리던 중 나는 이 소음을 얼굴과 목의 긴장을 푸는 긍정적인 앵커로 삼기로 했다. 그래서 "딸깍거리는 소리를 들은 후에 얼굴과 목 근육을 이완시킬 것이다"라는 습관 레시피를 만들었다.

작은 습관 레시피

에어컨 스위치의

딸깍거리는 소리를

들은   후에

얼굴과 목 근육을

이완시킬

          것이다

뇌에 습관을 각인
시키기 위해 즉시

앵커 설정**A**nchor Moment
작은 행동(새로운 습관)을
실행하도록 상기시킬 생활
속 기존 일과

작은 행동**T**iny **B**ehavior
대단히 작고 대단히 쉽게
축소한 자신이 원하는 새
로운 습관

축하**C**elebration
내면에 긍정적인 감정(뿌듯
함)을 불러일으키기 위한
행동

이 방법은 효과가 있었고 곧 새로운 습관이 되었다. 나는 딸깍 소리를 들으면 곧바로 스트레칭을 했다. 긍정적 습관이 생기면서 이제는 딸깍 소리가 들리면 오히려 기뻤다. 스트레칭을 하고 나면 잠을 더 깊게 잘 수 있었다. 나는 이를 습관의 진주*pearl habit*라고 부른다. 처음에 짜증스러웠던 자극이 멋진 습관으로 바뀌었기 때문이다.

내 친구 에이미도 앵커의 힘을 창의적이고 긍정적으로 활용했다는 사실을 최근에 알게 됐다. 에이미는 나보다 훨씬 까다로운 문제와 씨름했고 그 과정에서 진주 같은 습관을 만들었다. 에이미는 남편과 이혼하는 모든 과정에서 감정적으로 부딪혔다. 양육권 조정이 끝난 후에도 전남편은 여전히 그녀에게 화가 나 있었고 그녀 역시 그가 못마땅했다. 하지만 아이들 때문에 서로 안 볼 수도 없었다.

몇 개월 후 에이미는 어떤 패턴을 눈치챘다. 전남편과 불쾌한 말을 주고받은 날이면 온종일 문득문득 그 말들이 떠오르면서 속상함, 분노, 죄책감의 감정을 느껴야 했다. 그래서 에이미는 뭐든 시도해보기로 했다. 전남편이 그녀에게 무슨 말을 할지 또는 둘의 대화가 어떻게 전개될지는 그녀가 통제할 수 없었다. 그의 언어폭력은 나쁜 날씨처럼 예측할 수 없었다. 어떤 때는 예상이 됐지만 어떤 때는 느닷없이 닥쳤다. 통제할 수 있는 건 자신의 감정뿐이었다. 그래서 그 점을 바꿔보기로 결심했다. 에이미의 목표는 그의 행동에 일일이 신경 쓰지 않기였다.

에이미는 전남편의 행동을 앵커로 사용하기로 했다. 전남편이 도저히 이해가 안 되거나 그에게 공격당했다는 느낌이 들 때면 그 즉시 그녀가 좋아하는 밴드의 새 앨범을 듣건, 듣고 싶었으나 시간이 없어 듣지 못했던 오디오북을 듣건, 뭔가 기분 좋아지는 일을 하기로 했다. 때로 에이미는 스타벅스로 차를 몰고 가 좋아하는 차를 한잔 마셨다. 무엇이 됐든 기분이 좋아지는 일을 했다.

사실 에이미는 자신을 위한 시간을 내기 어려웠다. 그래서 이 새로운 행동들을 자신을 돌보는 습관으로 삼는 게 통제력도 되찾고 자신을 위한 선물도 되는, 이중 보상이라는 걸 깨달았다. "모욕감을 느낀 후에 나를 위해 근사한 일을 생각할 것이다"라는 습관 레시피는 대성공이었다.

이제 에이미는 전남편에게 모욕적 언사를 되돌려주거나 공격받았다고 느끼는 대신 속으로 이렇게 말했다. '또 모욕을 주는군. 전부터 보고 싶었던 영화를 볼 때인 것 같네.' 그에게 반응하는 대신 그녀는

작은 습관 레시피

<u>모욕감을 느낀</u>

<u>나를 위해</u>

뇌에 습관을 각인
시키기 위해 즉시

<u>근사한 일을 생각</u>

<u>후에</u>

<u>할 것이다</u>

앵커 설정Anchor Moment
작은 행동(새로운 습관)을
실행하도록 상기시킬 생활
속 기존 일과

작은 행동Tiny Behavior
대단히 작고 대단히 쉽게
축소한 자신이 원하는 새
로운 습관

축하Celebration
내면에 긍정적인 감정(뿌듯
함)을 불러일으키기 위한
행동

작별 인사를 하고, 자기 할 일을 계속하고, 저녁에는 친구와 영화를
봤다. 에이미의 하루는 흐트러지지 않았고 그와의 대화를 곱씹지도
않았다. 그냥 흘려보냈다. 마침내 그녀는 전남편의 모욕을 우연한 선
물로 보기 시작했다. 자신을 잘 돌보도록 자극을 주는 사람이 전남편
이었기 때문이다. 이것이 웃기는 논리라는 건 인정하지만 힘든 상황
을 최대한 관용적으로 받아들이자 난관을 헤쳐나가는 데 오히려 도
움이 되었다고 에이미는 말한다.

부정적 감정을 유발하는 사람이 에이미의 인생에 없었다면 더 좋
았을 것이다. 하지만 독이 되는 사람과 상황을 항상 삶에서 지워버릴
수 있는 건 아니다. 때때로 부당한 대우를 하고, 신경을 긁고, 무례하
게 구는 사람을 견뎌야 한다. 대신 자신을 통제할 수는 있다. 에이미

는 부정적인 자극을 멋지게 활용함으로써 그렇게 했다. 누군가의 행동을 패배적 대응이 아니라 건강한 대응을 할 자극으로 삼는 것은 무력감을 느껴야 하는 각종 상황에 효과가 있다.

에이미의 자극 설계는 애초의 의도를 훨씬 능가하는 긍정적인 효과를 불러왔다. 사이가 나쁜 부모 사이에 끼여 불편했을 아이들은 매주 주말을 아빠와 보내면서 스트레스를 덜 받는 듯했다. 그녀가 발견한 평온함은 전남편에게도 영향을 주었다. 마치 그는 분노로 가득 차 터질 것 같은 풍선이었는데 에이미가 그 풍선의 바람을 빼준 듯했다. 그는 여전히 신랄한 말을 내뱉었지만 더 이상 진심으로 그러는 것 같지는 않았다. 실로 오랜만에 에이미는 언젠가 둘이 친구가 될 수 있지 않을까 하는 희망까지 품게 되었다. 아니면 최소한 예의 바른 공동 양육자가 될 수 있을 듯했다. 이런 부가적 변화는 전남편에게까지 영향을 주었다. 오래지 않아 그는 모욕적인 언사를 완전히 그만뒀다. 에이미는 아이들을 데려다주러 갔는데 그가 농담을 던졌던 날을 기억한다. 그들은 2년여 만에 처음으로 함께 웃음을 터뜨렸다. 불과 일 년 전만 해도 터무니없는 공상 같았던 무언의 휴전 협정에 도달한 듯했다.

최근에 내가 프로젝트에 도움을 청하려고 에이미에게 전화했을 때 그녀는 얼마 전 전남편과 함께 막내딸의 졸업 파티를 열어줬다고 말했다. 너무 잘된 일이지만 놀랍다고 하자 그녀는 잠시 웃더니 이렇게 대답했다. "그러게요, 우리가 제일 충격을 받았어요." 어떻게 된 일이냐고 묻자 연민 때문인 것 같다고 했다. 그의 부정적인 행동을 자신에게 긍정적인 일을 해줄 자극으로 삼자 수치심과 상심의 구렁에서 벗어날 수 있었고 전남편에 대한 관점이 달라졌다고 한다. 에이미는 전남편이 자신만큼 사람들과 어울리는 기술을 발달시킬 시간이 없었음을 깨달았다. 결혼생활 내내 그녀는 그의 기분을 배려해주는 사회적 완충 장치 역할을 했다. 따라서 그들이 이혼했을 때 전남편은 혼자 기분을 풀 방법을 알아내야 했다. 그러느라 그가 힘들었겠다는 생각을 하자 에이미는 그에게 연민을 느꼈다.

인간은 설령 사람들이 솔직히 말하지 않더라도 우리에 대한 그들의 감정을 본능적으로 눈치챈다. 에이미의 태도 변화와 그 이면의 연민을 전남편이 감지하고 그도 변하기 시작했으리라. 그건 의도한 일은 아니었다. 에이미는 그저 자신을 돌보는 습관을 만들어 자신을 보호하고 끔찍한 상황을 바꾸려고 노력했을 뿐이었다.

사람은 불쾌한 감정이 아니라 유쾌한 감정에 의해 변한다. 에이미는 신중하게 자극을 활용해 습관을 설계했고 그래서 성공할 수 있었다. 습관으로 일상과 마음가짐이 달라졌다. 그러자 그녀는 그 기분을 계속 느끼고 싶었다. 그래서 다시 여러 습관들을 설계했고 자신감을 키워 나갔다. 그런 과정이 선순환을 일으키자 그녀의 동기도 강해졌고 이제는 어렵다고 여겼던 도전들도 무작정 두려워하지 않게 됐다.

에이미가 성공을 거둔 이유가 하나 더 있다. 그녀는 작은 습관 기르기에서 배웠던 기법을 활용해 즉각적으로 긍정적인 감정을 만들어냈다. 그 기법은 바로 '축하하기'로, 우리가 다음으로 다룰 주제다. 다음 장에서는 뇌의 작동 원리에 따라 빠르고 쉽게 습관을 형성할 수 있게 해줄 기법에 대해 이야기하겠다.

1. 앵커 찾기

당신이 매일 하는 습관(또는 일과) 목록은 귀중한 자료가 된다. 목록에 있는 어떤 꾸준한 행동, 습관, 일과든 앵커로 활용할 수 있다. 평일 하루를 여러 부분으로 나눠 긴 일과 목록을 만들어보자.

1단계 아침에 직장에 도착하기 전까지의 일상 습관을 전부 열거한다.

2단계 점심시간 전의 일상 습관을 전부 열거한다.

3단계 점심시간의 일상 습관을 전부 열거한다.

4단계 점심시간 직후의 일상 습관을 전부 열거한다. (일반적으로 오후에는 꾸준한 습관이 없을 수 있다. 그래도 괜찮다.)

5단계 직장에서의 하루를 정리하며 매일 지키는 습관을 전부 열거한다. (이 습관은 몇 가지 안 될 수 있지만 새로운 습관을 위한 훌륭한 앵커가 될 것이다.)

6단계 퇴근 후의 일상 습관을 전부 열거한다(집에서의 습관 포함).

7단계 잠자리에 들기 직전의 일상 습관을 전부 열거한다.

8단계 목록을 보관한다. 다음 연습문제에서 그 목록을 사용할 것이다.

2. 작은 습관 레시피 작성하기

신속하고 효과적으로 새로운 습관을 만들 수 있는 방법 중 하나는 기존의 일상 습관에서 자연스럽게 이어질 새로운 습관을 발견하는 것이다. 앞에서 긴 일상 습관 목록을 만들었다. 이제 그 목록을 사용해보자.

1단계 습관 목록에서 꾸준한 습관 하나를 선택한다.

2단계 이 습관에 자연스럽게 이어질 새로운 습관이 무엇일지 생각해본다. 몇 가지 아이디어를 낸다.

3단계 2단계에서 나온 습관들 가운데 가장 마음에 드는 것을 고른다. '_____ 후에 _____ 할 것이다' 형식의 레시피를 작성한다.

4단계 꾸준한 습관 2가지를 더 골라 1단계부터 3단계까지 반복해 작은 습관 레시피를 2개 더 작성한다.

5단계 새로운 습관을 실천하기 시작한다. (너무 진지하거나 엄격할 필요없다. 즐거운 마음으로 일단 해보라.)

작은 습관 레시피

뇌에 습관을 각인
시키기 위해 즉시

_____   _____   _____

_____   _____   _____
　　　　후에　　　　　　　　할 것이다

5장

감정이
습관을 만든다

감정

린다는 냉장고에 아이들이 그린 그림과 우편엽서 한 장을 나란히 붙여놓았다. 엽서 앞면에는 전화 통화 중인 1950년대풍 주부의 스케치가 그려져 있었다. 완벽히 손질된 여자의 머리 위로 "5시에 아이들이 살아 있다면 내가 해야 할 일은 다한 거지"라는 말풍선이 걸려 있었다.

린다는 처음 그 말풍선을 보고서 폭소를 터뜨렸다. 그런데 곧 생각에 잠기게 됐다. 엽서 속 주부의 대사는 자기가 한 일을 받아들이는 긍정적인 태도를 보여준다. 이건 린다가 너무도 바랐지만 마음처럼 되지 않는 마음가짐이었다. 아이를 돌보는 일에 만족할 수 있다니! 논리적으로는 이해가 되지만 감정적으로는 전혀 와닿지 않았다. 그래서 엽서를 냉장고에 붙여놓았다.

린다의 남편도 냉장고에 붙여놓은 엽서를 보고서 눈썹을 실룩였다. "내가 기다렸던 반응이야." 린다는 한숨을 쉬며 말했다. 당시 린다는 13살 이하의 아이가 여섯이나 되는 전업주부였다. 그녀는 아이들과 집에 머무는 게 좋았다. 하지만 한편으론 물속으로 가라앉고 압도당하는 기분에 끊임없이 시달렸다. 밤에 자려고 누우면 그날 끝내지 못한 일들과 후회되는 장면들이 머릿속을 맴돌았다. 미처 치우지 못한 자동차 뒷좌석에 떨어진 시리얼, 정리해 넣었어야 했는데 개지도 못한 빨래들, 여동생을 밀친 아들을 혼냈더니 풀 죽어 있던 모습, 바로바로 치우지 못하고 싱크대에 쌓아둔 그릇들. 미처 끝내지 못한 소소한 일거리로 시작됐던 생각은 꼬리에 꼬리를 물고 더 심각한 쪽으로 치달았다. 밤이면 끝내지 못한 과업들이 린다의 머릿속에 줄줄이 떠오르다 급기야는 자신이 엄마와 아내, 인간으로서 낙제 수준은 아닌지 반추하고는 했다.

어느 날 저녁에는 수도 없이 우유를 냉장고에 도로 집어넣었다. 엽서 속 주부도 린다에게 실망한 듯이 보였다. 그녀는 5시까지 엄마의 의무를 해치운 적이 거의 없었다. 그녀는 자기 자신이 너무 못마땅했다. 엽서 속의 주부를 슬쩍 보면 위안이 되기보다는 그렇게 당찬 태도가 얼마나 자신과 거리가 먼지 떠오를 뿐이다.

내 연구에 따르면 성인들은 대체로 '내가 잘못했구나'라고 말하는 법은 알면서도 '내가 잘했구나'라고 말하는 법은 잘 모른다. 현대인은 자신의 성공을 인정하고 자기가 한 일에 대해 만족하는 일이 좀처럼 없다. 작은 성공에 기뻐하는 게 이상하게 느껴질 수 있다. 린다처럼 종종거리며 하루를 보내고 힘든 시간을 겪다보면 자신의 단점만 눈에 보일 수 있다. 당신만 그런 게 아니라고 말해주고 싶다.

지금부터 어떤 순간에도 기분 좋아지는 초능력을 선물하겠다. 이 초능력은 습관을 정착시키고 궁극적으로는 인생을 바꿀 것이다. 좋은 감정은 작은 습관 기르기에서 필수 요소다. 당신은 축하 기법을 사용해 유쾌한 기분을 만들어낼 수 있다. **작은 습관 기르기 방식으로 축하하면 언제든 긍정적인 감정을 끌어낼 수 있다. 그리고 긍정적인**

감정은 습관을 뇌에 각인시키는 역할을 한다.

린다가 부정적인 감정을 줄일 방법을 알았다면 매일 밤이 얼마나 달랐을지 상상해보라. 사실 그녀의 하루는 모자람과 충만함, 스트레스를 받는 순간과 성공적인 순간들이 뒤섞여 있었다. 자동차 안을 청소하지는 못했을지 몰라도 아이들을 학교, 축구 연습장, 바이올린 교습소에 제때 데려다주었다. 빨래 개기까지 완벽히 끝내지는 못했지만 더럽혀진 옷가지를 전부 세탁하고 건조까지 했다. 설거지를 다 끝내지는 못했을지 몰라도 아이들에게 건강한 음식을 주었고 아이들 모두 맛있게 먹었다. 린다는 그런 작은 성공을 받아들이는 것이 행동과 삶을 변화시키는 데 얼마나 중요한지 이해하지 못했다. 매일 승리를 거두면서도 다른 사람과 마찬가지로 그것들을 축하하는 기술이 부족했다.

억지로라도 축하해야 하는 이유

한 가지 고백하면 내가 치실질을 빠르게 습관으로 정착시킬 수 있었던 이유 중에 소개하지 않은 내용이 있다. 물론 나는 B=MAP 관점에서 행동을 조정했다. 그리고 적절한 도구와 자극을 찾아냈다. 이것만으로 충분했을까?

퍼즐 조각이 하나 더 있었다. 스트레스를 너무 많이 받아서 하루하루를 간신히 넘기고 있을 때였다. 새로 시작한 사업은 망해가고 있었고 어린 조카는 비극적인 죽음을 맞이했다. 나는 비참한 사건들의 여파를 하루하루 견뎌내느라 몇 주째 잠을 제대로 자지 못했다. 매일 밤 너무 불안해서 새벽 3시까지 인터넷에서 강아지 동영상을 보고서야 간신히 잠을 청할 수 있었다. 아침이면 비틀거리며 침대에서 빠져나와 하루를 시작했다. 씻을 때는 거울을 보지도 않았다. 거울 속의 내 모습을 보고 현실을 상기하고 싶지 않았다. 몰골은 엉망이었고, 기분도 엉망이었다. 하루를 직면하기가 두려웠다.

강아지 동영상으로도 진정되지 않아 유난히 잠을 못 잔 어느 이른 아침, 나는 억지로 거울을 보면서 이렇게 생각했다. '오늘 하루는 완전히 주저앉게 될 수도 있겠네.' 조금 지장이 있는 정도가 아니라 하루를 완전히 망칠 것만 같았다.

그래도 아침 루틴을 따르던 나는 치실을 집어들었다. 그러면서 생각했다. '설령 오늘 모든 게 잘못되더라도 완전한 실패는 아니야. 이 하나에 치실질은 했잖아.' 거울을 보고 억지로 미소를 지으며 한 마디를 뱉었다. "승리!"

그때 뭔가 내 안의 변화가 느껴졌다. 어둡고 옥죄었던 가슴에 따뜻한 공간이 열린 듯했다. 조금 차분해지고 기운이 약간 나는 듯했다. 그러자 그런 기분을 더 느끼고 싶어졌다. 하지만 잠시 후 내가 미쳐가고 있는 건 아닌지 걱정이 됐다. 얼마 전 조카가 죽었고 내 인생은 무너지기 일보 직전인데 이 하나를 치실질 하고 기분이 나아졌다고? 말도 안 된다. 어떻게 그깟 일로 기분이 나아질 수 있어?

행동과학자로서 인간 본성에 대한 끊임없는 호기심을 갖고 있지 않았다면 나 자신을 비웃고 말았을지 모른다. 하지만 나는 자문해보았다. 겨우 이 하나를 치실질 했을 뿐인데 왜 기분이 나아졌을까? 치

작은 습관 레시피

이를 닦은	치실을 사용	뇌에 습관을 각인 시키기 위해 즉시
후에	할 것이다	Victory! 승리!

앵커 설정Anchor Moment
작은 행동(새로운 습관)을 실행하도록 상기시킬 생활 속 기존 일과

작은 행동Tiny Behavior
대단히 작고 대단히 쉽게 축소한 자신이 원하는 새로운 습관

축하Celebration
내면에 긍정적인 감정(뿌듯함)을 불러일으키기 위한 행동

실질 자체 때문이었을까? 아니면 거울을 보며 "승리!"라고 말한 때문이었을까? 아니면 미소 때문이었을까?

그날 저녁 다시 이 하나를 치실질 하고 거울 속의 나에게 미소 지으면서 "승리!"라고 말했다. 그날 이후에도 여전히 힘든 날이 계속됐지만 계속해서 치실질 후 승리를 외쳤다. 불행한 현실이 바뀌진 않았지만 어떻든 나는 매일 기분 좋은 순간을 만들 수 있었고 그건 놀라운 변화였다.

당시에는 작은 축하가 왜 효과가 있는지 정확히 알지 못했다. 다만 그 차이는 감지할 수 있었다. 그래서 다른 습관을 실천한 후에도 승리를 외치기 시작했고, 그런 습관은 '승리'를 외치지 않았을 때와 비교해 빠르게 정착했다. 그래서 엄지를 치켜세우거나 주먹을 흔들

며 "대단해!"라고 말하는 식의 다른 축하 방법도 시도해보았다. 조용히 축하할 방법들도 찾아냈다. 미소를 지으며 머릿속으로 '아자!'라고 하는 것만으로도 성공한 느낌을 만들어낼 수 있었다.

2011년 작은 습관 기르기 프로그램에 축하하기를 추가했다. 처음에는 교육생들에게 축하해야 하는 이유를 설명하지는 않고 "새로운 습관을 실행한 뒤에는 축하하세요"라고만 말했다. 그 후 작은 습관 기르기를 가르칠 코치들을 교육하고 자격증을 발부하면서 축하하기가 모든 사람에게 자연스러운 일은 아니며 어떤 사람은 불편함을 느끼기까지 한다는 사실을 알게 됐다(이 문제는 나중에 자세히 다룰 것이다).

축하하는 방법을 가르쳐주었는 데도 불구하고 일부 교육생은 축하 단계를 빠뜨렸다. 때로는 심화 과정을 배운 코치들까지 축하하기를 진지하게 받아들이지 않았다. 그러나 나는 축하 기법을 더욱더 강조하기 시작했다. 유쾌한 기분이 습관을 만드는 최상의 방법이라는 확신이 점차 강해졌기 때문이다. 나는 코칭을 하면서 축하 기법을 빠르게 받아들인 사람일수록 습관을 빠르게 형성한다는 사실을 발견했다. 축하하기를 실천한 사람들은 이 한 가지 변화가 너무나 큰 차이를 가져와서 얼마나 놀랐는지 모른다는 고백을 계속했다. 심지어 축하하기 위해서 새로운 습관 기르기에 도전한다는 이들도 있었다. 더러는 "미쳤죠?"라고 묻는 사람도 있었다. (아니다. 그건 사실 매우 좋은 신호다.)

긍정적인 경험은 뇌를 중독시킨다

행동 설계 7단계

☁ **1단계** 열망을 명확히 한다

◎ **2단계** 행동 선택지를 탐색한다

☼ **3단계** 자신에게 적합한 구체적인 행동을 찾는다

☺ **4단계** 아주 작게 시작한다

! **5단계** 적절한 자극을 준다

😃 **6단계** 성공을 축하한다

내가 왜 축하에 대해 이렇게 단호하게 이야기하냐고? 이 질문에 답하기 위해 작은 습관 프로그램의 초창기로 거슬러 올라가보자.

몇 개월째 작은 습관 기르기를 알리고 있던 나는 결코 잊을 수 없는 경험을 했다. 나는 론다라는 이름을 가진 여성이 보낸 이메일을 받았다. 감사 편지였다. 론다는 내 축하 기법이 그녀의 인생에 커다란 영향을 미쳤다고 했다. 그녀는 마침내 자신의 잠재력을 발견했다는 낙관적인 느낌에 놀라고 있었다. 작은 습관을 기르기를 시작한 후 '평생 기죽이는 말'을 자기자신에게 해왔다는 사실을 깨달았다고 했다.

론다의 통찰은 나를 고무시켰다. 나는 작은 습관 기르기와 강력한

축하 기법을 공유하겠다는 결심을 더욱 굳혔다. 론다 덕택에 나는 진로도 바꿨다. 내가 작은 습관 기르기라고 불렀던 프로젝트는 연구에 머물러서는 안 됐다. 더 많은 사람들이 사용하는 교육 프로그램으로 만들 필요가 있었다.

이를 위해 축하기법의 효과에 대해 더 알아야 했다. 왜 '승리'라는 짧은 한 마디가 그런 엄청난 차이를 가져올 수 있는지 논리적으로 알고 싶었다. 왜 축하가 치실질 습관을 그렇게 빨리 자리 잡게 했을까?

그에 대한 답을 찾기 위해 나는 작은 습관 프로그램을 수강하는 수천 명에게 축하 기법을 계속 가르치며 그 효과를 매주 측정했다. 또한 세계 최고의 운동선수들을 비롯해 유명 인사들이 어떻게 자신의 성공을 자연스럽게 축하하는지 관찰했다. 관련 과학 문헌도 파고들었다. 이를 체계적으로 조사한 학자나 연구는 없었지만 여기저기서 유사한 개념을 발견했다. 몇 년 동안 그 개념들을 종합한 끝에 답을 내렸다.

효과적인 축하는 뇌의 보상 회로reward circuitry**를 활성화한다. 적절한 순간 기분이 좋으면 뇌는 방금 했던 행동 순서를 인식하고 부호화한다. 이런 뇌의 작용 원리를 응용하면 습관을 더 효과적으로 정착시킬 수 있다.** 내가 조사한 바로는 이 기법은 이름이 붙여지고, 설명되고, 연구된 적이 없었다. 나는 축하 기법을 연구하고 가르침으로써 사람들이 더 나은 방향으로 변화하게 돕는 새로운 영역을 개척하고 있음을 깨달았다.

어떻게 뇌는 습관을 기억하는가

부모는 아이가 첫걸음 떼는 모습을 보며 순수하고 무한한 기쁨을 얻는다. 무대는 다양해도 플롯은 비슷하다. 아기는 기우뚱거리면서도 굳은 결의로 탁자를 잡고 일어나 그 모서리를 짚고 몇 분간 돌면서 조금 떨어진 곳에 무릎을 꿇고 바라보는 엄마를 곁눈질한다. 어쩌면 아빠는 소파에서 그 순간을 찍고 있을지 모른다. 그동안 부모는 아기에게 걸어보라고 격려해왔는데 오늘이 바로 그 역사적 순간이다. 마침내 아기가 용기를 내어 탁자에서 한 손을 뗀다. 엄마가 팔을 내밀며 말한다.

"어서 와, 아가. 넌 할 수 있어!"

아기가 한 걸음, 또 한 걸음, 또 한 걸음을 걸어 엄마의 팔에 안기며 주저앉는다.

"와! 잘했어, 우리 아기! 잘 걸었네!"

아마 아빠는 휴대전화를 내려놓고 아기를 안아 올릴 것이다. 깔깔대는 아기를 들고 한 바퀴 돌지도 모른다.

아기는 걸음마가 몸에 익을 때까지 반복한다. 그리고 부모는 아기에게 박수를 보내며 응원한다. 이는 전 세계 부모들의 자연스러운 반응이며 유용한 행동이다. 적절한 순간의 축하는 아기가 걸음마를 더 빨리 배우는 데 도움을 준다.

내가 말하는 배움은 구구단 외우기 같은 반복을 말하는 게 아니다. 심리학에서 학습은 뇌가 환경에 대응하는 행동 변화를 촉진하는 과정을 말한다. 진화의 관점에서 이런 변화는 우리가 생존하고, 번성하고, 번식할 가능성을 높이는 데 목적이 있다.

긍정적 경험은 새로운 행동이 습관이 되도록 돕는다. 예컨대 즉각적으로 즐거움을 주는 경험은 행동을 강화해 앞으로 같은 행동을 할 가능성을 높인다.

몇 년 전 내 연구실에서는 유머가 재활용을 촉진하는 효과적인 방법인지 확인하는 실험을 한 적이 있다. 우리 연구진은 재활용 수거함에 쓰레기를 넣을 때마다 만화영화 〈심슨〉의 재미있는 오디오 클립이 나오도록 장치를 해뒀다. 누가 빈 음료수 캔을 수거함에 넣으면 "마지, 우편물이 왔어!"라고 외치는 주인공 호머의 독특한 목소리가 흘러나왔다. 우리는 산호세 무역박람회장에 이 수거함을 설치하고 반응을 몰래 지켜봤다. 이 수거함을 사용한 사람들은 놀랐지만 동시에 즐거워했다. 어떤 사람들은 재미있는 오디오 클립을 더 들으려고 또 버릴 종이가 있는지 둘러봤다. 어떤 사람들은 쓰레기를 수거함에서 꺼냈다 다시 넣었다. 이런 수거함이 재활용 분리 습관을 길러줄까? 아마 그럴 것이다. 어쨌든 우리의 예상은 옳았다. 유머가 주는 긍정적인 느낌은 행동을 강화한다.

신체적, 정서적 또는 심리적 불편을 줄이는 것도 긍정적인 경험이다. 새벽 3시 당신은 또 불면증에 시달리고 있다. 몸을 뒤척이며 일에 대해 생각한다. 내일은 중요한 업무 마감일이어서 모두가 분주할 것이다. 당신은 팀장이므로 계속 진행을 확인해야 한다. 그런데 퇴근 이후 도착한 이메일을 확인하지 않아 내일 오전 업무 진행이 느려지면 어쩌나 걱정한다. 그 생각을 하니 불안하다. 그래서 몸을 굴려 침대 옆 협탁에 놓아둔 휴대전화를 집어들고 이메일을 확인한다. 휴,

긴급 메일은 없다. 답장을 보내야 할 이메일도 없다. 안도감이 든다. 이는 긍정적인 경험이므로 다음에 한밤중에 깨었을 때도 다시 그렇게 할 것이다. 받은 메일함을 확인하고 다시 안도할 것이다. 그러면 이메일 확인은 습관이 되기 시작한다. 기업 강연을 할 때 청중에게 이것이 익숙한 이야기인지 질문한 적이 있었다. 때로는 30퍼센트가 훌쩍 넘는 청중이 손을 들고 이런 습관이 있음을 인정했다. 안도감이 그 습관을 만들어낸 원인인지는 알지 못했지만 말이다.

일반적으로 컴퓨터 게임은 초반 레벨을 쉽게 만들어 성공의 느낌을 얻을 수 있게 한다. 의도적인 설계다. 그래야 계속 게임을 하고 싶어지기 때문이다. 휴대전화로 할 수 있는 간단한 그림 맞추기 게임 '캔디 크러쉬'의 다운로드는 20억 건이 넘는다. 이 게임의 1단계는 말도 안 되게 쉽다. 당신이 성공했다는 신호를 주기 위해 개발자들은 온갖 재미있는 감각 경험을 집어 넣어뒀다. 경쾌한 음향 효과에 만족스러운 시각 단서도 있다. 특정 점수에 도달하면 "달콤해"라는 단어가 뜬다. 그 결과는? 당신은 아주 빠르게 성공한 느낌을 얻는다. 그래서 잠시라도 틈이 나면 캔디 크러쉬 앱을 연다. 왜 그럴까? 당신이 이 게임을 잘하기 때문이다. 그리고? 기분이 좋아지기 때문이다(물론 레벨이 오를수록 이야기는 달라지지만 그때쯤이면 게임하기가 습관이 되어 있을 것이다).

긍정적 강화를 경험할 때 뇌에서는 마법이 아니라 신경화학 작용이 일어난다. 즐거운 감정은 도파민^{dopamine}이라는 신경 전달 물질(뇌의 화학 전달 물질)의 생산을 촉진한다. 도파민은 뇌의 '보상 체계'를 통제해 기분이 좋아지는 행동을 기억하고 다시 그 행동을 하게 한다.

도파민의 도움으로 뇌는 인과관계를 부호화하고, 이는 미래에 대한 예측이 가능하게 한다.

우리는 뇌에 신경과학자들이 보상 예측 오류reward prediction error라고 부르는 사건을 발생시켜 이 보상 체계에 개입할 수 있다. 뇌는 주변 세계의 경험, 광경, 소리, 냄새, 움직임을 끊임없이 재평가한다. 그리고 예전 경험을 근거로 주어진 상황에서 어떤 경험을 하게 될지 예측한다. 뇌는 휴대전화를 콘크리트 바닥에 떨어뜨렸을 때 어떤 일이 벌어질지 예측하고(안 돼!), 단골 식당의 수프 맛을 예상한다(맛있겠다). 어떤 경험이 뇌가 기대하는 패턴에서 벗어날 때(오, 휴대전화가 깨지지 않았어) 보상 예측 오류가 발생하고 뇌의 뉴런들은 예상을 업데이트하기 위해 도파민 분비를 조절한다.

매일 일기를 쓰는 습관을 갖고 있다고 가정하자. 어느 날 새로 산 보라색 펜을 집어든다. 일기가 술술 써지는 데다가 손글씨가 훨씬 근사해 보이기까지 한다. 이는 뇌를 놀라게 한다. 보상 예측 오류가 일어난다. 그 순간의 감정은 뉴런에서 도파민을 분비시키고, 보라색 펜의 사용을 반복해야 할 행동으로 신속히 입력한다. 걸음마를 배운 아기를 보고 부모가 기뻐할 때도 똑같은 과정이 일어난다. 아기도 마찬가지다. 아기의 뇌에서는 첫발을 떼는 순간 뇌에서 도파민이 나오고 '걸음마'를 좋은 일, 반드시 다시 해야 할 행동으로 입력한다.

뇌를 해킹하는 법

이처럼 어떤 행동을 할 때 느끼는 감정과 앞으로 그 행동을 되풀이할 가능성 간에는 직접적인 연관이 있다. 나는 감정과 습관 사이의 이런 관계를 발견하고서 좀더 일찍 이 사실을 파악하지 못했다는 데에 놀랐다. 답을 알고 나니 돌연 그 연관성이 명백히 보였다. 이런 통찰이 왜 진작 상식이 되지 않았는지 의아할 정도였다.

너무 오랫동안 사람들은 반복이 습관을 만든다는 낡은 신화를 믿으며 습관 형성까지 걸리는 시간에 집중해왔다. 인기 있는 습관 블로거 중에는 여전히 반복 또는 빈도가 습관 형성의 열쇠라고 이야기하는 사람들이 있다. 그들은 낡은 생각을 재활용하고 있을 뿐 새로운 통찰을 제시하지 못한다.

내 연구 결과에 따르면 긍정적인 감정이 행동과 결부되면 아주 빠르게 습관이 형성된다. 단 며칠 만에 형성될 때도 있다. 어떤 습관들은 즉각 생기는 듯하다. 한 번 그 행동을 하는 것만으로도 다른 선택지를 고려하지도 않아도 될 정도다. 예컨대 10대 딸에게 휴대전화를 준다면 휴대전화에 대한 아이의 감정 반응이 금방 그 사용을 습관화할 것이다. 이 경우 반복은 필요하지 않다.

나는 인간 행동에 대해 가르칠 때 한 문장으로 아주 분명하게 요점을 전달한다. **감정이 습관을 만든다.** 습관을 만드는 것은 반복이 아니다. 빈도도 아니다. 마법약도 아니다. 감정이다.

예컨대 인스타그램이 이런 역동성을 어떻게 이용하는지 생각해보라. 이 앱은 일단 사진을 찍으면 필터를 적용하기 쉽게 해놓았다. 여러 필터를 시도하는 동안 사진이 눈앞에서 마법처럼 탈바꿈한다. 더이상 당신의 사진은 한낱 사진이 아니다. 독특한 예술 작품을 공유하는 느낌이 든다. 심지어 당신의 기술에 놀라거나 감동할 수도 있다. 그럴 때 뇌에서 도파민이 분비되고 기분이 좋아지므로 인스타그램을 다시 사용하려고 한다.

행동에 있어서 결정과 습관은 정반대다. 결정에는 숙고가 필요하지만, 습관에는 필요하지 않다. 아마 당신은 매일 아침 무엇을 입고 출근할지 결정할 것이다. 하지만 대부분이 집을 나설 때 휴대전화를 가지고 갈 건지 결정하지는 않는다. 숙고하지 않고 그냥 가지고 나간다.

나는 결정과 습관의 차이를 설명할 수 있는 간단한 모형을 만들었다. 이를 자동성 스펙트럼spectrum of automaticity이라고 부른다.

행동이 얼마나 자동으로 일어나는가?

비 자동 ← 행동 → 완전 자동

결정　　　　자동성 스펙트럼　　　　강력한 습관

스펙트럼의 왼쪽에는 자동으로 나오지 않는 행동을 놓는다. 이것들은 결정 또는 신중한 선택이 필요하다. 스펙트럼의 오른쪽에는 강력한 습관, 즉 연필 잡기나 신발 끈 묶기처럼 생각할 것도 없이 하는 행동을 놓는다. 스펙트럼의 가운데에 있는 원은 완전히 자동은 아니어서 약간의 생각이 필요한 행동들이다. 만약 당신이 스펙트럼의 중앙에 오는 행동을 하고서 감정적 반응(잘했어, 성공이야)을 보인다면(그 행동을 하는 동안 또는 직후에 긍정적인 느낌이 들었다면) 그 행동은 좀더 자동적인 행동이 되어 스펙트럼의 오른쪽으로 이동하게 된다.

감정은 행동이 더 자동으로 일어나게 만든다

우버의 이용과 택시 타기를 예로 들어 생각해보자. 누구나 처음 우버로 차를 부를 때는 택시와 비교해 우버의 장점과 단점을 나름대로 따져보게 된다. 그런 다음 결정을 내린다. 우버를 선택했고 그때의 경험이 좋았다고 가정해보자. 무엇보다 우버는 이용하기 쉽게 만들어져서 마치 거저 타는 기분이 든다. 처음 우버를 이용했을 때 나는 아주 기뻤다. 버튼 몇 개 눌렀더니 마법의 양탄자가 나타나 편히 모셔가는 듯했다. (더이상 길에 서서 택시를 기다릴 필요가 없다!) 정말로 기대 이상의 경험이었다.

다음에 차를 불러야 했을 때는 목적지로 갈 방법을 생각할 것도 없었다. 택시는 선택지에서 사라졌다. 그냥 우버 앱을 열고 버튼을 몇 개 눌렀다. 그렇다, 그렇게 우버 부르기는 습관이 됐다. 단 한 번의 경험으로 말이다. 대부분의 행동은 습관으로 정착하는 데 이보다는 시간이 더 걸리겠지만, 내 말의 요지를 이해했으면 좋겠다.

감정이 습관을 만든다는 사실은 좋기도 하고 동시에 나쁘기도 하다. 부정적인 면부터 살펴보기로 하자. 좋은 습관이든 나쁜 습관이든 습관 형성의 전반적인 과정은 정확히 같다. 의사가 새벽 2시에 케이크를 먹으면 건강에 해롭다고 조언해도 뇌는 상관하지 않는다. 뇌는 여전히 케이크를 먹는 데서 오는 쾌락을 원한다. 요컨대 뇌의 보상 체계는 감정의 직접적인 영향을 받지만, '좋은 행동' 또는 '나쁜 행동'이라는 사회적 판단에는 영향을 덜 받는다. 인간은 감정과 깊이 결부되어 있다. 그래서 인간은 습관의 집합체다. 그중에는 우리가 원하는 습관도 있지만 원하지 않는 습관도 많다.

다행히 우리가 뇌의 화학 작용 앞에서 무력하지만은 않다. 뇌의 작용에 관한 지식을 활용함으로써 뇌가 우리를 돕게 할 수 있다. 어떻게? 갖고 싶은 습관에 의도적으로 감정을 결부시키면 된다. 오래전부터 형성되어온 뇌의 행동 경로에 침투할 때 인간의 학습 능력과 변화 가능성에 다가갈 수 있다. 기분이 좋아지고 행동을 바꿀 수 있게 뇌가 이미 가지고 있는 기제를 활용할 수 있다.

'나중에 큰 보상'은 효과가 없다

축하하기는 새로운 습관을 길러줄 긍정적 감정을 만드는 최상의 방법이다. 돈이 들지도 않고 효과가 빠르며 피부색, 체형, 연봉, 성격에 상관없이 누구나 쓸 수 있다. 또한 축하는 자신을 돌보는 방법 중 하나로, 이는 어떤 기술보다 유익하다. 그런데 보상과 축하를 혼동하는 경우가 많다. 잠시 생각을 정리해보자.

소위 습관 전문가들은 보상이 새로운 습관에 동기를 부여한다고 이야기해왔다. 보상이 되는 자극은 뇌의 보상 회로를 활성화하므로 이 말은 정답에 가깝다. 하지만 학계에서 대중 과학으로 옮아간 많은 단어와 마찬가지로 '보상'의 의미는 매우 혼란스러워져서 도움이 되지 않거나 오해를 일으킬 소지가 있다.

당신이 2주 동안 매일 달리기를 하고 2주가 끝나면 마사지로 자신에게 보상을 해주기로 약속했다고 하자. 마사지는 누구에게나 유익할 수 있으므로 나는 "잘했습니다!"라고 말해줄 것이다. 하지만 마사지는 보상이 아니라는 말도 했을 것이다. 그건 인센티브다.

행동과학에서 보상은 특정 행동이 다시 일어날 가능성을 높이는 그 행동과 직접 관련된 경험으로 정의된다. 보상은 타이밍이 중요하다. 과학자들은 행동 도중 또는 직후에 보상을 주어야 한다는 사실을 수십 년 전에 알게 됐다. **도파민은 아주 빠르게 뇌에서 분비되고 처리된다. 따라서 습관을 형성하려면 유쾌한 감정의 신호를 빨리 보내야 한다.**

판매 실적 보너스 또는 월 1회 마사지 같은 인센티브는 동기를 유발할 수는 있지만, 뇌 회로를 재배열하지는 못한다. 인센티브는 시간이 한참 지난 후에 주어지므로 새로운 습관을 입력하는 데 지극히 중요한 도파민을 분비시키지 못한다. 아침 스콴 3회하기를 저녁 영화 감상으로 보상하겠다는 건 효과가 없다. 도파민이 두 경험을 연결하기에는 시간상 너무 떨어져 있기 때문이다.

우리가 해킹하려는 신경화학적 반응은 시간에 좌우될 뿐 아니라 사람에 따라 크게 달라진다. 어떤 사람을 기분 좋게 만든 보상이 모든 사람에게 효과가 있지는 않다. 어떤 친구는 커피 향을 아주 좋아한다. 그는 커피숍에 들어가 숨을 들이쉬는 순간 기분이 좋아진다. 그리고 그의 즉각적인 감정은 커피숍 방문이라는 습관을 낳는다. 하지만 다른 친구는 커피 향을 싫어한다. 그의 뇌는 다르게 반응한다. 실제로 습관을 형성하는 진정한 보상은 대다수가 생각하는 것보다 훨씬 제한적이며 개인적이다.

일반적으로 연구하고 가르칠 때 정확성은 매우 중요하다. 그래서 구체적이고 의미가 분명한 단어만 사용하려고 노력한다. 보상이라는 단어는 일상 언어에서 혼동을 불러일으키므로 나는 신중히 정의하지 않고는 이 단어를 사용하지 않는다.

내가 지적한 용어상의 혼동과 상관없이 뇌는 새로운 습관을 입력하는 내장형 시스템을 갖고 있다. 그리고 우리는 축하를 통해 이 시스템에 침투할 수 있다.

자신에게 효과적인 축하 방법을 찾아서 새로운 행동을 한 직후에 사용하면 뇌는 새롭게 패턴을 형성한다. 이후에는 그 행동이 자동으로 나오게 돕는다.

그러나 일단 습관으로 정착되면 축하는 선택 사항이 된다. 같은 습관을 영원히 축하할 필요는 없다. 그렇기는 하지만 어떤 사람들은 습관이 정착되어도 축하하기를 멈추지 않는다. 긍정적인 부수적 효과가 많기 때문이다.

또 하나 기억해야 할 사실은 축하가 습관의 거름habit fertilizer이 된다는 것이다. 축하 행동은 개별 습관의 뿌리를 강화할 뿐만 아니라 축하가 쌓이면 습관의 정원 전체를 비옥하게 만든다. 우리는 성공의 느

낌과 자신감을 길러내 장차 다른 모든 습관의 씨앗에 적합한 자양분
이 많은 토양을 만들 수 있다.

뇌를 춤추게 하는 축하의 원투펀치

습관이 빠르고 쉽게 뇌에 뿌리내리게 하는 방법은 다음과 같다.

(1) 습관이 되었으면 하는 행동 순서에 따르고(앵커 ➡ 작은 습관 행동), (2) 즉시 축하한다. 너무 간단하지 않은가?

그러나 축하는 간단하면서도 복잡한 행위다. 축하 기법의 특성을 좀더 세심히 살펴보기로 하자. 첫째, 행동한 직후에 축하해야만 한다. 이 말은 정말 '직후'를 의미한다. 즉시immediacy 축하해야 한다. 또한 축하할 때 느끼는 감정의 강도intensity도 중요하다. 이 두 가지가 원투펀치처럼 연속해서 와야 한다. 행동 직후에 축하해야 하며(즉시성) 진정한 축하처럼 느껴져야 한다(강도).

나는 소변을 본 후 팔굽혀펴기를 시작했을 때 (약간 과장해서) 두 주먹을 흔들며 "대단해!"라고 외쳤다. 즉시 긍정적인 느낌이 들었으므로 내게 적절한 축하 방식이었다. 그러나 어떤 사람들에게는 이런 방식이 유치하거나 쑥스럽게 여겨질 수 있다. 괜찮다. BJ 포그의 축하 방식은 자신에게 맞지 않는다고 메모해둬라. 축하 동작을 크게 할 필요는 없다. 그저 미소 짓거나 머릿속으로 조용히 긍정의 말을 해주기만 해도 효과가 있다.

이제 탐색에 나서자. 당신에게 꼭 맞는 축하 방식을 찾아보자. 축

하가 어색하거나 장난처럼 느껴지면 역효과를 낳을 수 있다. 뇌는 어색한 느낌을 싫어 한다. 뇌를 기분 좋게 하기 위해 진심으로 축하해야 한다. 축하의 원투펀치 중 첫 펀치인 즉시성은 대체로 쉽게 달성할 수 있지만, 진심으로 기분 좋게 해주는 축하 방식을 찾기란 쉽지 않다. 열쇠는 성격과 문화에 달려 있다. 어떤 사람은 자연스럽게 자신의 성공을 축하하는 성향이 강하다. 열성적이고 낙천적인 사람이라면 축하하기가 쉽고 재미있을 것이다. 사실 축하란 이름을 붙이지 않았을 뿐 이미 축하하고 있을지도 모른다. 그러나 자기비판 성향이 강하고 비관적인 기질을 가진 사람이라면 축하하기가 자연스럽지 않을 수 있다.

나는 특정 문화에서는 자신을 낮추고 내세우지 않는 것을 더 편안해한다는 사실을 알고 있다(특히 내 영국인, 일본인 친구들이 그렇다). 이런 문화권에서 자랐다면 축하하기가 그리 쉽지 않다. 하지만 당신이 어디 출신이고 어떤 사람인지에 상관없이 습관을 신속히 몸에 배이게 해줄 자연스러운 축하가 가능하다. 어떤 방식이 자신에게 맞는지 찾기만 하면 된다.

내 삼촌 브렌트의 예를 들어보기로 하자. 현재 70대 중반인 삼촌은 유타주에서 활동했던 냉철한 변호사였다. 그는 무언가를 축하하기보다는 사람들과 언쟁하고 현실을 확인시켜주는 게 편한 사람이었다. 몇 년 전 나는 친척들이 모두 모인 자리에서 작은 습관 기르기에 대해 이야기하면서 축하의 개념을 설명하고 있었다. 브렌트 삼촌은 내 말을 끊으며 자신은 축하할 거리가 없으니 작은 습관이 모든 사람에게 적용되지는 않는다고 퉁명스럽게 말했다.

나는 브렌트 삼촌에게 소송에서 유리한 변론 논제를 찾았다는 생각이 들 때 무엇을 하느냐고 물었다. 삼촌은 씩 웃으며 손가락 하나를 까닥거리며 "빙고!"라고 답했다. 브렌트 삼촌과 꼭 어울리는 행동이었으므로 모든 사람이 웃었지만 나는 "거봐요! 빙고라고 말하는 게 삼촌에게 자연스러운 축하 방식이라고요"라고 말했다.

　신랄한 브렌트 삼촌에게 축하 방식이 있다면 여러분에게도 있다. 그걸 찾기만 하면 된다. 나처럼 '승리'라고 큰 소리로 외칠 필요는 없다. 신체적 동작으로 표현할 필요도 없다. 축하의 유일한 규칙은 자신을 기분 좋게 만들고 성공의 느낌을 선사하는 (내적 또는 외적) 말이나 행동이어야 한다는 것이다.

　이건 놀랄 수도 있는 사실인데, 성공을 경험함으로써 얻는 긍정적 느낌을 완벽히 묘사할 단어가 영어에 없다. 나는 관련 주제를 다룬 과학 문헌들을 수없이 읽고 나 자신도 이 분야의 연구를 해왔지만, 영어에는 적절한 단어가 없다고 확신한다(가장 근접한 표현은 '진정한 자부심authentic pride'이지만 정확한 표현은 아니다).

　그래서 인간 감정 분야의 세계적인 전문가 세 명의 격려에 힘입어 성공의 느낌을 표현하는 새로운 단어를 만들기로 했다. 조금 기대해도 좋을 것 같다.

　나는 이 감정을 샤인shine(우리말로는 '뿌듯하다'로 번역했다 - 옮긴이)이라고 부른다. 여러분은 이 느낌을 이미 알고 있다. 시험에서 1등을 했을 때 뿌듯하다. 멋지게 프레젠테이션을 끝내고 사람들의 박수갈채를 받을 때도 뿌듯하다. 처음으로 요리한 음식에서 맛있는 냄새가 날 때도 뿌듯하다.

나는 이 축하 기법이 습관 형성의 돌파구라고 믿는다. 축하가 익숙해지면 더욱 뿌듯한 감정을 만들어내고 이는 뇌에 새로운 습관을 입력한다. 내가 여러분에게 작은 습관 기르기를 직접 가르칠 수 있다면 축하에 초점을 맞춰 훈련을 시작할 것이다. 자연스럽고 효과적인 축하 방식을 찾을 수 있게 도울 것이다. 우리가 축하하기를 함께 연습한다면 신나는 경험이 될 것이다. 나는 포그행동모형, 단순함의 효과, 앵커, 작은 습관 레시피를 가르치기 전에 축하 방법부터 소개할 것이다. 축하는 습관 형성에 가장 중요한 기술이다.

내가 축하하기를 직접 가르칠 수 없으므로 당신에게 효과가 있는 축하 방식을 찾을 수 있게 해줄 몇 가지 훈련을 준비했다.

나에게 꼭 맞는 축하 방식 찾기

효과적인 축하 방식을 잘 모르겠다면 다음 시나리오에 자신을 대입하고 어떤 반응이 나오는지 관찰해보자. 그 반응은 자연스러운 축하 방식에 대한 단서가 되어줄 것이다. (이 시나리오들을 읽는 동안 너무 오래 생각하거나 분석하지 말라. 바로 반응하라.)

꿈꾸던 직장 시나리오

좋아하는 회사의 꿈에 그리던 일자리에 지원하겠다는 결정을 내

린다. 모든 관문을 통과하고 최종 면접까지 본다. 인사부장이 "결과는 이메일로 알려드리겠습니다"라고 말한다. 다음 날 아침 인사부장의 이메일이 와 있다. 메일을 열자 "축하합니다!"라는 첫 단어가 보인다.

그 순간 당신의 반응은?

사무실 시나리오

사무실에 앉아 있는 자신을 상상해보라. 재활용해야 하는 종이가 한 장 있는데 재활용 수거함은 사무실 저쪽 구석에 있다. 종이를 구겨 수거함에 던져 넣기로 한다. 성공할 수 있을지 확신은 없다. 신중히 조준해 종이를 던진다. 포물선을 그리며 종이가 날아간다. 아래로 떨어지던 종이 뭉치가 수거함으로 사라진다. 완벽한 슛이었다.

그 순간 당신의 반응은?

결승전 시나리오

좋아하는 팀이 결승전에서 겨루고 있다. 동점 상황에 남은 시간이 얼마 없다. 전광판의 시계가 초읽기에 들어갔는데 응원하는 팀이 득점해 우승을 차지한다.

그 순간 당신의 반응은?

뿌듯함을 선사하는 축하 방식을 찾았는가? 아니라면 다음의 축하 방식을 시도해보자. 다음은 누구나 시도해볼 수 있는 몇 가지 축하 방식이다. 사람들과 함께 있을 때 할 수 있는 방식도 있고 집에서 혼자

할 수 있는 방식도 있다.

- "예!" 또는 "아자!"라고 외친다.
- 주먹을 불끈 쥐고 흔든다.
- 활짝 웃는다.
- 아이가 당신에게 박수를 보내는 상상을 한다.
- 좋아하는 노래를 흥얼거린다.
- 잠시 춤을 춘다.
- 손뼉을 친다.
- 고개를 끄덕인다.
- 엄지손가락을 추켜올린다.
- 군중의 함성을 상상한다.
- '잘했어'라고 속으로 생각한다.
- 깊이 숨을 들이쉰다.
- 딱 소리가 나게 손가락을 튕긴다.
- 불꽃놀이를 보는 상상을 한다.
- 위를 보며 만세를 부른다.
- 히죽 웃으며 '내가 해냈어'라고 속으로 말한다.

공개적으로, 개인적으로 할 수 있는 자신만의 다양한 축하 방식을 개발하기 바란다. 내가 좋아하는 축하 방식 중에는 작은 습관 실천가 마이크에게 배운 방법이 있다.

마케팅 회사의 광고 제작 감독으로 일하는 마이크는 예전 몸매를 되찾으려고 노력 중이었다. 그는 아침을 스트레칭과 간단한 운동으로 시작하고 싶었다. 마이크는 요가를 새로운 습관으로 기르면서 스타터 단계에 집중했다. 그는 아침에 커피메이커에 물을 부은 후 요가 매트를 거실에 폈다. 그게 다였다. 그냥 요가 매트만 폈다. 이 습관을 굳히기 위해 마이크는 독특한 축하 방식을 생각해냈다. 그는 요가 매트를 복싱 링이라고 상상하며 팔을 번쩍 들고 영화 〈록키〉의 주제가를 부르며 매트 위를 왔다 갔다 했다. 그러던 어느 날 아침 목청껏 노래를 부르며 상상 속 복싱 글러브를 높이 들었을 때 마침 택배 기사가 거실 창 옆으로 지나가고 있었다. 그는 마이크가 바지도 안 입고 스타터 단계의 수행을 축하하는 모습을 보고 말았다. 마이크는 그다지 창피하지 않았지만, 어떤 축하 방식은 커튼을 치고 하는 게 좋을 것이다.

직장에서 하는 습관의 경우 할 일 목록에 적어둔 습관을 지우고 스마일 표시만 해도 성공한 느낌이 들 수 있다. 혹은 '내가 해냈어!'라고 생각만 해도 된다. 헬스장에서 이목을 끌지 않고 축하하고 싶다면 실내 자전거의 핸들을 드럼 치듯이 잠시 두드리거나 머릿속으로 퀸의 〈위 아 더 챔피언〉 노래를 흥얼거릴 수도 있다.

때로는 축하에 다른 사람을 동원할 수도 있다. 스쾃 운동을 아침 일과에 넣고 싶었던 질은 축하 방식을 고민했다. 딸 엠마는 늘 엄마의 행동을 따라 하려 했으므로 엄마 바로 옆에서 스쾃을 흉내 내곤 했다. 어느 날 질은 둘이 스쾃을 끝내면 엠마와 하이파이브를 하기로 했다. 어린 엠마만 옆에 있다면 그 습관에 잘 어울리는 축하 방법이 그렇게 탄생했다. 노래를 열창하든 슬그머니 엄지손가락을 치켜

들든 상관없다. 축하가 뇌에 성공의 감정, 뿌듯함을 각인한다는 점만 기억하자!

파워 축하

자신에게 맞는 다양한 축하 방식을 개발할 때 내가 파워 축하^{power celebration}라고 부르는 대단히 효과적인 방식을 적어도 한 가지는 포함하기를 권장한다. 빨리 습득할 필요가 있는 습관이 있다면 파워 축하가 도움이 된다.

나는 강력하게 뿌듯함을 느낄 필요가 있을 때 4학년 담임 선생님을 떠올린다. 엄격하면서도 멋졌던 선생님이 내 어깨에 손을 올리고 "잘했어!"라고 말하는 상상을 한다. 이 상상은 나를 움직이게 한다. 정말로 기분이 좋아진다. 뿌듯함이 샘솟는다. 나는 이 축하 방식을 아무 때나 쓰지 않는다. 신속히 습관을 만들 필요가 있을 때를 위해 아껴둔다.

축하가 부끄러운 사람들을 위한 처방

축하가 걸림돌이 되는 사람들도 있다. 좀처럼 스스로 축하할 수 없거나 몇 가지 축하 방법을 시도해봐도 여전히 억지스럽다고 느껴진다면 자기에게 맞는 축하 방법을 찾는 것보다 더 큰 문제가 있을 수 있다. 그러니 좀더 깊이 살펴보도록 하자.

다시 질의 사례다. 질은 작은 습관 강의를 듣는 동안 축하하기에서 고전했다. 자신의 성공을 축하할 좋은 방법을 몰라서가 아니었다. 질은 고등학교 시절 농구 선수로 활약했고 득점할 때마다 감격하며 한 손을 불끈 쥐어 높이 흔들었다.

문제는 유효성이 인증된 이 축하 동작을 지금 하면 유치하게 느껴진다는 데 있었다. 질은 "좀 창피해요"라고 말했다. 왜 그럴까? 새로운 습관인 스쾃 운동과 3점 슛 득점 간의 차이는 무엇일까? 결국 질은 자신이 스쾃 운동을 축하할 만한 일로 생각하지 않았던 것이다. 시원하게 슛을 넣었을 때는 그런 축하를 할 만하다고 느꼈다. 하지만 싱크대 닦기? 그건 누구나 할 수 있다. 특별한 기술이나 노력, 재능이 필요하지 않다. 별일 아니다. 그렇지 않은가? 그런 작은 성공을 축하하는 게 질에게는 바보 같이 느껴졌다.

당신도 질과 마찬가지로 팔굽혀펴기 2회나 이 하나에 치실질을 왜 스스로 축하해야 하냐고 생각할지 모른다. 이에 대한 답은 세 가지가 있다.

첫째. 이것이 행동 시스템의 작동 방식이다
거실에 있는 TV가 낡았다고 하자. 종종 아무 이유 없이 TV가 꺼진다. 측면을 탁탁 치면 다시 켜진다. 이해는 안 되지만 매번 효과가 있다. 그게 왜 효과가 있는지 이유는 중요하지 않다. 원하는 대로 시청 중이던 프로그램을 끝까지 볼 수 있었으니 그걸로 됐다. 행동 역시 보이지 않는 구성 요소들로 이뤄진 시스템이며, 도파민이 습관을 정착시키는 데 있어서 핵심임을 우리는 알고 있다. 그것이 뇌의 작동 방식이다.

둘째, 축하는 배워야 하는 기술이다

축하가 자연스럽게 느껴지지 않을 수도 있다. 그래도 괜찮다. 연습을 통해 축하를 편안하게 받아들일 수 있다. 바이올린을 처음 배울 때 나는 선생님이 활을 올바로 쥐는 법을 보여주었지만 이를 무시했다. 내 식으로 하고 싶었다. 선생님은 내가 활을 올바로 잡는 법을 배워야만 연주가 늘 거라고 했다. 나는 선생님의 말을 듣지 않았던 탓에 실력이 늘지 않았다. 선생님 말씀이 옳다는 것을 인정하고서야 바이올린 연주를 배울 수 있었다.

그러므로 축하하는 법을 익히기를 거부할 수 있겠지만 그건 습관 형성에 최선을 다하지 않는 선택임을 인정하라는 게 나의 애정 어린 충고다. 축하 기법을 배우려는 노력은 습관의 달인이 되기 위해 치러야 할 작은 비용이다.

셋째, 당신이 하는 모든 일은 축하할 가치가 있다

위 문장에 답이 있다. 당신이 축하할 가치가 있는 일을 하고 있다는 인식은 매우 많은 변화를 불러온다. 자기비판을 뒤로하고 성공을 기뻐할 줄 아는 능력은 작은 습관을 만들고 축하하는 것을 훨씬 넘어서는 긍정적인 파급 효과를 가져올 것이다.

내가 모든 학생에게 말하듯이 정확히 자신이 설계한 대로 새로운 습관을 실천하는 것은 작은 성취가 아니다. 나는 아무리 소소하고 점진적인 변화도 '매우 대단한 성공'이라고 강조한다. 왜 축하할 일이 아닌가?

소소한 일을 축하하기가 힘들다면 모든 걸 걸어야 한다는 편견이 슬그머니 작동한 탓일 것이다. 멈추라. 그건 함정이다. 아무리 작은 승리라도 축하할 때 빠르게 더 많은 승리로 이어진다. 당신이 변할 수 있었지만 그러지 않았던 시간을 생각해보라. 고작 스쾃 2회일 뿐이라고? 그 스쾃 2회가 당신을 바꾸고 있다.

작은 습관은 겉으로 보기에 사소해 보이지만 좀더 깊이 들여다보면 애초에 그 습관을 형성하고 싶었던 진정한 이유가 보이고 축하할 만한 일임을 알게 될 것이다. 질은 아침 식사 후에 싱크대 닦기를 습관화하고 싶었다. 하지만 축하하며 기뻐하기가 힘들었다. 그러다 보니 습관으로 정착시키기 어려웠다. 그래서 삶이라는 더 넓은 맥락에서 그 습관이 갖는 의미에 대해 곰곰이 생각해보았다. 왜 그녀는 이 습관을 가지려 하는가?

싱크대 닦기는 남편에게 중요한 일이고, 남편은 자신에게 중요한 사람이라는 게 그녀가 찾은 답이었다. 집에서 요리를 주로 하는 사람은 남편 콜린이었다. 콜린은 퇴근하고 집에 왔을 때 지저분한 싱크대를 보면 맥이 빠진다고 했다. 더러운 싱크대는 냉장고에서 재료를 꺼내 가족을 위해 맛있는 음식을 만들고 싶은 열망을 약화시켰다. 콜린은 매번 아침에 싱크대를 치워놓고 출근하라는 부탁을 했지만, 질은 잊어버렸다. 부부는 이런 사소한 문제 때문에 싸운다. 이미 긴장과 스트레스가 정점에 달해 있는 상태에서 사소한 일로 폭발하면 생각 이상으로 상처를 주고받는다. 그녀가 싱크대를 치워놓았을 때는 집안 분위기가 눈에 띄게 부드러워졌다. 콜린은 퇴근 후 맛있는 저녁을 준비했고 가족은 함께 둘러앉아 식사했다. 싱크대 닦기는 사소하고도 중요한 일이었다. 질이 싱크대 청소하기를 어린 엠마가 더 화목한 가정에서 자라고 남편과의 사이를 원만하게 해줄 열망으로 바라보자 습관을 실천한다는 건 정말로 기뻐할 일로 보였다. 이를 깨닫자 그녀는 활기차게 축하하게 되었고 궁극적으로는 싱크대 닦기가 습관으로 정착됐다.

이제 이 말을 할 때가 됐다. 당신은 기대치를 낮춰야 한다. 내가 이렇게 말하면 종종 사람들은 말도 안 된다는 듯이 웃는다. 또는 내가 농담을 하고 있다고 생각한다. 하지만 나는 진지하다.

그렇다. 끝없이 성취와 성공을 추구하는 세상에서 기대치를 낮추라고 말하고 있다. 대단한 일을 해내기를 원하지 않아서가 아니다. 성취를 위해서는 작게 시작해야 한다는 것을 알기 때문이다. 하지만 얕잡아 본다면 작은 일도 성공할 수 없다. 아기가 첫걸음을 뗄 때 왜 우리는 손뼉을 치는가? 아기가 완벽히 걷고 있거나 또는 옆집 아기보다 더 큰 보폭으로 잘 걷기 때문이 아니다. 그 작은 첫걸음을 시작으로 아기가 평생 걷고 달리게 될 것이며, 그건 엄청 중요한 일임을 알기 때문에 박수를 보내는 것이다.

이런 작은 도전이 변화에 성공하는 방법이란 것을 받아들이기가 어려운 사람들도 있다. 괜찮다. 이런 사람들도 성공의 느낌을 키울 수 있는 전략들을 소개한다.

• 아이를 축하에 동참시킨다. (아이들은 축하에 능하다!) 질은 세 살 짜리 딸이 축하에 동참하자 더 진심으로 기뻐할 수 있었다.

- 미소, 승리감으로 주먹 흔들기, 원더 우먼 자세 취하기(두 손을 허리에 대고 가슴 내밀기) 등 신체적 동작을 한다. 때로는 신체적 동작이 긍정적인 기분을 낳는다. 뿌듯함을 느끼고 신체 동작이 이를 증폭시키는지 확인하라.
- 축하할 때 사랑하는 사람을 축하해준다고 상상하라. 그에게 뭐라고 말하겠는가? 그가 한 일을 진심으로 자랑스러워하겠는가? 그럴 것이다. 그 감정을 떠올리며 뿌듯함을 느끼도록 하라.

세 번 축하하라

기억하기 좋게 나는 사람들에게 습관이 되었으면 하는 행동을 한 직후에 축하하라고 간단히 말한다. 그러나 실은 습관을 실천해야 겠다고 기억한 순간, 습관을 실천하는 동안, 습관의 실천을 마친 직후, 이렇게 세 번 축하할 때 더 빨리 습관을 만들 수 있다. 각각의 축하가 갖는 효과도 다르다.

"퇴근하고 현관에 들어선 후에 열쇠를 걸어둘 것이다"라는 작은 습관 레시피를 갖고 있다고 하자.

이를 습관으로 만들어갈 동안에는 뇌에서 새로운 습관을 실천하도록 상기시킨 바로 그 순간 축하할 것을 권한다. 퇴근 후 집으로 들어와 가방을 내려놓으면서 '아, 바로 이때 열쇠를 걸어둬서 다음 날 열쇠를 바로 찾을 수 있게 하겠다고 했지'라는 생각이 머리에 떠올랐다면? 그 순간 축하해야 한다. 뿌듯함을 느낌으로써 열쇠를 걸어두는 습관이 아니라 열쇠 걸어두기를 기억하는 습관이 몸에 밸 것이다.

세 번의 축하

| 새로운 습관을 | 새로운 습관을 | 새로운 습관의 |
| 기억한 순간 | 실천하는 동안 | 실천을 마친 직후 |

작은 습관을 기억한 걸 축하하면 그 기억의 순간이 뇌에 입력된다. 이게 포인트다. 기억하지 못한다면 습관의 실천은 없을 것이기 때문이다.

또 다른 축하 시점은 습관을 실행에 옮기는 동안이다. 그럼 뇌는 그 행동의 실행과 뿌듯함이라는 긍정적인 느낌을 연관 지을 것이다. 질은 마침내 싱크대 닦기가 축하할 만한 일이라는 생각을 받아들였다.

다음 단계로 습관을 굳혀줄 최고의 축하 방식을 생각해내야 했다. 몇 차례 실험 끝에 그녀는 싱크대를 '닦는 동안' 축하하기로 했다. 그녀가 뿌듯함을 느끼게 해줄 확실한 방법은 그날 밤 남편이 만들어줄 식사와 그가 "잘했어, 여보"라는 말과 함께 키스하는 상상을 하는 것이었다. 질의 축하하는 행동과 직접적인 관계가 있었다. 그녀의 상상은 싱크대 닦기와 가족이 함께할 때의 긍정적인 느낌을 연결해주었다. 이 축하 방식이 기억되면서 앞으로도 싱크대를 닦겠다는 동기를 강화했다. 이제 질은 생각할 것도 없이 매일 자동으로 싱크대를 닦고 있다.

습관의 뿌리를 단단히 유지하라

습관이 자동화된 후에는 축하할 필요가 없다. 하지만 습관을 살려 두려면 가끔 축하할 필요가 있다. 축하가 습관의 뿌리를 단단히 유지하게 해주는 상황이 최소 두 가지가 있다.

1. 휴가나 장소의 변화로 인해 한동안 습관을 지키지 못했다. 혹은 단순히 생활이 습관을 지키는 데 방해가 됐다.
2. 습관의 강도를 높여보기로 했다. 기본 습관은 팔굽혀펴기 2회였는데 어느 날 팔굽혀펴기를 25회 하면 어떨지 해보기로 했다.

첫 번째 경우는 명백하다. 축하를 통해 당신의 삶에 다시 습관을 받아들일 수 있게 하라.

두 번째 상황은 첫 번째보다 덜 명백하다. 습관의 강도나 지속 시간을 늘릴 때는 더 많은 노력이 필요하다. 축하를 다시 도입할 적기다. 팔굽혀펴기 2회라는 쉬운 습관을 생각해보자. 내게 요구되는 건 그게 전부였다. 그렇지만 팔굽혀펴기 습관은 시간이 흐르면서 자연스럽게 발전해서 지금은 보통 한 번에 8~10회 정도 한다. 그쯤은 문제없다.

하지만 어떤 날은 그보다 훨씬 많은 25~30회를 해보기도 한다. 그러다 좀 힘이 들고 통증이 살짝 느껴질 때 축하 기법을 쓴다. 만약 내가 어떤 습관적 행동을 했는데 고통스럽거나 어색하거나 불쾌하다면 뇌가 새로운 정보를 입력해 그 습관을 피하도록 할 수 있기 때문에 재빨리 축하를 해야 한다. 부정적인 감정은 습관의 뿌리를 시들게 한다. 따라서 나는 팔굽혀펴기 30회로 인한 고통을 상쇄하고 습관을 건강하게 유지하기 위해 더 열심히 축하한다. 그리고 그런 뿌듯함은 습관을 유지하게 한다.

레시피 없이 축하하기

우리는 자아개념self-conception을 축적하고 고취하는 행동을 매일 한다. 나는 쇼핑카트를 제자리에 두고 오는 유형인가 아니면 주차장에 버려두고 가는 유형인가? 물건들을 바닥에 어질러놓아 파트너가 줍게 만드는 유형인가? 이웃 노인의 집 앞을 치워주는 유형인가? 이런 짧은 순간이 우리의 진정한 됨됨이를 결정한다. 어떤 때는 바람직한 행동을 하지 못하고 잠시 자신에게 실망할 것이다. 어떤 때는 선한 행동을 하고 잠시 자신을 뿌듯하게 여길 것이다. 그런데 우리가 선한 행동을 반복할 가능성을 높일 수 있다면 어떨까? 우리가 늘(거의 항상) 최선의 자신인 날이 올 때까지 최선의 자신인 순간들을 늘려갈 수 있다면 어떨까?

그 방안의 하나로 '작은 습관 레시피 없이 축하하기'를 소개하려 한다. 이는 일상생활에서 틈틈이 축하하는 방법이다. 아주 간단하다. 예를 하나 제시해보자.

두 아이를 키우는 싱글맘 사라는 이미 작은 습관 기르기를 통해 효율적인 업무 처리와 건강한 식단에 도움이 되는 습관 몇 가지를 길러본 경험이 있다.

사라가 아이들을 재운 후 벌어지는 일은 대개 둘 중 하나였다. 출근할 때 입었던 옷도 갈아입지 않고 화장도 지우지 않은 채 아이들 옆에서 잠이 들거나, 간신히 침실까지 가서 그대로 침대에 쓰러지는 것. 때로는 가까스로 옷을 벗어 침실 의자에 던져놓았고, 때로는 양치질을 하고 잠옷으로 갈아입었다. 하지만 세수까지 하는 날은 거의 없었다. 화장을 한 채 자면 안 된다는 건 누구나 아는 상식이므로 그녀는 이것이 계속 신경 쓰였다. 친구들에게 "그러면 모공이 막혀! 주름 생겨!"라는 말도 들었다.

사라도 다 아는 사실이지만 그녀에게는 아이들을 돌보고 생활을 유지하는 게 더 시급했다. 그래서 그 문제를 크게 개의치 않았다. 그러던 어느 날 아이들이 할머니 집에 간 덕분에 기운이 좀 남은 그녀는 잠자기 전 세수를 했다. 사소한 행동이었지만 수건으로 얼굴을 닦고 거울을 보는데 미소가 떠올랐다. 그녀는 다른 습관들을 축하할 때 느꼈던 뿌듯함이 느껴져서 이렇게 속으로 말했다. '잘했어, 사라. 세수까지 했네! 넌 자신을 돌볼 줄 아는 사람이야.' 잠시 그녀는 자신에게 실망 대신 만족을 느꼈다.

자신을 자기 관리에 조금이나마 시간을 투자하는 사람으로 느끼게 된 사라는 세수에서 더 나아갔다. 밤새 옷을 의자에 던져두는 대신 옷장에 걸기 시작했다. 그녀는 이 행동을 축하하고 계속하면서 유쾌한 감정의 효과가 삶의 다른 영역에도 확대되도록 했다.

어느 날 밤 그녀가 원했던 행동을 했을 때 기회를 놓치지 않고 축하한 덕택에 저녁 일과가 습관화되었다는 사실에 주목하자. 이 단순한 시작이 그녀 자신에 대한 감정을 바꿀 수 있는 강력한 계기가 됐다.

사라처럼 삶의 어떤 순간에도 축하 기법을 활용할 수 있다. 계획을 세울 필요가 없다. 꼭 작은 습관 레시피를 작성할 필요도 없다. 뭐든 바람직한 행동을 하면 주저없이 축하하자. 뿌듯함을 느끼면 바람직한 행동이 자동화된다. 더 중요한 건 부정적 감정에 집중하는 대신 긍정적 감정을 느낄 기회를 발견함으로써 정서적으로 안정감을 얻는다는 것이다. 불쾌한 감정이 아니라 유쾌한 감정에 의해 변화가 가장 잘 일어난다는 사실을 기억하라.

습관의 영양제

언젠가는 축하가 마음 돌봄과 감사와 더불어 전반적인 행복과 웰빙에 가장 기여하는 일상 기술로 평가되는 날이 올 것이다. 당신이 이 책 전체에서 단 한 가지만 배운다면 작은 성공 축하하기였으면 한다. 수렁에 빠졌다고 느낄 때 삶의 이 작은 변화가 큰 영향을 미칠 수 있다. 축하가 당신을 구할 수 있다.

린다는 처음 작은 습관을 기르기 시작했을 때 축하하기를 생략했다. 습관을 작게, 쉽게 만들라는 이야기는 실용적이고 분석적인 그녀의 뇌로 이해가 되었다. 하지만 작은 성공을 거둘 때마다 축하하기? 그건 그다지 와닿지 않았다. 축하하기는 설득력도 없고 불편해서 그녀는 습관만 지키려 했다. 그녀는 습관을 정착시키는 데 성공하기도 하고 실패하기도 했지만 다른 사람들이 이야기하는 큰 변화를 얻지는 못했다.

작은 습관이 그녀의 삶에 좀더 큰 변화를 가져오도록 린다와 내가 함께 노력하는 동안 나는 그녀의 습관 설계에 축하가 포함될 필요가 있다는 생각이 계속 들었다. 성공의 느낌은 단지 습관을 굳히기 위해 사용하는 기술이 아니라 모든 걸 걸어야 한다는 편견에 대항하는 해독제이자 자신을 바라볼 새로운 렌즈이기도 하다.

축하 장벽을 넘기 위해 린다는 내가 가장 좋아하는 긍정적 감정 느끼기 기법의 하나인 축하 공세Celebration Blitz를 시도했다. 승리감이 필요하다면 이 기법을 추천한다.

집에서 가장 지저분한 방 또는 사무실에서 가장 지저분한 공간에 들어가 타이머를 3분에 맞추고 정리하라. 당신이 던져놓은 종이를 치울 때마다 축하하라. 행주를 접어서 다시 걸어둘 때마다 축하하라. 장난감을 바구니에 도로 넣을 때마다 축하하라. 이해가 됐을 것이다. 그리고 "잘했어!" 또는 "와, 훨씬 깨끗해 보이네"라고 말하라. 그리고 주먹을 흔들거나 자신에게 효과적인 동작을 하라. 타이머가 종료되자마자 동작을 멈추고 당신의 감정을 주의 깊게 들여다볼 것이므로 진정성이 느껴지지 않더라도 작은 성공 하나하나를 축하하라.

내가 예측하건대 기분이 가벼워지고 눈에 띄게 밝아졌을 것이다. 하루와 앞으로의 일에 대해 더 낙관하게 되었을 것이다. 당신의 관점이 얼마나 빨리 바뀌는지 놀라울 것이다. 장담하건대 방을 둘러보고 성공한 느낌이 들 것이다. 단 3분 만에 삶이 더 나아졌음을 알게 될 것이다. (삶을 개선해주었으므로 그건 반복할 가치가 있다.) 이는 방이 깔끔해졌기 때문만이 아니라 3분간 짧은 축하의 효과를 탐색함으로써 변화의 기술을 연습했기 때문이다.

린다는 이 기법을 믿어보기로 하고 3분을 투자했고 그걸로 충분했다. 그녀는 자칭 '축하 개종자'가 되었다. 두어 달 후 그녀는 습관이 아닌 일들까지 축하하고 있는 자신을 발견했다. 가장 시간에 쫓기는 아침에 계속 초록 신호등을 통과하면서 혼자 "좋았어!"라고 외치고는 했다. 마지막 세탁물을 개면서 "잘했어, 린다!"라고 혼잣말을 하고는 했다. 예전에는 주목하지 않았던 순간들이었다. 전에는 빨간불이 켜지거나 5분 동안 줄을 서서 기다렸는데 계산원이 다른 줄로 가라고 하는 짜증스러운 일에만 주목했다. 하지만 이제는 작은 승리가 곳곳에서 튀어나왔다. 그녀는 그것들을 축하하기 시작했다. 린다는 이것이 의식적인 선택이 아니었다고 말했다. 그건 축하를 하면 기분이 좋아진다는 것을 뇌가 배웠기 때문이었다. 그렇게 그녀는 자신도 모르게 축하의 습관을 형성했다.

기억하자. 우리 뇌는 기분이 좋아지기를 원한다. 작은 축하는 뇌가 삶을 재배열할 자료를 준다. 린다는 내게 "뇌가 부정적이 아니라 긍정적으로 생각하도록 다시 훈련했다"고 말했다. 정확히 맞는 표현이다. 그녀는 이제 힘든 상황에서도 축하를 통해 긍정적인 감정을 부여할 작은 일들을 찾는다. 작은 축하는 린다가 부정적인 감정에 얽매이는 대신 좋은 감정을 찾고 거기에 집중하도록 도왔다. 앞 장에서 살펴봤던 에이미가 전남편에 대한 해석을 뒤집어 그의 부정적인 언행을 긍정적 행동을 할 자극으로 삼았을 때도 마찬가지였다. 에이미는 그 몇 달 동안 습관들을 축하하는 연습을 많이 해와서 그녀의 뇌는 그러기 힘든 상황에서도 기분 좋아질 준비가 되어 있었다.

지금 당신의 머릿속에 작은 경고음이 울릴지도 모르겠다. 긍정적, 부정적이라는 단어를 보고서 약간 흠칫할 수도 있겠다. "긍정적으로 생각하라!" 또는 "한 줄기 희망을 찾으라!"는 말은 당신도 익히 안다. 그렇게 쉬운 일이라면 누구나 모든 상황을 반쯤 남은 잔으로 보지 않겠는가? 맞다, 그럴 것이다.

하지만 한 가지만 짚고 넘어가자. 에이미에게 일어난 일은 우연도 사고도 아니었다. 린다는 앞 일을 운에 맡기고 무작정 상황을 긍정적으로 보려고 했던 게 아니었다. 두 사람 다 유효성이 입증된 절차를 검토하고, 실험하며, 모든 것이 무너져내릴 때 언제나 쓸 수 있는 도구를 찾았다. 뇌의 보상 센터에 침투해 마인드세트를 전환했다. 그것은 시간이 지나면서 아름답게 꽃을 피운 사려 깊고 의도적인 과정이었다.

2016년 가을, 린다는 다시 우울의 늪에 빠져드는 자신을 발견했다. 남편의 알츠하이머가 심해져서 간병인이 필요했는데 비용을 대기가 힘들었다. 그녀는 상황이 너무 버거워서 매일 직장에서 책상에 엎드려 15분쯤 흐느껴 울고는 했다. 그녀는 아이들을 돌보면서 직장에 다니는 한편으로 가계 재정을 관리해야 하는 상황에 위축이 됐다. 그래서 울음이 나면 그냥 울었다(잘한 일이다). 하지만 마지막에는 "그래, 어디 한번 해보자"라고 말하고는 했다. 그리고는 일어서서 사무실에서 축하 공세를 벌였다. 그녀는 3분간 사무실을 정리한 뒤 축하하고는 했다. 기운을 더 돋워야 할 때는 5분 동안 했다. 축하 공세는 그녀가 '연민 파티'라고 부르는 상태를 박차고 나오게 해주었다. 누구든 한번쯤은 익사할 만한 슬픔과 상실을 겪는다. 린다는 때로는 그런 감정에 젖어 있을 필요도 있지만 계속 그 상태로 머물 수는 없음을 배웠다.

축하 공세는 그녀가 물에 빠진 자신을 끌어내야 했을 때 스스로에게 던진 생명선이었다. 그 가을 린다는 거의 매일 축하 공세를 펼쳤고, 책상에 파묻었던 고개를 다시 들고 앞으로 나아갔다. 그녀는 자신, 가족, 그리고 사업을 위해 최선을 다하고 있다는 사실에 집중하려 했다. 그리고 이를 축하했다. 축하는 그녀가 갈고 닦은 기술이었다. 그리고 더 젊었을 때 알았다면 좋았겠다는 생각이 들었다.

린다의 사연이 참담하지만, 메시지는 매우 익숙하다. 작은 습관을 가르치면서 내가 들었던 많은 사연은 핵심 메시지가 똑같았다.

성공한 느낌은 변화의 강력한 촉매제가 된다. 이제 습관 형성에 능숙해졌다는 이유만이 아니라, 점점 자신에게 친절해지고 있다는 이유로 축하할 때 당신의 자신감은 자란다. 당신은 자신을 질책하는 대신 자신에게 축하를 보낼 기회를 찾기 시작한다. 그러면 당신도 모르는 사이에 근본적인 변화가 일어난다. 과거 당신은 특정 유형의 사람이라고 믿었다. 어쩌면 마이크처럼 운동을 습관화할 수 없는 유형의 사람이라고 생각했을 수 있다. 혹은 질처럼 어지르는 경향이 있는 사람 또는 린다처럼 늘 우느라 책상에 머리를 파묻고 있는 유형으로 생각했을 수 있다.

당신은 자신이 변할 가능성은 별로 없다고 생각했다. 하지만 몇 주가 가고 몇 달이 흐르면서 일상 속에 끼워 넣은 간단한 작은 습관들이 당신 삶의 기본 뼈대를 완전히 바꿔놓았다. 당신은 자신이 다른 유형의 사람, 자신이 그런 사람이 될 수 있으리라고 생각지도 못한 사람으로 탈바꿈했다. 운동하기 위해서 아이들보다 일찍 일어나고 록키 흉내로 택배 기사를 놀라게 하는 사람, 그날의 패배를 툭툭 털고 그날의 승리를 적극적으로 축하하는 사람, 어떤 변화든 자신이 원하는 거의 모두를 이룰 수 있다고 믿는 그런 사람이 되었다.

　그것이 세상을 변화시키고 인생을 바꿔놓는 축하의 힘이다. 그리고 축하는 미묘하고도 매우 효과적으로 삶을 바꾼다. 지금 당신은 자신이 되고 싶은 어떤 유형의 사람이든 될 수 있는 사람이다.

1. 다양한 축하 방식

이 훈련은 작은 성공을 축하할 새로운 방법을 찾는 데 도움이 된다. 아래 방법들이 자신에게 효과가 있을지 탐색해보자.

좋아하는 노래

행복, 성공, 활기의 감정을 느끼게 해주는 노래를 생각해본다. 작은 성공을 축하할 방법으로 노래의 일부를 부르거나 흥얼거린다.

신체 동작

행복과 성공의 감정을 느끼게 해주는 신체 동작을 탐색해본다. 주먹 흔들기나 간단한 춤, 고개 끄덕이기가 포함될 수 있다. 뿌듯함을 느끼게 해주는 신체 동작을 찾아내고 연습해 새로운 습관을 정착시키는 데 활용한다.

구호

행복과 성공의 감정을 느끼게 해주는 구호를 찾아본다. 어떤 사람들은 "야호!"라고 외친다. "대단해!"라고 외치는 사람도 있다. 여러 구호를 탐색해보고 뿌듯함을 느끼게 해줄 구호를 한 가지 이상 찾는다.

효과음

군중의 함성, 트럼펫 팡파르, 슬롯머신에서 잭팟 터지는 소리 등 긍정적인 감정을 느끼게 해줄 소리를 찾는다. 마음에 드는 효과음을 골라서 습관을 정착시키는 데 사용하도록 훈련한다.

시각화

어떤 사람들은 상상력을 동원해 뿌듯함을 만들어낸다. 이 방법은 앞의 네 가지 방법보다 힘들 수 있지만, 융통성이 있고(어디서든 사용 가능하고) 강력한 방법(강도 높은 뿌듯함)이다. 무엇을 생각하면 행복하고 성공한 느낌이 드는지 몇 분간 열거해본다. 아기의 미소 짓는 얼굴, 반려견 꼭 껴안기, 해변의 따뜻한 모래 등 자신에게 효과가 있는 어떤 것이든 괜찮다. 열거된 대상들을 살펴보고 상상하기 쉽고 가장 효과적으로 뿌듯함이 들게하는 한 가지를 고르라. 그 이미지를 작은 성공을 축하하는 방법으로 사용하라.

2. 축하 공세

1단계 집이나 사무실에서 제일 깔끔하지 못한 곳을 찾는다.

2단계 타이머를 3분으로 맞춘다.

3단계 한 가지씩 정리할 때마다 축하한다.

4단계 정리하고 축하하기를 계속한다.

5단계 3분이 지나면 정리를 멈추고 당신의 기분에 집중한다. 무엇이 바뀌었는가? 무엇을 배웠는가?

6장

위대한 변화를 만드는 습관 설계 시스템

총정리

수쿠마르는 스물여섯 살이 되면서 두 가지 사실을 알아차렸다. 주변 사람들은 모두 결혼하는데 자신은 배만 나오고 있었다. 두 가지 모두 갑자기 일어난 변화였다. 몇 개월 전만 해도 그렇지 않았다. 하지만 지금 수쿠마르의 배는 바지 위로 둥글게 솟아 있다. 파티가 끝나면 홀로 귀가하는 그와 달리 친구들은 아내와 함께였다. '어떤 여자가 나와 결혼하고 싶겠어?'라는 말이 그의 머리에 맴돌았다.

수쿠마르는 체중을 관리해야겠다고 결심했다. 음식에 더 신경을 썼고 운동도 더 하려고 노력했다. 다이어트와 운동 요법을 강화하려는 수쿠마르의 시도에도 불구하고 불룩한 배는 들어갈 기미가 보이지 않았다. 자칭 '뱃살과의 전쟁'은 외모보다 건강상의 이유로 중요해졌다. 수쿠마르는 허리와 목에 통증이 너무 심해져서 책상 앞에 30분 이상 앉아 있기 힘들었다. 그는 기술 회사의 IT 전문가였으므로 책상 앞에서 보내는 시간을 피할 수 없었다. 통증을 참아보려 했지만 근무 시간이 길어서 견디기 힘들었다. 업무에 지장을 주지 않을까 걱정이 된 그는 마침내 병원을 찾았다. 의사는 복부 비만을 통증의 원인으로 지적했다.

수쿠마르는 건강해지려고 계속 노력했다. 운동을 더 하고 적게 먹었다. 수년간 그렇게 했다. 그러나 그 역시 속성 다이어트와 과도한 운동, 그 후에 이어지는 요요 현상을 피하지 못했다. 많은 노력에도 불구하고 몸만 축날 뿐 눈에 띄는 변화는 없었다. 좌절감과 육체적 고통이 찾아오면 곧잘 운동을 포기하고 소파에 파묻혀 감자 칩이나 먹는 생활로 되돌아갔다.

그러던 어느 해, 수쿠마르는 그의 올챙이 배가 귀엽다는 여성을 만나 결혼했다. 아내는 정말 뱃살을 빼고 싶다면 자신의 트레이너와 운동해보라고 제안했다. 이 계획은 몇 주 동안 순조롭게 흘러갔지만 얼마 못 가 흔들리기 시작했다. 일이 너무 바빠서 운동을 위해 시간을 내는 것 자체가 스트레스가 됐다. 그는 시간이 없는 게 문제라고 변명했다.

운동을 시도했다 그만두기를 반복하는 상황은 좌절만 안겨주는 게 아니라 불안도 유발했다. 수쿠마르는 불면증에 시달렸고 집중력도 떨어졌지만 아무런 조치도 취할 수 없어 무력감을 느꼈다.

어느덧 마흔세 살이 된 수쿠마르는 자신이 17년 동안이나 살을 빼보려고 애써왔다는 것을 깨달았다. 그 세월 동안의 노력이 남긴 것은 여전한 뱃살과 불면증, 커져가는 불안감 뿐이었다. 그는 작은 습관 기르기를 알고 나서야 고통을 끝낼 수 있었다.

수쿠마르는 팔굽혀펴기로 작은 습관을 기르기 시작했다. 처음에는 소소한 행동만 계속했다. '이를 닦은 후 팔굽혀펴기를 2회 하기'와 '5초간 플랭크 동작하기'를 시도했다. 스타터 단계를 거치면서 드디어 성공의 길이 보였다. 작은 습관이 자리 잡으면서 체중을 9킬로그램을 뺄 수 있었고 허리둘레도 5인치나 줄였다. 무엇보다 이번에는 반짝하고 사라지는 성공이 아니었다. 작은 습관들 덕분에 성공과 실패를 오가는 악순환에서 벗어날 수 있었다.

이제 쉰 살이 된 수쿠마르는 1시간 동안 팔굽혀펴기 50회로 시작해서 5분간 플랭크 동작으로 끝나는 아침 운동을 규칙적으로 하고 있다. 아직도 종종 요통이 있지만 근력 운동과 스트레칭으로 통증이 심해지지 않게 관리하고 있다.

내가 최근에 그의 사연을 공유할 수 있는지 연락했을 때 수쿠마르는 이렇게 말했다. "그럼요. 나는 완전한 변신에 성공했어요."

습관은 설계다

수쿠마르의 사연 외에도 앞에서 나는 작은 습관에서 변혁적 습관으로 옮겨간 사람들의 사례를 여럿 소개했다. 그들은 적절한 동기 부여, 능력 향상, 자극 설계, 축하 기법을 제각각 활용해 원하는 습관을 만들고 인생을 바꾸었다. 하지만 구체적인 실천의 영역으로 넘어가면 여전히 의문이 남는다. 도대체 어떻게 팔굽혀펴기를 2회에서 시작해 50회까지 늘릴 수 있었는가? 어떻게 뱃살과의 전쟁에서 영원히 승리하는가? 어떻게 여러 해 동안 꿈꿨던 10킬로미터 단축 마라톤을 할 수 있었는가? 몇 개월 동안 구상만 했던 사업을 어떻게 시작하는가?

이 모든 질문에 해답은 습관의 '특징'에 담겨 있다. **작은 습관을 실천하면 습관은 성장하고 증식한다.**

이 장에서는 습관이 어떻게 성장하고 증식하는지 설명하려 한다. 이런 습관의 특징을 활용해 원하는 습관을 만들고 확장하는 법을 알아볼 것이다. 이를 통해 우리는 작은 습관에서 시작한 변화가 인생 자체를 바꿔놓은 경험을 하게 될 것이다.

1장에서 사용했던 비유에서 시작하자. 습관은 정원 가꾸기와 매우 비슷하다. 당신은 뒷문에 서서 지저분한 마당이 어떻게든 예뻐졌으면 하고 바란다. 그러나 몇 주가 지나면서 여기저기 잡초가 자라기 시작한다. 잡초를 몇 포기를 뽑았지만 힘이 들자 그만둔다. 그래도 잡초 대신 예쁜 화초가 자랐으면 좋겠다고 생각한다.

예쁜 화초가 자라길 바란다면 근본적인 해결책은 직접 정원(습관)을 설계하는 것이다. 정원에 있었으면 하는 채소와 꽃을 정하고(동기), 기를 수 있는 식물을 선택하고(능력), 각 식물을 정원 어디에 심는 게 가장 좋을지(일과에 끼워 넣을 곳 찾기) 설계한다.

연약한 새싹이 땅 위로 올라오기까지 약간의 계획과 보살핌이 필요하지만 작은 성공을 축하함으로써 뿌리는 단단해진다. 뿌리 내린 습관들은 저절로 성장할 것이다.

물론 여전히 할 일은 있다. 주기적으로 물을 주고 잡초를 뽑아줘야 한다. 하지만 무리할 필요는 없다. 새로운 습관도 마찬가지다. 처음에는 약간의 실험과 주의가 필요하지만 일단 새로운 습관이 제대로 정착하면 그 습관이 잘 자라게 놔두면 된다. 정원이 완성되면 해바라기는 쑥쑥 자라 눈부신 꽃을 피우고 딸기 덩굴은 뻗어나갈 것이다.

식물은 저마다 자라는 방식이 다르다. 습관도 마찬가지다. 각각 다른 범위와 속도로 확장된다. 팔굽혀펴기 습관은 2회에서 50회로 발전할 수 있지만, 각 습관의 최종 크기는 시간과 개인에 따라 다르다. 매일 아침 아보카도 한 개 먹기 습관은 먹어야 하는 아보카도의 수량을 늘리기는 힘들지만 저녁 식사 후 블루베리 먹기, 점심 식사와 함께 셀러리 먹기 등으로 확장할 수 있다.

습관이 완전한 형태로 발전하는 데 어느 정도 시간이 필요할까? 보편적인 해답은 없다. 습관이 완전히 형성되기까지 21일 또는 60일이 걸린다는 주장은 근거가 없다. 왜 그럴까? 습관 형성 시간은 다음 세 가지에 의해 좌우되기 때문이다.

- 습관을 실행하는 개인
- 습관이라는 행위
- 상황

습관을 형성하기가 얼마나 어려운지 (또는 쉬운지) 결정하는 것은 이 요소들의 상호작용에 달렸다. 그래서 누구도 습관 X가 Y일 만에 완전히 자리 잡힌다고 확언할 수 없다.

정원에 꽃 기르기나 손가락에 베인 상처의 치유처럼 변화는 과정을 동반한다. 우리는 변화의 과정 속에서 때론 속도를 높이고 경로를 수정하는 등 다양한 시도를 할 수 있다. 습관이 어떻게 성장하고 그 과정에서 우리의 역할은 무엇인지 이해함으로써 우리 삶에 일어났으면 하는 변화를 설계할 수 있다.

습관은 자란다

습관의 확장은 성장과 증식, 두 가지 범주로 나눌 수 있다.

'성장'은 습관의 규모가 커진다는 의미다. 3번의 심호흡 대신 매일 30분 간 명상을 한다. 싱크대만 아니라 주방 전체를 청소한다. 본질적으로 같은 행동을 더 많이 하는 것이 습관의 성장이다.

식물처럼 습관은 자연스럽게 성장할 수 있다

습관들이 정착하는 과정을 살펴보면 각각의 습관은 어느 정도까지만 자란다는 것을 알 수 있다(식물처럼 말이다). 수쿠마르가 매일 실천하는 플랭크 운동은 최대 5분이 한계다(그것도 대단한 일이다). 그는 무리하지 않으려고 했고 그 이상 하게 되면 운동에 대한 동기가 낮아질 것이 걱정됐다. 5분은 수쿠마르가 찾아낸 플랭크 운동 습관의 성장 한계였다.

이런 질문이 나올 수 있다. 수쿠마르는 5초 이상 플랭크 운동을 해도 될 때를 어떻게 알았을까?

좋은 질문이다. 곧 그 질문에 대해 구체적으로 알아보겠지만, 지금은 그가 더 하고 싶었을 때 더 했다고만 대답하고 넘어가도록 하자.

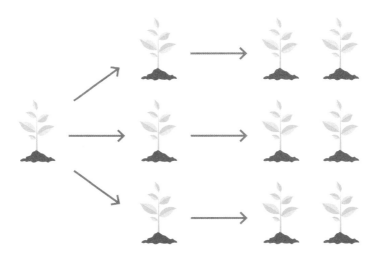

식물과 마찬가지로 습관은 증식할 수 있다

습관 확장의 두 번째 방식은 '증식'이다. 일반적으로 당신이 채택한 습관이 더 큰 행동 생태계의 일부라면 습관은 증식한다. 마우이 습관의 증식을 예로 들어 보겠다. 당신의 열망이 넓은 의미에서 매일 생산성 높이기라면 습관 만들기의 첫 시작으로 마우이 습관은 좋은 선택이다. 아침에 일어난 후 침대에 앉아 "멋진 하루가 될 거야"라고 외친다. 이는 특정 시간에 국한된 습관이므로 그 자체가 성장하지는 않는다. 그러나 연쇄적인 파급 효과, 즉 습관의 증식을 기대할 수 있다.

실제로 마우이 습관이 불러일으킨 긍정적인 감정 덕분에 '침대 정리' 같은 다른 습관을 아침 일과로 추가했다는 사람들이 많다. 마우이 습관은 '출근 전에 설거지하기' '양치질하는 동안 감사한 일 한 가지 생각하기' 같은 습관으로 확대하는 시작점이 된다. 내가 마우이 습관을 좋아하는 이유가 여기 있다. 사람들이 내가 알려오는 마우이 습관의 긍정적인 파급 효과를 들어보면 꽃씨가 바람에 날려 다른 곳에서 발아하듯이 마우이 습관은 성장하기보다 증식하는 게 분명해 보였다.

내가 처음으로 작은 습관을 기르기를 시작했을 때 나는 습관이 성장하면서 내 삶 전체가 바뀌는 것을 목격했다. 하지만 2011년 작은 습관 기르기를 다른 사람들과 공유하기 전까지는 작은 습관의 확장 효과가 보편적인 현상임을 깨닫지 못했다. 더 많은 사람과 이야기를 나누고, 데이터를 수집하면서 습관 확장의 뚜렷한 패턴을 알게 됐다.

"성공은 성공으로 이어진다." 너무나 유명한 이 말은 나도 연구를 통해 수없이 확인한 사실이다. 하지만 놀랄 만한 일은 따로 있다. 성공의 크기는 중요하지 않다. 설령 아주 작은 성공이라도 이뤄낸다면 곧바로 자신감이 커지고 다시 유사한 도전을 하려는 동기가 높아진다. 이를 성공 모멘텀success momentum이라고 부르자. **성공은 크기가 아니라 빈도에 의해 결정된다. 따라서 작은 습관 기르기에서는 작은 성공의 신속한 달성을 목표로 한다.**

내 연구 데이터에 따르면 작은 일에 성공한 경험이 많을수록 중대한 일에 성공할 가능성이 높았다. 이 발견이 처음에는 의아했다. 그러나 연구와 코칭을 거듭할수록 작은 습관이 위대한 변화로 확산되는 과정을 더 많이 목격하게 됐다. 개별적인 사례를 보지 않더라도 우리는 행동 모형에 근거해 그 과정을 들여다볼 수 있다.

사소한 선택이 결정적 차이를 만든다

우리는 살아가면서 여러 행동에 대해 상반된 동기를 갖는다. 하고 싶은 마음도 있고 하기 싫은 마음도 있다. 예컨대 우리는 일찍 일어나고 싶지만 한편 잠을 더 자고 싶기도 하다.

이같은 동기의 역동성을 설명하기 위해 춤추기를 예로 들어보자. 당신이 회사의 연말 파티에 참석했고 유명한 밴드가 좋아하는 노래를 연주하고 있다. 춤을 추는 사람이 거의 없었지만 당신의 마음 한구석에서 '어서 춤을 춰'라는 열정이 일어난다. '춤을 추면 재미있고 기분도 좋을 거고 어쩌면 멋진 사람으로 보일 수도 있지'라는 희망이 춤을 추도록 동기를 부여한다. 하지만 다른 한편으로는 두려운 마음도 있다. '나가서 춤을 추면 멍청해 보이고 동료들의 신뢰를 잃을지 몰라. 상사가 내 어설픈 모습을 보고 나를 승진시킬 생각을 재고할 수도 있어.' 희망과 두려움은 서로 대립하며, 두 요소의 합이 전반적인 동기 수준이 된다.

만약 두려움을 없앨 수 있다면 전체적인 동기 수준은 올라가고, 이는 춤추기를 행동 곡선 위로 이동시켜 당신이 무대로 나가게 만들 것이다.

두려움을 감소시키거나 제거할 몇 가지 방법이 있다. 사회적 상황

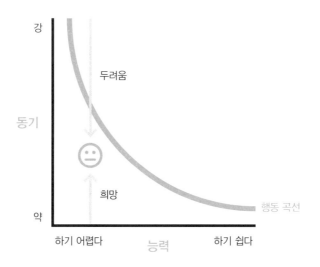

에서 불안을 누그러뜨릴 가장 흔한 방법은 술을 마시는 것이다. 술에 있는 알코올 성분은 우리 뇌를 마취시켜서 망신당할지 모른다는 두려움은 약화시키고 멋있어 보일 거라는 희망은 높여 준다. 그런데 모두 알다시피 회사 연말 파티에서 사용하기에 그리 현명한 방법이 아니다. 다른 방법들도 있다. 무대의 조명을 낮춰 두려움을 줄일 수 있다. 혹은 모두가 함께 할 수 있는 간단한 동작을 제안해 군무를 추는 방법도 있다. 혹은 다른 사람에게 먼저 춤을 추라고 권할 수도 있다. 내가 웰니스 전문가들을 위해 준비했던 콘퍼런스에서는 사람들이 춤추게 하려고 선글라스를 나눠줬다. 효과가 있었다(술보다 건강에 좋고 적절한 방법이기도 했다). 앞에서 열거한 방법들은 모두 사람들 앞에서 춤추는 것에 대한 두려움을 줄이는 방안들이다.

　사람들 앞에서 춤추기가 행동 곡선 위쪽에 놓이게 할 또다른 방법

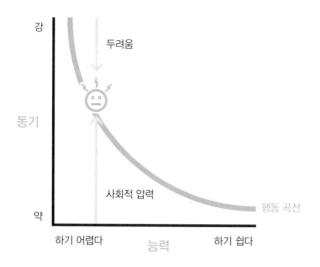

은 동기 요인을 강제적으로 높이는 것이다. 다만 이는 스트레스와 긴장도를 높이기 때문에 좋은 방법이 아니다. 예를 들어 친구들은 무대에 나가 있고 당신은 음료대 옆에 서 있다고 하자. 갑자기 친구들이 무대로 나오라고 손짓하며 당신 이름을 외쳐대기 시작한다. 당신은 고개를 젓는다. 그러자 실내에 있던 모든 사람이 당신 이름을 연호한다. 이는 분명 춤을 추도록 동기를 더 부여하겠지만, 이 동기 요인은 희망이 아니라 사회적 압력social pressure이다.

이때 상당한 두려움에도 불구하고 동기가 대폭 높아져(무대에 올라가지 않으면 사람들이 나를 어떻게 보겠는가!) 당신은 무대 위로 올라가게 된다. 이런 상황은 상충하는 동기 요인들이 일회성 행동에 어떻게 작용하는 잘 보여준다.

상충되는 동기의 역학은 일상적인 습관과 장기적인 변화에도 똑

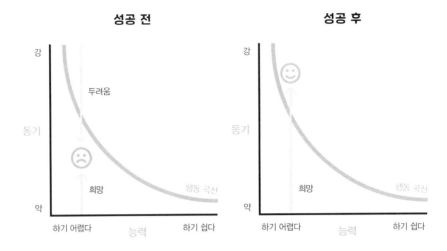

성공 전 / 성공 후

같이 적용된다. 따라서 장기적 변화를 원한다면 동기 감소 요인(두려움)을 줄이거나 제거해야 한다. 이는 자연적 동기 요인(주로는 희망)을 증가시켜 시간이 지나도 새로운 행동을 유지할 수 있게 한다.

상사가 당신에게 팀의 일일 업무회의를 이끌어보라고 했다. 이 제안은 경력에 도움이 되리라는 기대감과 두려움을 동시에 일으킨다. 상사는 주저하는 당신을 보고 회의를 주제하면 팀원 모두에게 점심을 사겠다는 인센티브를 제시한다. 어쨌건 당신은 회의를 진행하기로 한다.

어떤 행동을 처음으로 하는 순간은 습관 형성에 있어서 매우 중요한 영향을 미친다. 만약 당신이 회의 진행에 실패했다고 느낀다면 두려움이 강해져서 전반적 동기 수준이 낮아지고 더 이상 회의를 진행하고 싶어지지 않게 된다. 그러나 멋지게 회의를 진행해서 중요한 결정을 내리고 동료들의 찬사까지 받았다면, 두려움이라는 동기 감소 요인은 약해지거나 완전히 사라지게 된다. 대신 전반적인 동기 수준은 증가한다. 이제 회의 진행은 지속해서 행동 곡선 위쪽에 놓이게 된다. 이게 전부가 아니다. 두려움 같은 동기 감소 요인이 사라지면 더 위험하고 힘든 행동에 도전할 가능성이 열린다. 행동 모형은 동기 수준이 올라가면 더 힘든 행동을 할 수 있음을 보여준다. 회의 진행의 두려움이 없어진다면 상사로부터 회사 전체 회의를 진행해보라는 제안을 받았을 때 시간과 에너지, 정신적 노력이 더 요구되는 힘든 일이지만 희망이 훨씬 커졌기 때문에 승낙할 가능성이 크다.

작은 일이라도 성공의 경험을 하면 전반적인 동기 수준이 극적으로 증가하며, 동기 수준이 높을 때 더 힘든 행동을 할 수 있다. 핵심은 이것이다. 변화할 수 있는 최소한의 행동에서 시작하라. 성공했다고 느낄 수 있게 하라. 그런 다음 절차를 믿어라.

변화의 기술: 작은 습관 기르기 총정리

좋은 습관을 만들고 삶을 완전히 바꾸는 것을 신비롭고 마법 같은 일이라고 믿는 사람이 많다. 그렇지 않다. 이제 당신도 알다시피 작은 습관에서 시작해 위대한 변화를 이끄는 시스템(이 시스템을 변화의 기술이라고 부르자)은 존재한다. 그리고 그 시스템은 일련의 기술들의 집합이다. 기술은 연습하고 반복할수록 그 능력이 커진다. 처음부터 완벽할 수는 없다.

변화의 기술들을 정리하기 시작했을 때 나는 그것이 다섯 범주로 나뉜다는 사실을 발견하고, 각 범주의 기술들을 작은 습관 기르기 방식으로 설계했다. 이제야 밝히지만 내가 앞 장들에서 소개한 내용을 적용해보는 동안 이미 당신은 변화의 기술을 연습하고 습득했다.

변화의 기술을 익히는 것은 여타 기술을 숙달하는 과정과 비슷하다. 뛰어난 피아니스트가 되기 위해서는 악보를 읽고, 박자를 지키고, 선율을 나누고, 곡을 외우고, 능수능란하게 손가락을 움직여야 한다. 연습을 거듭할수록 연주에 대한 자신감과 역량, 유연성이 커진다. 하루아침에 능숙한 피아니스트가 될 수 없듯이 하루아침에 습관의 달인이 될 수는 없다. 하지만 연습을 거듭할수록 기술이 향상되는 것을 확인할 수 있다.

운전, 수영, 카드놀이, 외국어, 걷기 등 당신이 배웠던 여러 기술을 떠올려보라. 누구도 처음부터 완벽하지 않았으며 그러기를 기대하지도 않았을 것이다. 예컨대 교통량이 많은 고속도로에서 운전하기가 처음에는 어렵고 무서워도 나중에는 일상적인 일이 된다. 작은 습관 기르기를 익히고 변화의 기술을 체득하는 것 또한 그런 식으로 바라봐야 한다.

자, 이제 1~5장까지 살펴본 작은 습관 기르기를 완결된 습관 시스템이란 큰 그림(변화의 기술)으로 정리해보자. 단언컨대 이 기술을 연습하면 할수록 당신의 삶은 극적으로 변화할 것이다.

첫 번째 기술 – 행동 크래프팅

행동 크래프팅 Behavior Crafting**은 하고 싶은 습관을 선택하고 조정하는 선택의 기술이다.** 행동 크래프팅이라고 지칭하지는 않았지만, 앞에

서 우리는 이미 행동 크래프팅 기술을 배웠다. 아래 방법들이다.

- 다수의 행동 선택지를 찾는 법(2장)
- 열망으로 이끌어줄 적합한 행동을 찾는 법(2장)
- 행동을 더 쉽게 만드는 법(3장)

피아노를 잘 치려면 많은 곡을 연습할 필요가 있다. 그런데 어떤 곡을 연습하고 얼마나 연습한 뒤로 새로운 곡을 추가할지 어떻게 정할까? 당신은 난이도가 높은 쇼팽의 즉흥환상곡 올림 다단조를 선택해 이를 완벽히 연습한 후에 새로운 곡에 집중하기로 정할 수 있다(이는 대다수에게는 완전한 실패로 끝날 계획이다). 아니면 〈거미가 줄을 타고 올라갑니다〉 같은 간단하고 재미있는 동요를 매주 연습곡에 추가할 수 있다. 그 중간쯤을 선택할 수도 있다. 이런 선택을 효과적으로 하는 것이 행동 크래프팅이다. 한 번에 몇 가지 새로운 습관을 실천할지, 언제 새로운 습관을 추가할지 아는 것은 대체로 일단 시도해보고 무엇이 효과가 있는지 배우면서 깨닫게 된다.

다음은 행동 크래프팅을 위한 몇 가지 지침이다.

- **가장 관심이 가는 방식에 집중하라.** 지키기 쉬운 습관 여러 개를 가진 사람이 있다. 어떤 사람들은 좀더 기르기 힘든 습관을 좋아한다. 가장 재미있고 흥미로워 보이는 방식은 무엇인가? 그것이 당신이 따라야 할 방식이다. 어찌해야 좋을지 모르겠다면 하기 쉬운 세 가지 습관으로 시작하라. 작은 습관 기르기를 실천하는 사람 대부분이 그렇게 한다. 그리고 매달 새로운 습관 세 가지를 추가하라.
- **다양하게 시도하라.** 다양한 습관들로 시작할수록 더 빨리 변화의 기술들을 익힐 수 있다. 워킹화 신기처럼 스타터 단계부터 시작하는 습관 몇 가지를 시도하라. 이 하나만 치실질 하기처럼 축소된 습관도 선택하라. 운동 습관, 식습관, 생산성 습관 등 일반적인 주제를 갖고 습관들을 섞어도 좋다.
- **유연성을 유지하라.** 너무 엄격해서는 안 된다. 때에 따라 선호도와 필요는 변하기 마련이다. 오늘은 매일 아침 물구나무서기 연습을 목록에 넣어도 6주 후에는 물구나무서기에 관심이 없어질지 모른다. 상황에 따라 융통성을 발휘하고 새로운 습관을 추가할 여지를 남기라.

사리카는 처음 생활 습관을 정할 때 가스레인지 불 켜기(스타터 단계), 명상 방석에 앉아 세 번 심호흡하기, 화초에 물을 준 후 물 한 잔 마시기를 선택했다. 그의 더 큰 열망은 좀더 예측 가능한 생활을 함으로써 자신의 병을 통제하고 점차 건강한 생활을 해나가는 것이었다.

아침에 가스레인지 불만 켰던 사리카는 두어 주 만에 매일 아침을 든든히 만들어 먹고, 나중에는 세 끼 식사를 만들어 먹게 되었다. 전에는 불가능하다고 느꼈던 일이었다. 그렇게 되기까지 사리카는 가스레인지의 불을 켜는 것 이상의 많은 일을 해야만 했다. 그렇다면 어떻게 해냈을까? '습관을 추가할 때를 아는' 기술의 측면에서 그 과정을 분석해보자.

일단 가스레인지 불 켜기가 자동화되자 사리카는 물을 담은 냄비를 가스레인지에 올리는 습관 하나를 추가했다. 곧이어 다른 습관들도 빠르게 추가할 수 있었다. 찬장에서 쌀 꺼내기, 냉장고에서 우유 꺼내기, 선반에서 커피 꺼내기가 차례차례 추가됐다. 사리카는 요리에 빠져드는 동안 지저분한 주방에서 요리하기가 어렵다는 사실을 깨달았다. 전날 밤 포장해온 음식 상자와 조리 기구가 싱크대 위에 널려 있으면 아침을 해 먹으려 할 때 방해가 됐다. 그래서 아침에 요리할 공간이 확보되도록 전날 저녁에 가스레인지 바로 옆 싱크대 위를 치워놓는 습관을 추가했다(습관의 증식). 성공을 느껴보았던 덕택에 계속 나아가고 싶은 열망이 생겼다. 추가적인 저녁 습관도 바로 자리가 잡혔다. 그리고 어느 순간 사리카는 전날 밤 싱크대 전체를 정리해놓기 시작했다. 그다음에는 말끔한 주방에 들어설 때 너무 기분이 좋아서 모든 그릇을 설거지하고 싱크대까지 청소했다. 연속적인 습관화의 성공과 각 행동의 연계성이 처음의 작은 습관 레시피와 관련한 습관들을 빠르게 추가하도록 이끌었다.

사리카의 습관이 확장되는 과정을 보면 알 수 있듯이 습관을 추가할 적절한 때를 아는 기술에는 엄격한 규칙이 없다. 추가 과정은 아주 자연스러웠다. 힘들게 노력해야 하는 과정이 아니다. 그러므로 다양한 습관으로 시작하고(세 가지를 추천한다) 어떻게 되는지 지켜보라.

낙관적인 기분이 들고 앞으로 나아가는 자신을 발견한다면, 제대로 하고 있다는 것이다. 사리카는 이 경험을 조류를 타고 수영하기에 비유했다. 아침에 일어나 지저분한 주방을 보고, 아침을 거르고, 실망한 기분으로 하루를 시작했던 그는 변화의 과정이 얼마나 쉬운지 처음에는 믿지 않았다. 그러나 사리카는 어떤 힘이 자신을 붙들고 가는 느낌이 들었기 때문에 그냥 하고 싶은 대로 계속하기만 하면 됐다고 말했다.

두 번째 기술 – 자기통찰

다음은 자신의 선호도, 강점, 열망을 이해하는 기술이다. 앞에서 우리는 자기통찰과 관련된 다음 기술들을 논의했다.

- 자신의 열망 또는 원하는 결과 명확히 하기
- 자신에게 동기를 부여하는 요인 이해하기 – 진정으로 하고 싶은 것과 해야 한다고 생각하는 것의 차이 알기

여기서 '자신의/자신에게'라는 단어가 중요하다. 중요한 습관은 사람마다 다르기 때문이다. 아무리 사소하더라도 의미는 매우 큰 새로운 습관을 만드는 데 목표를 두어야 한다. 다음은 새로운 습관이

당신에게 의미가 있는지 예측하는 데 도움이 될 지침이다.

- **새로운 습관이 당신의 정체성을 지지한다.** 다정하고 감사할 줄 아는 사람이 되고 싶은가? 그렇다면 저녁 식사를 준비한 파트너에게 고맙다고 말하는 습관은 변화를 향해 나아가게 할 것이다.
- **새로운 습관이 중요한 열망에 도달하는 데 도움이 된다.** 워킹화를 신는 습관은 작고 대수롭지 않아 보이지만, 열망이 5킬로미터 달리기라면 절대 그렇지 않다.
- **새로운 습관은 사소하지만 큰 영향을 미친다.** 사리카의 가스레인지 불 켜기 습관은 사소했지만, 연쇄적인 변화를 가져왔다.

나는 매일 아침 출근할 때 물병에 정수기 물을 채워 나온다. 이는 '정수기에 물을 붓고' '정수된 물을 휴대용 물병에 따르고' '물병을 가지고 출근하는' 세 가지 습관이 모인 행동이다. 세 가지 모두 사소한 습관이고 다른 사람에게는 대수롭지 않아 보일 수 있지만 내게는 중요한 의미가 있다.

어느 정도는 내가 가르치는 스탠퍼드대학 학생들 때문에 나는 일회용 플라스틱병에 든 생수를 사 마시면 마음이 불편했다. 나는 자원을 낭비하는 사람이 되고 싶지 않았다. 그리고 학생들에게 지구의 미래에 무관심한 사람으로 보이고 싶지도 않았다. 이는 내 정체성이 걸린 문제였다. 내가 선택할 수 있는 행동을 탐색한 결과 해결책이 앞의 세 가지 습관이었다. 이 습관들을 기르기는 아주 쉬웠다. 그리고 해변의 쓰레기 줍기 같은 환경을 보호하는 행동을 무의식적으로 하게 되는 파급 효과도 있었다(지금은 하이킹을 갈 때 작은 쓰레기 봉지를 호주머니에 넣고 다닌다).

자기통찰 기술을 익히려면 다음과 같은 질문을 해야 한다. "내게 가장 의미 있는 습관은 무엇일까?" 지금 당장 만들 생각이 없는 습관이더라도 몇 가지 답을 적어두라. 더 많은 답을 생각해낼수록 이 기술을 잘 익히게 된다. 자기통찰 기술은 꼭 필요한 습관을 정하는 데 도움이 된다. 하지만 그게 다가 아니다. 이 기술을 습득하면 의미가 없는 습관들도 더 잘 식별해 시간 낭비를 줄일 수 있다.

만약 당신이 어떤 습관을 지키기 힘들다면 자기통찰 기술이 전면에 나설 때이다. 질이 싱크대 닦기 습관을 숙고했던 때를 기억하는가? 처음에 그녀는 이 습관을 지키기 힘들었다. 어쨌거나 겉으로 보기에 재미없고 지루한 습관이었으니까. 하지만 곰곰이 생각해본 결과 이 작은 행동이 화목한 가정과 돈독한 부부 관계라는 더 큰 열망과 관련이 있음을 깨달았다. 일단 열망과의 연관성을 찾아내자 그 습관을 지키는 데 필요한 의미가 생겼다.

자기통찰 기술은 '지키고 싶은 습관'과 '지켜야만 하는 습관'을 구분할 때도 유용하다. 때로는 습관의 의미를 드러냄으로써 지키고 싶은 습관으로 확고히 기울게 할 수 있다. 예를 들어 당신은 매 끼니 채소를 먹는 습관을 길러야 하지만 채소를 정말 싫어하고 어떻게 요리해야 맛있는지 모르겠다는 저항감이 들 수 있다. 하지만 마음 깊이 간직하고 있는 채소 섭취와 관련된 열망을 통찰한다면 채소 먹기 습관을 기르는 데 성공할 가능성이 더 커질 것이다.

반대로 채소 먹기가 아무런 의미가 없다고 깨달을 수도 있다. 채소 먹기 습관은 애당초 부모의 생각이었고 당신은 그것이 중요한 이유를 찾을 수 없다. 괜찮다. 이런 결론에 도달한다면 브로콜리 먹기 습관을 버리고 당신에게 중요한 다른 습관에 집중하자.

자기통찰을 실천함으로써 새로운 습관이 추구할 가치가 있는지 알아낼 수 있다. 만약 가치가 있다면 한 번 더 동기가 부여될 테니 잘된 일이다. 만약 가치가 없더라도 잘된 일이다. 더 의미가 있는 다른 습관을 위한 공간을 확보하게 됐으니 말이다.

세 번째 기술 – 진행

시간이 흐르면서 당신의 습관이 변하고, 당신이 변하고, 주변 세상도 변한다. 진행Process 기술은 습관을 강화하고 발전시키기 위해 삶의 역동성에 적용하는 데 중점을 둔다.

다음 기술은 이미 배운 것들이다.

• 문제 해결 방법
• 특정 습관이 효과가 없을 때 접근 방식을 수정하는 법

새로운 습관을 꾸준히 실천하다 보면 자연스럽게 그 이상을 추구하게 된다. 그때 안전지대의 경계가 어디까지이며 그 경계를 살짝 넘으면 어떤 느낌일지 알게 된다. 안전지대를 알면 습관을 약화시키는 고통이나 좌절을 피할 수 있다.

수쿠마르의 팔굽혀펴기 습관을 통해 이에 대해 알아보자. 그는 팔굽혀펴기를 2회에서 3회로 늘릴 때를 어떻게 알았을까? 그리고 어떻게 50회까지 늘릴 수 있었을까?

팔굽혀펴기 습관의 경우 근육의 통증과 가쁜 호흡 같은 신체적 신호 때문에 안전지대를 발견하기가 상당히 쉽다. 수쿠마르는 팔굽혀펴기 2회를 시작하면서 올바른 자세에 집중했다. 양치질 후 팔굽혀

퍼기 2회를 일주일 동안 했더니 2회를 가뿐하게 하면서 자세는 더 좋아졌다. 발전에 고무된 수쿠마르는 횟수를 늘리기로 했다. 그리고 실제로 횟수를 늘려 팔굽혀펴기를 계속했다.

수쿠마르는 안전지대를 발견하는 데 능숙해졌기 때문에 팔굽혀펴기 습관을 효과적으로 발전시켰다. 단, 무리하지 않았다. 이런 과정이 며칠, 몇 주에 걸쳐 반복됐다. 그가 팔굽혀펴기를 많이 하고 싶지 않을 때면 억지로 하지 않았다. 2회만 하고 습관을 유지한 것을 기쁘게 생각했다. 뒤로 물러나 기본만 할 때를 아는 것도 필요하다.

행동 설계 7단계

- 1단계   열망을 명확히 한다
- 2단계   행동 선택지를 탐색한다
- 3단계   자신에게 적합한 구체적인 행동을 찾는다
- 4단계   아주 작게 시작한다
- 5단계   적절한 자극을 준다
- 6단계   성공을 축하한다
- 7단계   반복하고 확대한다

이제 진행 기술을 우리의 행동 설계 7단계에 추가해보자.

안전지대의 경계는 직선이 아니다. 하락과 상승을 반복하는 주식

시장 그래프에 더 가깝다. 시간이 지나도 습관을 계속 지키면 안전지대의 경계가 영구히 확장된다. 하지만 지금은 현재의 안전지대 경계를 찾는 데 집중하자.

다음은 습관의 난이도를 조절할 때 도움이 되는 지침들이다.

- **작은 습관 이상을 하려고 자신을 압박하지 말라.** 아프거나, 피곤하거나, 그냥 기분이 내키지 않을 때는 그 습관을 최소한으로 축소하라. 그 이상을 원하면 언제든 기대치를 높일 수 있고, 필요할 때는 최소한도로 기대치를 낮출 수 있다. 융통성도 이 기술의 일부다.

- **그 이상을 원한다면 습관의 확장을 제한하지 말라.** 얼마나 많이, 얼마나 열심히 습관을 확대할지는 그때의 동기 수준을 따라라.

- **습관을 지나치게 확대했다면 더 힘껏 축하하라.** 습관의 확대를 위해 자신을 너무 밀어붙이면 고통과 좌절이 생길 수 있고, 습관이 약해질 수 있다. 만약 그런 일이 발생한다면(그럴 것이다) 더 힘껏 축하함으로써 부정적 기분을 상쇄할 수 있다.

- **감정적 신호를 통해 자신의 한계를 파악하도록 하라.** 좌절, 고통, 특히 회피는 습관에 문제가 생기고 있다는 신호다. 아마 습관의 난이도를 너무 많이, 너무 빨리 높였을 것이다. 반대로 습관이 지루해졌다면 난이도를 높일 필요가 있다.

네 번째 기술 – 상황

상황Context은 우리를 둘러싸고 있는 환경을 말한다. (나는 '상황'과 '환경'을 동의어로 사용한다.)

우리 누구도 습관의 진공 상태에서 살지 않는다. 인간을 포함한 환경은 우리가 인지하는 이상으로 습관에 영향을 미친다. 습관은 상당 부분 환경의 산물이므로 변화를 일으키고 유지하려면 상황 기술을 익히는 것이 필요하다.

우리는 앞에서 상황 기술의 일부, 더 구체적으로 말하면 도구와 자원과 관련된 기술을 다뤘다. 3장에서 건강에 좋은 음식을 먹으려 하지만 올바른 선택을 할 수 있도록 미리 계획을 세우는 걸 힘들어했던 몰리의 사례를 살펴보았다. 몰리는 슬기롭게 남자 친구를 자원으로 확보하고 습관을 더 잘 지킬 수 있게 해줄 요리 도구도 찾았다. 활용할 수 있는 기회를 알아보고 그 상황 전략들을 실행함으로써 그녀는 더 신속하게 건강한 식습관을 기를 수 있었다.

상황 기술은 지속적인 변화를 위해서 꼭 필요하다. 나는 웨이트와처스와 함께 일하는 동안 CEO에게 환경을 바꾸지 않고도 감량한 체중을 유지할 수 있는지 물어본 적이 있다. 그의 대답은 어땠을까? 절대 안 된다고 했다. 환경을 바꾸지 않으면 단기적으로 살을 빼더라도 결국 원점으로 돌아올 것이라는 게 그의 의견이었다. 나도 여기에 동의한다.

당신이 환경을 바꾸고 일상과 좋은 습관 사이의 마찰을 줄일 수 있게 안내해줄 질문이 두 가지 있다. 첫째는 "어떻게 하면 새로운 습관을 지키기 쉽게 만들 수 있는가?"다.

이것은 우리가 3장에서 논의했던 내용을 약간 변형한 질문이다. 여기서는 습관을 지키기 쉽게 축소하는 대신 습관을 둘러싼 상황에 초점을 맞춘다.

처음 치실을 열심히 사용하기로 했을 때 나는 욕실을 둘러보았다. 평소 나는 치실을 거울 뒤쪽 선반에 넣어두었다. 나는 어떻게 하면 치실 사용 습관을 쉽게 만들 수 있을지 생각했다. 해답은 아주 분명했다. 선반에서 치실을 꺼내 세면대 위의 칫솔 옆에 두었다. 이제 거기가 치실을 놓는 자리였다. 이 한 번의 행위는 치실질을 견고한 습관으로 만드는 데 큰 역할을 했다.

당신이 퇴근해서 집에 오자마자 오이를 먹는 습관을 지킨 지 일주일째라고 하자. 예전에는 곧장 콘칩을 먹고는 했으므로 오이가 저녁 식사 시간까지 군것질을 참게 해주기를 바라고 있다. 처음 며칠은 이 습관을 잘 지켰지만, 종종 오이 먹기를 거르고 식탁 위에 놓인 콘칩으로 손을 뻗었다. 문제 해결에 나서야 할 이때 "무엇이 이 새로운 습관을 지키기 어렵게 하는가?"라는 질문을 해보라.

그때 당신은 하루는 냉장고에서 오이를 찾을 수 없어서 오이 먹는 습관을 걸렀다는 사실을 깨닫는다. 15~20초쯤 냉장고를 뒤지다가 당신 말고는 냉장고를 청소하는 사람이 없냐고 구시렁댄다. 오이가 냉장고에 없다면 콘칩에 손을 댈 핑계가 생긴다. 또 어떤 날은 오이는 찾았지만 썰려 있지 않았다. 피곤해서 오이를 씻고 자를 기분이 아니었다. 그래서 다시 콘칩을 먹었다. 이제 습관의 재설계로 이 문제를 해결해 보자.

- 전날 밤에 오이를 씻어서 썰어놓는 습관을 만든다(지속적 습관).
- 당신 오이에 손대지 말라고 모두에게 말한다(일회성 행동).
- 오이를 즉시 찾을 수 있게 냉장고를 정리한다(주 1회 습관).

습관과 함께 환경을 재설계하면 저항이 줄어들고 습관이 쉽게 행동 곡선 위로 이동한다. 어떤 환경 재설계는 한 번으로 끝난다. 가족들에게 당신 오이에 손대지 말라고 말하거나 치실을 세면대 근처에 놓아두는 것이 그런 예다.

한 가지 습관을 만드는 과정에서 환경에 대처할 다른 습관을 기를 수도 있다. 사리카는 어질러진 싱크대가 아침 해 먹기 습관에 방해가 된다는 사실을 알아챘다. 그는 설계의 결함을 인정하고 전날 밤 싱크대를 치워놓는 다른 습관으로 문제를 해결했다. 새로운 습관을 수용할 수 있게 의식적으로 그리고 신중하게 환경을 설계하다 보면 마침

내 모든 일상이 편해진다.

환경의 재설계에 도움이 될 몇 가지 지침은 다음과 같다.

- 새로운 습관을 설계할 때 환경도 재설계해 습관을 쉽게 지킬 수 있게 하라.
- 새로운 습관을 실천하기 시작할 때 환경을 조정하고 필요하면 습관을 지키기가 더 쉽도록 재설계하라.
- **전통에 의문을 가지라.** 누가 비타민은 주방에, 치실은 욕실에 두어야 한다고 했는가? 비타민을 컴퓨터 옆에 두어야 할 수도 있다. 혹은 TV 리모컨 옆에 치실을 둘 때 치실 사용 습관을 지키기가 가장 쉬울 수도 있다. 당신은 순응주의자가 아니다. 자신에게 가장 효과적인 방법을 찾으라.
- **필요한 장비에 투자하라.** 비가 오고 추운 날에도 학교까지 11킬로미터를 자전거로 가고 싶다고 가정하자. 비와 추위 속에서 자전거를 타도 덜 힘들게 해줄 장비를 구입해 동기 감소 요인들을 제거하도록 설계하자.

지금까지 나는 시스템과 원칙에 초점을 두었다. 이 책은 특정 결과를 가져올 특정 습관을 처방하는 게 아니라 절차를 알려주고 있다. 하지만 잠시 방침을 바꿔 더 건강한 식습관에 도움이 될 기법에 대해서 이야기해보겠다.

이 책의 독자 일부는 체중 감량과 유지를 원하리라고 생각하므로 (또는 그런 가족이나 친구가 있을 것이므로) 내가 지난 10년간 가장 효과를 본 체중 감량 해결책을 소개한다. 나는 이 기법을 **슈퍼냉장고** SuperFridge라고 부른다.

체중 감량은 주로 식생활을 통해 통제할 수 있다. 운동은 여러모로 유익하지만 체중 감량의 핵심은 식생활에 달렸다. 음식에 시간과 에너지를 집중하는 것이 체중 감량의 성공 여부를 좌우한다. 하지만 의지에 의존하는 식생활 개선은 잘못된 접근법이다. 우리는 그 이유를 이미 알고 있다. 상충하는 동기들이 너무 많아서 오랫동안 지속하기가 거의 불가능하기 때문이다. 유감스럽게도 현대 사회의 음식 환경은 건강한 식생활이라는 우리의 열망과는 반대로 작용한다. 직장에서, 여행 중에, 외식할 때 선택할 수 있는 건강식이 너무 적다. 너무 많은 요소가 우리를 방해한다. 그게 현실이다.

이제 내 의견을 밝히자면 식생활을 바꿀 현실적인 방안은 음식 환경, 특히 집에 있는 냉장고 안을 다시 설계하는 것이다. 냉장고의 재설계 덕택에 나는 체중을 15퍼센트 이상을 감량했고 수년째 이상적인 체중을 유지하고 있다.

다음은 슈퍼냉장고로 생활하는 방법이다. 냉장고 문을 열면 바로 먹을 수 있는 음식으로 채워진 유리 용기가 여러 개 보인다. 브로콜리를 미리 씻고 썰어서 용기에 넣어둔다. 콜리플라워, 셀러리, 파프리카, 양파도 마찬가지다. 조리된 퀴노아가 담긴 용기도 있다. 간단히 간식으로 먹을 수 있는 신선한 과일과 삶은 달걀도 보인다. 플레인 요거트와 절인 양배추, 겨자 같은 양념도 있다. 그림이 그려질 것이다.

지금도 내 슈퍼냉장고는 참으로 잘 정돈되어 있다. 하지만 중요한 건 그게 아니다. 나는 건강한 음식 선택지들을 곧바로 볼 수 있도록 냉장고를 설계했다. 식습관 계획에 어긋나는 음식은 냉장고에 없기 때문에 냉장고에 든 어떤 음식이든 아무 때나 원하는 만큼 먹을 수 있다. 슈퍼냉장고가 제 역할을 다할 수 있게 매주 장을 보고 준비하는 데 시간을 투자한다. 일요일마다 슈퍼냉장고를 다시 채우는 일을 끝내고 나면 〈리얼 심플〉 잡지에 나오는 사진 같아서 잠시 감상하고는 한다. 아름답다!

그 아름다움을 깨뜨리고 싶지 않은 마음 때문에 다음 단계가 약간 어려울 수도 있다. 하지만 이 부분이 핵심이다. 준비해둔 훌륭한 음식을 그 주에 전부 먹어야 한다. 하나라도 버리면 안 된다. 가능한 모든 용기를 비워야 한다.

매주 슈퍼냉장고를 다시 채우기 위해 시간과 노력을 들여야 하지만 투자한 만큼 바로 보상을 받는다. 간단한 점심이 필요하면 몇 가지만 꺼내면 해결된다. 저녁 식사 준비도 몇 분이면 된다. 간식이 먹고 싶으면 언제든 (한밤중이라도) 슈퍼냉장고를 열어 꺼내 먹으면 된다. 그래도 여전히 배가 고프면? 다시 슈퍼냉장고를 열고 다른 먹을거리를 찾는다. 모두 건강에 좋은 음식들이다. 배고픔은 없다. 의지를 발휘할 필요도 없다.

환경 재설계는 재미있게 할 수 있고 그 이점은 즉각 나타난다. 시간이 흐르면서 당신은 이 기술을 별다른 고민 없이 적용하게 될 것이다.

다섯 번째 기술 - 마인드세트

마지막 다섯 번째 기술은 마인드세트 기술Mindset Skill이다. 여기에는

변화에 대한 접근법과 태도뿐 아니라 주변 세계에 대한 인식과 해석이 포함된다. 마인드세트 기술도 앞에서 배웠다.

- 개방적인 마음과 유연성, 호기심을 갖고 변화에 접근하기
- 기대치 낮추기
- 아무리 작은 성공도 축하하며 기뻐하기
- 변화의 과정을 신뢰하고 인내하기

나는 작은 습관을 기르기 시작하는 사람들로부터 "저는 나름의 방식이 있는 사람이에요." "저는 쉽게 변하는 사람이 아닙니다." 또는 "어떤 방법도 제게는 효과가 없습니다"라는 이야기를 자주 듣는다. 하지만 그들 중 다수가 프로그램을 시작한 지 닷새만 지나도 말을 바꾼다. "믿기지 않지만 제가 틀렸어요. 저도 바뀔 수 있는 사람이

었어요." "저도 끝까지 해낼 수 있는 사람이란 걸 알았어요."

이런 말을 자꾸 듣다 보니 5일간의 프로그램 마지막 순서로 "작은 습관 프로그램에 참여한 후에 나는 자신을 _____ 사람으로 본다"라는 문장을 완성하는 평가 과정을 집어넣었다.

평가 과정 자료를 수집하면서 사람들이 습관을 만드는 데 능숙해지면 자아 정체성 개념이 달라진다는 사실을 알게 됐다. 자신을 이러저러한 사람이라고 생각하면서 작은 습관 프로그램에 참여했던 사람들이 5일 후에는 새로운 정체성을 수용하기 시작했다.

첸나이 출신의 팔굽혀펴기 왕, 수쿠마르에게 묻는다면 정체성은 그의 퍼즐의 핵심 부분이었다고 말할 것이다. 작은 습관 프로그램을 시작하기 전 그는 자신이 운동을 좋아하지 않는 사람, 건강한 음식을 먹는 데 관심이 없는 사람, 잠을 잘 자지 못하는 사람이라고 여겼다. 이는 바꿀 수 없는 특성이며 자신은 그냥 그런 사람이라고 믿었다. 하지만 그가 처음으로 엎드려서 팔굽혀펴기를 2회 했을 때 그는 자신의 내면을 들여다보기 위한 첫걸음을 내디뎠다.

자신의 정체성과 일치하는 방식으로 행동하려는 충동은 모든 인간에게 뿌리 깊이 박혀 있다. 집단이 위협에 직면하면 예측할 수 없는 구성원은 집단에 위험 인자가 된다. 그래서 집단은 그런 사람을 배척하게 된다. 진화의 측면에서 이 행동에는 타당한 이유가 있다. 음식, 공간 및 다른 자원이 집단의 단결과 협동에 달려 있을 때 개인의 행동을 확실하게 예측하는 것이 중요하다. 자신의 생명이 그의 행동에 달려 있기 때문이다. 사회적 존재인 우리는 설령 이를 의식하지 못하더라도 대개 집단의 특정 정체성과 일치하도록 행동한다.

팔굽혀펴기를 시작했을 때 수쿠마르는 체력과 정신력을 키웠다. 이를 통해 그는 운동에 성공했다고 느꼈다. 헬스장에서도 어색한 느낌이 덜 들었다. 예전에는 다른 운동 기구를 시도하기가 불편했고 '벤치프레스를 써볼 체력이 될까?' '몇 번밖에 못하면 창피하지 않을까?' 등 끊임없이 자신을 의심했다.

플랭크 동작과 팔굽혀펴기를 실험해보고 좋은 결과를 얻은 후 수쿠마르의 정체성은 바뀌었다. 그는 체력을 기르는 법을 이해하고 자신도 할 수 있다고 믿게 됐다. 헬스장에 더 자주 갔고 그런 사실이 기분이 좋았다. 심지어 전에는 시도하기도 부담스러웠던 그룹 운동 강습에 놀라울 정도로 재미를 붙였다. 스핀 수업에서는 친구까지 사귀었다.

그래서 어떻게 됐을까? 당연히 좋은 습관이 성장하고 확장했다. 하지만 이 모든 변화는 그가 새로운 정체성을 받아들였기에 가능했다. 그는 자신이 운동을 못하는 사람이라는 고정관념을 떨쳐버렸다. 작은 습관으로 성공을 느껴본 덕택에 자신을 새롭게 보게 되었다.

정체성의 변화는 변화의 촉진제다. 한두 가지 습관이 아니라 여러 연관 행동들을 기르게 해주기 때문이다. 대부분의 열망이 두 가지 이상의 습관 변화를 요구하므로 이는 중요하다. 새로운 습관이 모여서 당신을 원하는 지점에 도달하게 해줄 것이다. 체력 단련, 수면, 스트레스 관리 영역은 특히 그렇다.

맥도날드에 자주 다니는 사람과 농산물 직판장에서 장을 보는 사람은 전반적으로 다른 식습관을 가진다. 농산물 직판장에서 장을 보는 사람처럼 식사하기 시작한다면 뇌는 그 정체성에 일치하는 방향으로 인도해 호박씨를 넣은 샐러드가 더는 이상하게 들리지 않게 된다. 정체성을 바꾸면 당신이 생각지도 못했던 다른 새로운 습관들도 채택하게 되어 열망에 더 가까워진다.

한 영역의 정체성 변화를 받아들이면 다른 영역의 변화까지 촉진된다. 수쿠마르는 운동의 습관화에 성공하자 자신이 건강한 음식을 먹는 사람이 아니라는 생각에 과감히 도전해 건강 상태가 전반적으로 좋아진 자신과 더 일치하는 식습관을 설계하기 시작했다. 그는 매끼 식사량을 줄였고 백미에서 현미로 바꾸는 등 식단에 변화를 주었다. 이 역시 정체성의 변화를 가져왔다. 건강에 좋은 음식을 먹을수록 건강식을 먹고 싶어졌다. 예전에는 단것이 당긴다는 말을 하고는 했지만 몇 개월째 작은 습관 기르기를 실천하면서 더는 그런 말을 하지 않게 됐다. 여기서 놀라운 점은 그가 설탕을 끊으려고 작정하지 않았다는 것이다. 단것을 찾지 않는 건 그가 의도적으로 달성한 변화에서 파급된 효과였다.

그는 또한 자신이 옷을 못 입는 사람이라고 생각했지만, 배가 들어가자 쇼핑이 훨씬 즐겁고 고무적인 경험임을 깨닫게 됐다. 이제는 거울을 보면 자신이 꽤 근사해 보인다.

수쿠마르는 너무나 견고해 보였던 자신에 대한 부정적 생각들, 그에게 고통과 좌절을 안겼던 정체성에 의문을 가졌다. 절대 바뀔 것 같지 않던 부분을 바꿀 수 있었다면 자신이 원하는 무엇이든 바꿀 수 있겠다고 추론했다. 역량 강화와 낙관주의야말로 수쿠마르에게 생긴 진정한 변화였다.

- 당신이 갖고 싶은 하나 또는 둘 이상의 정체성을 담아 "나는 _____ 유형의 사람이다"라는 문장을 완성하라.
- **새롭게 부상한 자신의 정체성과 관련된 사람, 제품, 서비스가 모이는 행사에 참석하라.** 나는 발효식품을 먹겠다고 결정했을 때 내가 사는 지역의 발효식품 축제에 갔다. 거기서 나보다 경험이 많은 열렬한 발효식품 지지자들을 만났다. 새로운 제품들도 알게 됐다. 전문가가 양배추 절임 만드는 법을 보여주는 워크숍에도 참석했다. 식품 발효기도 샀다. 나는 발효식품을 먹고 만들기까지 하는 사람이라는 정체성을 강화해서 집으로 돌아왔다.
- **용어를 배우라. 전문가들을 알아보라. 당신이 관심이 있는 변화 영역과 관련이 있는 영화를 보라.** 나는 서핑을 배우는 동안 파도를 묘사하는 용어들을 찾아보고 사용하기 시작했다. 대규모 서핑 행사에 관심을 두었고 가장 뛰어난 서퍼들의 비디오를 봤다. 조류의 변화를 읽는 법을 배우고 주요 지형지물로 밀물인지 썰물인지 확인하는 법도 배웠다. 마우이 앞바다에는 현지인들이 용이라고 부르는 화산 지형이 있다. 그 용을 바라보면 조류 상태를 알 수 있다. 용의 목이 드러나면 썰물이다. 머리만 보이면 밀물이다.
- **티셔츠는 당신의 정체성을 선언하는 좋은 방법이다.** 나이키는 러너runner라고 쓰인 티셔츠를 판매한다. 나는 서프보드나 서핑 장면이 찍힌 티셔츠를 입는다. 나는 일 년에 100번 이상 서핑을 하므로 서퍼인 척하는 느낌은 없다. 서퍼라는 정체성을 드러내는 옷을 착용하는 것이 자연스럽다.

- **소셜미디어 페이지를 업데이트하라.** 최근에 생긴 당신의 정체성을 전달하는 새 프로필 사진을 올려라. (그리고 사람들의 반응을 살펴라.) 온라인 약력을 수정하라. 새로운 정체성과 관련된 내용을 포스팅하라.
- **다른 사람을 가르치거나 롤 모델이 되어 당신의 새로운 정체성에 활기를 불어넣으라.** 사회적 역할의 힘은 강하다.

큰 발전을 이루기 위해 모든 변화의 기술을 한꺼번에 배울 필요는 없다. 모든 기술을 익힐 필요는 더더욱 없다(그러기를 바라기는 하지만). 그러나 변화의 기술을 많이 익힐수록 더 큰 자신감과 융통성을 갖고 효율적으로 삶의 발전과 변화를 이루게 될 것이다.

변화에 관한 사연과 지침을 읽는 것도 도움이 된다. 하지만 거기서 멈추지 말자. 글로 춤을 배울 수는 없다. 설명서로 운전을 배우지

못한다. 당신이 이 책을 읽고 있어서 매우 기쁘기는 하지만 그와 더불어 일상생활에 이 책이 가진 통찰력을 적용하기 바란다. 당신이 배웠던 다른 기술처럼 변화의 기술도 연습할 수 있다. 실수를 하겠지만 괜찮다.

행동 변화가 기술이라는 건 습관에 관한 새로운 접근방식이다. 이런 접근방식은 자전거 타기나 수영, 컴퓨터 사용법을 배울 때처럼 변화도 기술을 익히면 가능하다는 자신감을 줄 것이다. 처음에는 약간 휘청거릴 수 있겠지만 계속 나아간다면 해낼 수 있다.

작은 변화의 일부는 성장하고 일부는 증식한다. 그 과정에서 성공을 느끼면 정체성이 바뀐다. 그리고 이를 통해 작은 변화에서 혁신적 변화로 옮겨가게 된다.

내가 예측하건대 당신은 예상보다 빨리 성공할 것이다.

1. 이미 숙달한 기술에서 배우기

이 훈련을 통해 다른 기술을 배웠던 방식을 변화의 기술을 배우는 데 연관 지어보기 바란다.

1단계 운전, 프랑스어 회화, 포토샵 활용 등 자신이 배웠던 기술을 5가지 이상 열거하라.

2단계 그 기술들을 배우기 위해 무엇을 했는지 적어본다. 수업 등록하기, 쉬운 일로 시작하기, 매일 연습하기 등이 예가 될 것이다. (5분 이상 생각해보고 메모할 것을 제안한다.)

3단계 자신의 메모를 훑어보고 변화의 기술을 배우기 위해 그중 어떤 기술을 사용할지 생각해보라.

2. 행동 크래프팅 기술 훈련

행동 크래프팅 기술 중 하나는 한꺼번에 몇 가지 습관을 만들어갈지 아는 것이다. 한 번에 여러 습관을 만들 수 있는 능력이 있는지 알아볼 방편으로 한꺼번에 6가지 습관 기르기를 시도해보자.

1단계 지금까지 이 책에서 배운 내용을 활용해 6가지 새로운 습관 레시피를 작성한다.

2단계 카드 한 장당 레시피 하나를 적는다. 또는 TinyHabits.com/recipecards에 있는 양식에 적는다.

3단계 각 레시피의 행동은 사소한 것이어야 한다. 만약 사소한 행동이 아니라면 더 작은 행동으로 축소하라.

4단계 각 레시피의 앵커는 구체적이어야 한다.

5단계 6가지 새로운 습관을 일주일 동안 실천하고, 필요하면 수정하고 예행연습을 한다. (새로운 습관이 마음에 들지 않는다면 그 습관을 버리고 다른 습관을 추가하라.)

6단계 일주일 후 자신과 작은 습관 기르기 방법에 대해 무엇을 배웠는지 고찰해본다. 그런 후에 가장 좋아하는 새로운 습관은 유지하고 다른 습관은 서서히 사라지게 하라.

3. 상황 기술의 연습

당신이 원하는 변화를 뒷받침하도록 환경을 다시 설계하는 상황 기술을 연습하자.

1단계 행동 크래프팅 훈련에서 작성한 새로운 습관 레시피 각각을 살펴보라.

2단계 각 습관의 실천이 쉬워지도록 환경을 다시 설계할 방법을 찾아보라.

4. 진행 기술의 연습

진행 기술에서 중요한 건 새로운 습관을 예행연습하고 매번 축하하는 것이다.

1단계 직접 만든 6가지 작은 습관 레시피를 살펴본다.

2단계 각각의 앵커 행동과 새로운 습관을 실행한다.

3단계 새로운 습관을 실천하는 동안 또는 직후에 축하한다.

4단계 이 행동 순서대로 7~10차례 반복한다.

5단계 습관의 예행연습을 너무 이상하게 여기지 않도록 노력한다. 최고의 스포츠 경기, 비즈니스 프레젠테이션 등은 연습에서 나온 것임을 기억하라. 행동 변화에서도 연습은 최고의 성과를 얻을 수 있는 방법이다.

5. 마인드세트 기술의 연습

마인드세트 기술에서 중요한 건 아주 작은 행동만 해도 만족하는 것이다. 이 한 개만 치실질 하거나 팔굽혀펴기를 2회만 해도 괜찮다.

1단계 당신이 규칙적으로 지킬 새로운 습관을 고른다. (그런 습관이 없다면 치실 사용을 선택하라.)

2단계 다음에 그 새로운 습관을 실천할 때 의도적으로 최소한으로 한다. 그 이상을 하고 싶은 유혹을 뿌리치도록 하라.

3단계 의도적으로 최소한의 행동에 머물고 그 점을 개의치 않는 자신에게 축하를 보낸다.

4단계 정말로 작은 변화도 좋다는 마인드세트를 가질 수 있도록 이 연습문제를 최소 3일 동안 반복한다. (습관을 계획만큼 지키지 못해도 개의치 않아야 한다. 습관을 꾸준히 지키는 건 매우 잘하고 있으니 말이다.)

6. 자기통찰 기술의 연습

자기통찰 기술에서 중요한 건 삶에 가장 큰 의미가 있는 가장 작은 변화를 찾는 것이다. 이 문제가 내가 제시한 연습문제 중 가장 어려울 것이다. 그래서 마지막 문제로 남겨두었다.

1단계 좋은 엄마 되기, 기부하기 등, 당신에게 정말 중요한 삶의 영역 하나를 적는다.

2단계 그 영역에서 중요한 의미가 있고 당신이 할 수 있는 가장 간단한 일회성 행동들을 3분 동안 생각해본다. 목록을 만든다.

3단계 2단계를 반복하되 이번에는 그 영역에서 당신에게 가장 의미가 있는 가장 사소한 새로운 습관을 생각해본다. 목록을 만든다.

가산점 2단계와 3단계에서 작성한 항목 중 실천하고 싶은 것들을 정한다.

7장

굿바이!
나쁜 습관

단것을 좋아하는 주니는 가나로 출장 갔을 때 아침 7시부터 아이스크림을 파는 곳을 찾으러 다녔다. 그녀의 동료는 지금 아프리카에 와 있음을 상기시킨 후 대체 왜 아이스크림을 아침으로 먹으려 하는지 물었다. "나는 성인이고 먹고 싶은 건 뭐든 먹을 수 있으니까요"라는 게 그녀의 답변이었다.

지금은 주니가 그 이야기를 할 때면 믿을 수 없다는 듯이 고개를 흔든다. 진짜 무슨 일이 일어나고 있는지 깨닫기까지 어떻게 그렇게 오래 걸렸을까? 아이스크림이 아침 식사였을 뿐 아니라 점심은 더블 캐러멜 마키아토, 휴식 시간의 간식은 양파 맛 콘칩, 저녁은 또 아이스크림이었다.

설탕 과다 섭취 습관에 대한 주니의 완강한 부정과 자기 합리화는 지금 돌이켜보면 놀랍지만, 그녀는 설탕 중독 외에는 거의 모든 일에서 절제력이 대단히 강했다. 주니는 성공한 라디오 진행자였으며 달리기광이었다. 작은 습관 프로그램에 처음 등록했을 때 그녀는 시카고 마라톤 참가를 목표로 했다. 수업 초반에 주니는 기록을 단축할 코어 근육을 강화하는 몇 가지 새로운 습관을 만들었다. 새로운 작은 습관이 효과가 있자 직장에서의 생산성 향상과 관련된 다른 습관을 기르기 시작했고 심지어 단것에 대한 갈구를 저지할 건강한 식습관 까지 몇 가지 채택했다.

그러다 2015년 주니의 어머니가 세상을 떠났다. 딸인 주니처럼 집중력과 추진력이 강했던 어머니는 당뇨 합병증으로 사망했다. 주니는 앨라배마로 날아가 큰언니와 함께 장례를 치렀다. 겨우 19살인 막내까지 육 남매는 어머니의 죽음 앞에 망연자실했고 주니에게 크게 의지했다. 깊은 슬픔에도 불구하고 주니는 그들을 위해 강해지려 했다. 하지만 힘에 부쳤다. 그래서 집으로 돌아왔을 때 뭐가 필요하냐는 남편의 질문에 이렇게 대답했다. "배스킨라빈스의 버블검 아이스크림이 필요해."

어머니의 장례식 후 주니는 바로 바쁜 생활로 복귀했다. 직장 일에 두 아이와 가정까지 돌봐야 했다. 11살이 된 아들의 요구도 나날이 늘어갔다. 돌이켜보면 그녀가 어떻게든 하루하루를 살아내려고 애쓰는 동안 어머니를 잃은 상실감은 늘 뒷전으로 미뤄뒀던 듯했다. 자신의 슬픔과 마주하는 대신 주니는 쿠키 아이스크림과 케이크로 슬픔을 달랬고, 이는 어김없이 설탕에 무너지고야 마는 자신에 대한 실망으로 이어졌다.

결국 설탕은 주니도 더 이상 부인할 수 없을 정도로 그녀의 삶을 파괴하기 시작했다. 살이 찌면서 달리기가 힘들어졌고 직장에서는 초조하고 몽롱한 모습을 보였다. 라디오 토크쇼 진행자인 그녀는 질문에 즉각 답변을 내놓고 방송 중에 걸려온 청취자의 엉뚱한 이야기에도 잘 대응해야 했다. 그러나 당분을 잔뜩 섭취하면 기운이 났지만 동시에 정신이 산란하고 집중할 수 없어서 라디오 진행이 점점 힘들어졌다.

주니는 설탕 중독에서 벗어나기 위해 다시 행동 설계 훈련을 받으러 왔다. 프로그램을 마칠 때쯤엔 훈련 방법을 자신의 웰빙에도 적용할 수 있겠다는 생각이 들었다. 활기를 되찾은 주니는 서재 벽에 종이를 붙이고 마커를 꺼냈다. 그녀는 생활 영역별로 열망을 한 가지씩 정한 다음 행동군을 탐색하고 포커스 맵을 그렸다. 마지막 빈칸에는 설탕 섭취 중지라고 쓰고 큰 동그라미를 쳤다. 그리고서 뒤로 물러서서 심호흡을 했다.

바로 이거였다. 설탕 끊기는 그녀가 할 수 있는 가장 변혁적 행동이었다. 하지만 그녀 인생에서 가장 힘든 도전이기도 했다.

주니는 행동 설계와 작은 습관에 대해 배울 때 나쁜 습관 없애기에 대해서는 듣지 못했다. 그녀는 새로운 습관을 기르는 법만 배웠다. 하지만 절제력이 뛰어나고 똑똑하고 대담한 주니는 행동 모형을 역설계하면 나쁜 행동을 제거할 수 있으리라는 생각이 들었다.

주니는 저녁 식사로 아이스크림을 먹는 나쁜 습관을 행동 모형에 대입해 그 행동이 행동 곡선의 한참 위에 놓이게 하는 동기, 능력, 자극의 역학을 파악했다. 그녀는 단것을 먹도록 자극하는 요인이 피로와 슬픔임을 깨달았다. 긴장을 유지하기 위해서도 당분의 힘을 빌렸다. 긴장이 풀리고 나면 어머니가 그리웠고 이는 다시 폭식으로 이어졌다.

설탕 괴물과 맞붙기 위해 주니는 집에서 달콤한 간식거리를 몰아내기로 했다. 그녀는 아이스크림 대신 프레첼(매듭 모양의 짭짤한 비스킷 - 옮긴이)을 먹으려 했으며, 차에 비상용 간식으로 무설탕 스낵을 챙겨놓았다. 어머니 생각으로 슬플 때는 케이크를 먹는 대신 포켓몬 고 게임을 하기로 했다.

궁극적으로 주니에게 효과가 있었던 방법은 슬픔이라는 자극을 근원부터 달랜 것이었다. 그녀는 일기 쓰기와 소셜미디어로 친구와 연락하기 등, 긍정적인 습관 몇 가지를 만들었다. 이는 슬픔을 억누르는 대신 어머니의 죽음을 드러내고 애도하게 해주었다. 건강하게 슬픔을 극복해갈수록 긍정적인 습관을 실천하려는 동기가 강해졌다. 주니는 단것을 먹지 않고 보내는 시간을 늘려가면서 작은 성공을 축하할 기회를 엿보았다. 처음에는 설탕 없이 한 끼를 해결할 수 있었다. 다음으로는 근무 시간에 설탕의 도움 없이도 몇 시간 동안 버틸 수 있었다. 모두 별것 아닌 일처럼 보였지만 주니는 기대치를 낮춰야 한다는 것을 알고 있었다. 그리고 그걸 해낸 순간에 승리감을 느꼈다.

성공의 감정을 활용하는 것이 얼마나 중요한지 알게 되자 주니는 설탕 없이 하루를 보냈을 때마다 자축했다. 항상 완벽하지는 못했지만, 일주일 동안 달콤한 간식 없이 지낼 때까지 축하 기법을 계속 썼다. 종종 쿠키 아이스크림의 유혹에 넘어가더라도 자신을 심하게 나무라지 않았다. "그럴 수도 있지!" 대신 나약해지는 순간을 피해갈 방안들을 생각해냈고, 시행착오를 통해 자신에게 효과가 있는 방법과 없는 방법을 찾아내는 동안 계속 자신에게 연민을 갖고 성공을 축하했다.

작은 성공이 빠르게 합해지면서 주니의 다면적 접근법은 성과를 올리기 시작했다. 이제 그녀는 단것을 먹을지 말지 선택할 수 있을

듯한 느낌이 들었다. 과거에는 설탕 중독에 붙잡혀 있었지만 이제 그런 상태를 바꿀 수 있다고 믿었다. 3월에 행동 설계 훈련을 마친 주니는 5월 말에 이메일로 자신이 해냈다고 알려왔다. 주니는 드디어 설탕에서 해방됐다.

만들 수 있다면 없앨 수도 있다

주니가 행동 설계와 작은 습관 프로그램을 통해 배운 기술을 활용해 설탕 탐닉 습관을 끊었다고 말했을 때 나는 그녀가 자랑스러웠다. 또한 작은 습관 프로그램을 나쁜 습관을 없앨 방법으로도 더 널리 알려야겠다고 생각했다.

사실 나는 오랫동안 행동 설계를 통해 나의 나쁜 습관들을 없애왔지만, 외부적으로는 주로 좋은 습관을 만드는 법만 소개해왔다. 나쁜 습관을 다루는 데 망설인 데는 이유가 있다. 나는 중독 전문가가 아닌데 나쁜 습관에 관한 주제는 곧바로 약물 중독과 강박적 행동으로 넘어갈 때가 많았기 때문이다. 나는 치료사의 역할을 맡고 싶지 않았다. 또한 작은 습관 기르기가 심각한 중독에 대한 근원적 해답은 아니었다. 하지만 심각한 중독이 아니라면 작은 습관 프로그램으로 나쁜 습관을 없앨 수 있다.

습관의 세 가지 종류
습관은 세 범주로 분류할 수 있다. 여기서 습관은 '모든 습관'을 가리킨다. 좋은 습관이든 나쁜 습관이든 상관이 없다.

먼저 오르막 습관Uphill Habit은 계속 주의를 기울여야 유지되고 그렇지 않으면 쉽게 중단될 수 있는 습관으로, 알람이 울리면 바로 기상하기, 헬스장 가기, 매일 명상하기를 예로 들 수 있다. 내리막 습관Downhill Habit은 유지하기는 쉽지만 중지하기는 어려운 습관으로, 알람 다시 울림 버튼 누르기, 욕설하기, 유튜브 보기 등이 그 예다. 자유낙하 습관Freefall Habit은 약물 중독처럼 전문가의 도움이라는 안전망 없이는 중지하기가 극히 어려운 습관이다.

이 중에서 나는 내리막 습관을 없애는 데 도움을 주기 위해 **행동 변화 마스터플랜**이라는 시스템을 만들었다. 이 시스템도 행동 모형을 기반으로 한다. B=MAP는 새로운 습관의 설계뿐 아니라 일상을 방해하는 습관을 멈추는 데도 기본 틀이 된다. 다만 지금까지는 습관을 정착하는 방법에 초점을 두었다면 여기서는 나쁜 습관을 없애는 방법들을 이야기할 것이다(능력 요소의 감소). 이를 위해 효과적인 자극을 주는 대신 자극을 제거할 방법을 찾을 것이다. 동기를 강화하려고 노력하는 대신 원치 않는 습관을 고수하려는 동기를 줄일 방법을 소개할 것이다.

행동 변화 마스터플랜으로 넘어가기 전에 우리가 나쁜 습관을 어떻게 바라보도록 배웠는지 잠시 생각해보자.

긍정적인 습관과 마찬가지로 나쁜 습관도 바꾸기 쉬운 것부터 바꾸기 힘든 것까지 연속 선상에 존재한다. 바꾸기 힘든 습관 쪽으로 갈수록 어떤 표현을 듣게 되는지 주목하라. 우리는 흔히 '나쁜 습관의 타파'나 '중독과의 싸움'이라는 표현을 쓴다. 원치 않는 행동은 마치 온 힘을 다해 물리쳐야 할 사악한 악당인 것만 같다. 하지만 이런 식의 표현을 (그리고 거기서 파생된 접근법을) 동원해 문제를 규정하는 것은 유용하지도, 효과적이지도 않다. 특히 '나쁜 습관의 타파'라는 말을 쓰지 않기를 권한다. 이 표현은 사람들을 그릇된 길로 인도한다. '타파'라는 단어는 나쁜 습관을 없애는 데 잘못된 기대를 하게 만든다. 한순간에 큰 힘을 투입하면 습관이 사라질 거라고 암시한다. 하지만 그런 경우는 거의 없다. 애초에 단 한 번의 노력으로 습관을 없앨 수는 없다.

나는 타파라는 말 대신 다른 단어 또는 다른 비유를 사용하기를 제안한다. 곳곳에 매듭이 지어지고 뒤엉킨 밧줄을 상상해보라. 스트레스, 지나친 휴대전화 사용, 할 일 미루기 같은 원치 않는 습관은 그렇게 비유해야만 한다. 밧줄의 매듭을 한꺼번에 풀 수는 없다. 밧줄을 잡아당겨봐야 더 엉키기만 할 뿐이다. 그보다는 차근차근 밧줄을 풀어야 한다. 그리고 처음부터 가장 풀기 힘든 부분에 집중하면 안된다. 가장 단단히 엉킨 부분은 매듭 깊숙이 있기 때문이다. 그러므로 가장 풀기 쉬운 매듭부터 찾아서 체계적으로 풀어가야 한다.

주니는 설탕 과다 섭취 습관이 가진 매듭의 엉킨 부분을 모두 열거했다. 그런 다음 가장 접근하기 쉬운 부분부터 다뤘다. 그녀는 하루만 저녁 식사 후 디저트를 먹지 않기로 했고, 그런 다음에는 이틀 동안 참았다. 그다음에는 휴게실에 아이스크림을 쌓아놓는 습관을 없앴다. 최종적으로는 집 냉장고에서 아이스크림을 없애는 단계로 발전했다. 매듭을 풀어나가는 과정은 곧 가속이 붙었다. 예전에는 단 것 없이 슬픔을 달랜다는 생각만 해도 두려웠는데 이제 그런 생각을 한다고 공황 상태가 되지는 않았다. 하루 저녁을 디저트 없이 보내는 데 성공하면서 자신이 생각보다 강하다는 사실을 알게 됐다. 그건 중요한 깨달음이었다.

뒤엉킨 부분이 어떻게 연결되어 있는지 파악했다는 점 역시 중요했다. 그때부터 상황이 빠르게 변하기 시작했다. 만약 주니가 나쁜 습관을 깨뜨린다는 통념에 따라 도넛 대신 곧바로 셀러리를 먹으려 했다면 오래지 않아 포기했을 것이다. 의지만으로 어떤 일을 하기는 힘들며, 힘든 일을 지속하기는 대개 불가능하기 때문이다.

나쁜 습관은 깊은 수치심과 죄책감을 동반한다. 왜 그럴까? 많은 문화권에서 개인적 책임을 중시하기 때문이다. 즉 옳은 행동을 하지 못하면 나약한 자신을 탓해야 한다고 배워왔기 때문이다. 이는 행동 변화에 도움이 되지 않는 환원적인 사고방식이다. 동시에 우리 마음에 깊이 뿌리박힌 고정관념이기도 하다.

가장 먼저 기억해야 할 사실은 이것이다. 당신이 습관을 타파하라는 잘못된 조언을 따랐다가 실패했다면 그건 당신 잘못이 아니다. 잘못된 사고방식을 받아들여 좌절과 실패의 악순환으로 이어질 수밖에 없는 방식으로 문제에 접근했기 때문이지 당신 탓이 아니다.

더 똑똑하고 더 나은 방법으로 당신이 원하는 변화를 설계할 수 있다. 이 장을 쓴 이유도 그 때문이다. 먼저 나쁜 습관의 구성 요소가 좋은 습관과 근본적으로 다르지 않다는 사실을 받아들이자. 나쁜 습관도 행동이다. 그리고 행동은 항상 동기, 능력, 자극이 동시에 합해져서 생긴 결과다.

나쁜 습관 없애기 3단계

===========

원치 않은 습관을 멈추기 위한 행동 변화 마스터플랜은 3단계로 구성되어 있다.

먼저 긍정적인 새 습관을 만든다. 그런 다음 예전 습관과 관련된 특정 행동을 멈추는 데 집중한다. 행동을 멈출 수 없다면 예전 습관을 새로운 습관으로 대체하는 3단계로 넘어간다.

각 단계에는 세부 단계들이 있다. 그 세부 단계들은 부록에 순서도로 그려놓았다. (너무 상세한 내용이라 여기서는 생략했다.)

1단계: 새로운 습관 형성에 집중한다

반가운 소식이 있다. 이 책을 읽고 작은 습관 기르기를 실천함으로써 당신은 이미 원치 않은 습관을 중지하는 길로 들어섰다. 행동 변화 마스터플랜의 1단계는 새로운 좋은 습관 만들기이다. 먼저 새로운 습관 만들기에 집중함으로써 변화의 기술을 익히고 자신이 변할 수 있다는 증거도 확인할 수 있다. 이는 삶에서 원치 않는 습관을 풀어낼 힘을 얻게 해준다.

변화의 기술

주니의 새로운 습관 중에서 설탕 중독에 직접 초점을 맞춘 것이 몇 가지나 되는지 기억하는가? 하나도 없었다.

주니는 감정적으로 부담이 없는 습관들을 실천함으로써 변화의 기술을 연마했다. 새로운 습관은 위협적이지 않고 안전했다. 그 덕분

행동 변화 마스터플랜

에 그녀는 감정적 방해 없이 변화의 기술을 익힐 수 있었다.

당신이 수년 동안 체중 문제로 고민해왔다고 가정하자. 어쩌면 뚱뚱하다고 놀림도 받았을 것이다. 어쩌면 병원에 갈 때마다 의사에게 지적을 받고 기분이 나빴을 것이다. 그래서 체중 감량이 당신의 최우선 관심사라고 생각할지 모른다.

그러나 내가 1단계에서 주장하는 접근 방식은 조금 다르다. 체중 감량이든 뭐든 당신에게 고통을 초래하는 문제는 일단 제쳐두자. 그보다는 다른 영역의 습관에 집중하자. 정리정돈이든 인간관계든 창의성이든 체중과 관련이 없는 습관부터 만들라.

먼저 변화의 기술을 기르고 변화 과정 자체에 숙달되어야 한다. 1단계에서는 자신의 강점을 기반으로 하는 습관 만들기에 집중한다. 그것이 빠른 성공을 거둘 방법이며, 이를 통해 앞으로 필요한 핵심 기술과 통찰을 추가해 변화의 기술을 가장 잘 배우게 될 방법이다.

정체성 변화

긍정적인 변화를 이루다 보면 당신은 당신이 되고 싶은 사람에 가까워진다. 변화에 성공했다고 느낀다면 자연히 자신을 달리 보게 되고 새로운 정체성을 수용하기 시작한다. 6장에서 우리는 어떻게 정체성 변화가 더 많은 긍정적 습관으로 이어지는지 이야기했다. 정체성이 변화하면 원치 않는 행동을 몰아내는 부수적 효과도 얻을 수 있다.

수쿠마르가 운동과 관련된 습관을 점점 늘리면서 사라진 나쁜 습관들이 있었다. 이제 그는 엘리베이터 대신 계단으로 다닌다. 자신을 '운동하는 사람'으로 생각하기 때문이다. 저녁 시간의 TV 시청은 가끔 즐기는 일로 바뀌었다. 대신 친구와 라켓볼을 치거나 아내와 함께 개를 데리고 산책을 하며 저녁 시간을 보낸다. 수쿠마르가 처음부터 나쁜 습관들을 없애려고 계획했던 건 아니었다. 여러 가지 긍정적인 습관이 몸에 배면서 새로운 정체성을 받아들이자 일상이 대폭 바뀌었고 나쁜 습관이 더는 거기에 맞지 않게 되었을 뿐이다.

좋은 습관을 당신 삶에 더해서 원치 않는 습관이 사라졌다면 여기서 멈출 수 있다. 하지만 아무리 잘 가꾼 정원에도 잡초는 올라오므로 이야기를 이어가기로 하자.

1단계를 준비 단계로 보면 유용하다. 준비라는 단어가 지루하고 따분하게 들린다는 건 알고 있다. 하지만 기분 좋은 새로운 습관을 골라서 성공할 때마다 축하한다면 이 단계가 즐거울 수 있다. 새로운 습관, 새로운 기술, 새로운 정체성은 2단계를 실행하는 힘이 된다. 2단계에서는 얽힌 매듭을 직시하고 전략을 설계할 것이기 때문이다.

2단계: 나쁜 습관 멈추기

지금까지 습관을 만드는 방법에 대해 설명했지만, 습관에서 벗어날 방법 역시 설계할 수 있다. 이때도 행동 모형이 토대가 된다. 행동 모형의 3요소 중 하나를 바꾸면 행동을 멈출 수 있다. 동기나 능력을 줄이거나 자극을 제거하면 된다. 그런 상태를 장기간 유지하면 악성 습관도 멈출 수 있다. 쉬울 것 같은가? 쉽기도 하고 어렵기도 하다.

'날마다 운동하기'나 '새벽 5시에 일어나기' 같은 오르막 습관은 약간의 설계만으로도 쉽게 그만둘 수 있다. 하지만 오르막 습관을 그만두려고 이 책을 읽는 건 아닐 것이다. 건강과 행복을 해치는 내리막 습관을 고치려면 보다 세심한 설계가 필요하다.

습관을 고치려면 구체적이어야 한다

나쁜 습관을 그만두려 할 때 흔히 저지르는 실수는 '직장에서 스트레스받지 않기' 또는 '정크 푸드 먹지 않기' 같은 추상적인 목표를 세우고 동기를 부여하려 하는 것이다. 두 가지 모두 구체적인 목표 같지만 그렇지 않다. 이런 추상적 목표를 나는 일반적 습관General Habit이라고 부른다. 만약 일반적 습관 고치기에 집중한다면 별다른 진전이 없을 것이다. 한꺼번에 모든 매듭을 풀려고 하면 풀지 못하는 것과 같다. 진전이 있으려면 특정 매듭에 집중할 필요가 있다. 그건 집중할 구체적인 습관을 찾아야 한다는 뜻이다. 이때 행동군 모형이 도움이 된다.

당신이 그만두고 싶은 일반적 습관을 구름 모양 안에 적어보자.

내가 그만두고 싶은 습관은…

(일반적 습관)

그런 다음 구름 모양 주위의 상자 안에 일반적 습관을 구성하는 구체적인 습관을 열거하라. 이해를 돕기 위해 정크 푸드를 너무 많이 먹는 일반적 습관을 예시해두었다(278쪽 참고).

왜 이 단계가 중요한가?

일반적 습관에만 치중한다면 좌절감을 느끼고 주눅이 들게 된다. 결국 지금 당장은 시간이 없으니 나중에 하겠다고 회피하게 될 가능성이 높다. 하지만 일반적 습관과 관련된 구체적인 습관들을 찾아내면 나쁜 습관의 해결이 좀더 감당할 만하게 느껴질 것이다.

원치 않는 습관을 멈추기 위해 이 절차를 처음으로 썼을 때 나는 집에서 물건을 제자리에 두지 않는 일반적 습관을 초래하는 구체적인 행동을 15가지 이상 열거할 수 있었다. 집에서 정리를 잘 안 하는 습관과 관련된 구체적인 습관을 여럿 열거한 후 나는 자책감이 들었다. '정말? 그렇게 너저분했어?'

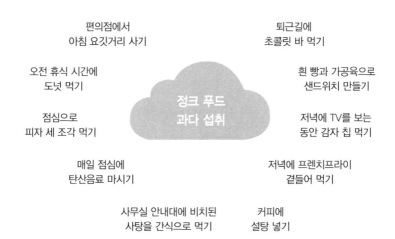

이 절차를 시도한 대다수 사람들이 나처럼 나쁜 습관의 실체를 직면하고는 우울한 기분에 빠져들었다. 그러나 걱정마시라. 암울한 기분은 곧 호전된다. 정돈을 안 하는 구체적인 습관들을 살펴보는 동안 나는 빠르고 쉽게 해결할 수 있는 몇 가지 방안을 찾아냈다. 우선 스웨터를 서랍장 위에 올려놓는 행동과 주방 싱크대 위에 책을 쌓아두는 행동을 중단할 수 있었다. 그러면서 침울한 기분이 사라졌다.

계획을 세우자 통제력을 되찾은 듯했다. 사실 꽤 낙관하게 되었다. 당신도 그럴 거라고 기대해도 된다. 작은 성공을 거두면 (더 이상 서랍장 위에 스웨터를 놓지 않게 되면) 더 심하게 엉킨 매듭을 마주할 수 있을 것이다.

그래서 이 말을 해주고 싶다. 풀어야 할 구체적인 습관들이 여럿 보일 때 거기서 중단하지 말라. 압도당하지도 말라. 계속 나아가라.

매듭 하나를 골라 삶에서 사라지도록 설계하라. 그럼 제일 먼저 어떤 습관을 골라야 할까?

이에 대한 해답은 너무나 중요해서 세 번 반복해 들려주고자 한다. 가장 쉬운 습관을 고르라. 자신이 할 수 있다고 가장 확신하는 습관을 고르라. 대수롭지 않게 여겨지는 습관을 고르라.

사람들은 흔히 가장 힘들고 까다로운 습관부터 해결하려는 유혹을 느끼지만 잘못된 접근이다. 그건 마치 큰 매듭 깊숙이 가장 단단히 얽힌 부분부터 풀려는 것과 같다. 그보다는 중단하기가 가장 쉬운 구체적인 습관으로 시작하라.

구체적 습관을 하나 이상 골라 풀어도 된다. 선택은 당신 몫이지만 어떤 결정을 하든 너무 큰 부담을 갖지는 말자. 지금은 변화의 기술을 연습하고 배워가는 중임을 기억하자. 기술과 추진력이 늘 때까지 고치기 힘든 습관은 남겨두라. 요령과 자신감을 얻으면서 점점 매듭을 풀기가 쉬워질 것이다.

행동 변화 마스터플랜 1, 2단계는 앞서 설명했던 행동 설계 과정을 반영하고 있다. 행동의 중지를 위해 지금은 반대로 이야기하고 있다는 점만 제외하면 말이다. 그렇다. 우리는 지금 습관을 역설계하고 있다. 문제 해결을 위해 이미 존재하는 습관을 파악하려 한다는 뜻이다. 습관의 시작이든 중지든 두 상황 모두 (추상적이지 않고) 구체적인 행동을 찾아야 한다. 멈추고 싶은 구체적인 습관(B=MAP에서 B)을 선택했다면 다음 단계로 넘어가라. 동기, 능력, 자극을 제거한다면 습관을 멈출 수 있음을 기억하자. 내 연구에 따르면 이 과정에서 최적의 순서가 있다. 시작은 자극이다. 그리고 그것이 행동 변화 마스터플랜의 다음 단계다.

차단, 회피, 무시

자극을 차단하려면 자극의 제거, 자극의 회피 또는 자극의 무시, 세
가지 방법을 쓸 수 있다.

자극의 제거
자극의 제거는 원치 않는 습관을 멈추기 위해 선택할 수 있는 가장 간
단한 방법이다. 자극을 제거하는 가장 좋은 방법은 환경의 재설계다.

　근무 중에는 소셜미디어를 확인하는 습관을 그만두고 싶다고 하
자. 그러려면 휴대전화를 끄거나 비행기 탑승 모드로 하거나 소셜미
디어 앱의 알림 기능을 끄면 된다. 이 중 어떤 방법이든 상황 자극을
제거해준다. 이 단 한 번의 행동으로 바로 나쁜 습관에서 해방될 수
있다. 이때 작은 습관 레시피는 다음과 같은 형태가 될 것이다. "출
근해 자리에 앉은 후에 소셜미디어 앱의 알림 기능을 끌 것이다." 또
휴대전화에서 소셜미디어 앱을 삭제할 수도 있다. 이런 일회성 행동
은 대체로 매일 해야 하는 행동보다 효과적이다. 한 번으로 끝나고
습관을 들일 필요가 없기 때문이다.

자극의 회피
나쁜 습관을 촉발하는 자극을 제거할 수 없다면 회피를 시도해보자.

작은 습관 레시피

출근해

자리에 앉은

후에

앵커 설정Anchor Moment
작은 행동(새로운 습관)을
실행하도록 상기시킬 생활
속 기존 일과

소셜미디어 앱의

알림 기능을 끌

것이다

작은 행동Tiny Behavior
대단히 작고 대단히 쉽게
축소한 자신이 원하는 새
로운 습관

뇌에 습관을 각인
시키기 위해 즉시

축하Celebration
내면에 긍정적인 감정(뿌듯
함)을 불러일으키기 위한
행동

아침 커피와 함께 달콤한 페이스트리까지 집어드는 습관을 그만두고 싶다면 커피숍 방문을 중단하고 집에서 커피를 만들어 가자. 자극을 회피할 방법으로는 다음과 같은 것들이 있다.

- 자극을 받게 될 장소에 가지 않는다.
- 자극할 사람들과 함께하지 않는다.
- 사람들이 당신 주위에 자극을 두지 못하게 한다.
- 당신을 자극하는 미디어를 피한다.

내 작은 습관 레시피 하나가 식당에서 식전 빵을 너무 많이 먹는 일을 어떻게 막아줬는지 기억할 것이다. 웨이터가 다가오면 나는

"빵은 됐습니다"라고 말한다. 그 방법으로 나는 상황을 통제하고 식탁 위의 빵 바구니라는 자극을 피할 수 있다.

하지만 자극을 받는 모든 상황을 피할 수는 없다. 당신이 페이스트리를 파는 커피숍에서 일하거나 당신을 자극하는 사람이 상사라서 피할 수 없다면 어떻게 할까?

자극의 무시

마지막 선택지는 자극의 무시다. 하지만 이는 의지에 의존하므로 효과가 제한적이다. 행동 곡선 위쪽에 오는(즉, 동기와 능력이 충분한) 습관을 촉발하는 자극을 무시하려면 그를 뛰어넘는 의지력을 발휘해야 한다.

파티에서 술을 한두 차례는 거부할 수 있다. 하지만 사람들이 계속 술을 권하고 (당신도 한잔하고 싶다면) 결국에는 굴복하고 만다. 이는 거절의 행동이 의지에 의존하고 있기 때문이다. 불안할 때는 특히 더 그렇다. 어느 날 아침 건강에 좋은 아침 식사를 하고 나오지 못했다고 하자. 공복으로 회의 시간을 견뎌내지 못할 것 같으면 커피숍에서 블루베리 머핀을 집어들 것이다. 또는 불안한 순간 소셜미디어로 도피하고 싶은 충동이 급증할 것이다. 그러니 자극의 무시는 권장할 만한 해결책이 아니다.

자극에 대처하는 세 가지 방법 중 어느 하나라도 당신에게 효과가 있다면 정말 잘된 일이다. 특정 습관을 없애도록 재설계할 가장 간단한 해결책을 찾은 셈이다. 축하한다!

하지만 자극을 제거, 회피 또는 무시하지 못했다면 어떻게 할까?

당신 삶에서 자극을 없애도록 설계할 수 없을 때는 행동 모형의 다음 구성 요소로 넘어가야 한다.

능력 체인을 끊어라

3장에서 능력 체인 모형의 다섯 요소인 시간, 돈, 신체적 노력, 정신적 노력, 일상에 대해 알아보았다. 우리는 능력 체인을 활용해 새로운 습관을 하기 쉽게 만들었다. 그러나 이제 능력 체인을 약화시키거나 끊어서 습관을 하기 힘들게 만들려 한다. 다섯 고리 각각을 어떻게 재설계할 수 있을지 알아보자.

1. 습관에 요구되는 시간을 늘린다

나쁜 습관의 실행에 더 많은 시간이 걸리도록 환경을 바꾼다면 그 습관이 나타날 가능성을 줄일 수 있다. 당신이 그만두고 싶은 일반적 습관이 '설탕이 많이 든 간식 먹기'라고 하자. 그렇다면 행동군을 탐

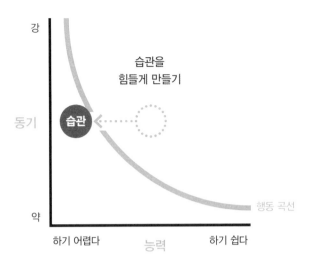

강

동기

습관을
힘들게 만들기

습관 ◁┈┈┈ ⭕

약

행동 곡선

하기 어렵다   능력   하기 쉽다

색한 다음 중지할 구체적인 습관으로 '저녁에 TV를 보는 동안 아이
스크림 먹기'를 선정했다.

이때 자극은 내부에서 발생하므로 제거할 수는 없다. '지금 아이
스크림을 먹으면 참 맛있겠다'는 내면의 목소리가 들려온다. 그리고
단것을 좋아하는 입맛이 대부분의 경우 의지를 이기기 때문에 내면
의 자극을 무시할 수 없다. 그렇다면 다음 방법은 무엇일까?

한 가지 선택지는 집 안의 아이스크림을 모두 버리는 것이다(환경
의 재설계). 약 15년 전 나는 냉동고에 아이스크림을 넣어두지 않기로
결심했다. 당신도 집에서 이런 방침을 정할 수 있다. 그러면 새로운
넷플릭스 시리즈를 몰아 보면서 내면의 유혹이 들려도 숟가락과 아
이스크림 통을 집어들 수 없다. 그래도 먹고 싶다면 신발을 신고, 차
를 타고, 가게로 가서, 먹고 싶은 아이스크림을 찾아서 산 다음에 집

으로 돌아와야만 한다. 시간이 너무 걸린다. 이상적인 시나리오라면 걸리는 시간을 생각하고 "너무 번거롭네. 그냥 봐야겠다"고 말할 것이다. 이런 재설계는 저녁에 아이스크림을 먹는 습관을 감소 또는 제거할 수 있다.

2. 습관에 요구되는 돈을 늘린다

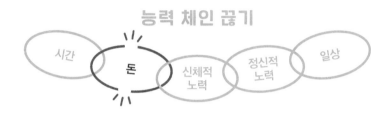

능력 체인 끊기

시간 / 돈 / 신체적 노력 / 정신적 노력 / 일상

"이 습관에 들어가는 비용을 어떻게 늘릴 수 있는가?" 능력 체인의 다음 고리는 돈이다.

일상에서 나쁜 습관을 없애려고 설계할 때는 이 방법이 약간 까다로울 수 있다. 아이스크림을 먹었다고 스스로 10달러 벌금을 청구하지는 않을 테니 말이다. 그렇다 해도 습관에 요구되는 비용을 높일 방법은 고려해볼 만하다.

다른 사람의 습관 변화를 설계한다면 돈은 성공 가능성이 높은 선택지이다. 아이들의 게임 시간을 줄이고 싶다면 게임을 한 시간 할 때마다 5달러를 내게 할 수 있다. 직원들이 탄산음료를 너무 많이 마시지 않기를 바란다면 자동판매기의 음료수 가격을 올릴 수 있다.

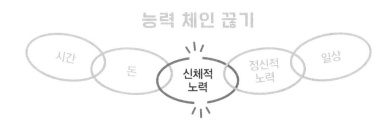

캘리포니아에 있는 우리 집 사무실에는 책상 의자가 없다. 온종일 앉아 있기 힘들도록 내가 의도적으로 의자를 없앴기 때문이다. 사무실에 앉아 있을 수는 있다. 금지 행동은 아니다. 하지만 다른 방에 가서 의자를 끌고 와야 한다. 번거롭다. 그래서 나는 대체로 서서 일한다.

마우이에 있는 우리 집에서는 TV를 보기가 쉽지 않다. TV가 한 대 있기는 하지만 창고에 있다. 그 또한 의도한 것이다. TV를 보려면 창고에서 꺼내 거실로 들고 와서 케이블에 연결해야만 한다.

내가 20대에 했던 방법도 써볼 만하다. 석사 학위를 따려고 대학원에 진학했을 때 여동생 킴이 나와 함께 이사를 했다. 나는 TV가 없었지만 킴이 가지고 왔다. 나는 둘 중 하나라도 TV를 너무 많이 보기를 원치 않았고, TV 소리가 요란한 가운데 공부한다는 것을 상상할 수 없었다. 그래서 중고 실내 자전거를 사서 공대생 친구에게 돈을 주고 자전거 페달을 돌릴 때만 TV가 켜지도록 개조해달라고 했다. 우리는 65달러를 들여 자전거 TV라는 해결책을 얻었다. TV를 보고 싶다면 둘 중 하나가 자전거를 타야 했다. 페달 밟기를 멈추면 TV가

꺼졌다. 이 자전거 TV는 기대했던 이상으로 효과가 있었다. 우리는 TV를 적게 보았을 뿐 아니라 몸매도 좋아졌다.

능력 체인 중에서 신체적 노력은 나쁜 습관을 그만두기 위해 내가 가장 애용하는 고리다. 능력의 재설계는 의욕이 넘치고 유혹을 느끼지 않을 때 하는 게 좋다. 그러면 기분이 바뀌어 아이스크림이나 TV 시청, 와인을 원할 때 그 습관을 하기가 더 힘들어졌음을 깨닫고 그런 수고를 할 가치가 없다고 생각하게 될 것이다.

4. 정신적 노력이 더 요구되게 만든다

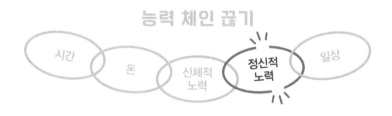

능력 체인 중에서 정신적 노력은 나쁜 습관을 없애는 데 가장 효과적인 고리다. 이는 최대한 에너지를 아끼도록 진화한 인간의 본성을 공략한다.

만약 당신이 SNS의 비밀번호를 1Lik3be1ng0uT51de(I like being outside)처럼 복잡하게 설정한다면 피드를 보거나 포스팅을 하려 할 때마다 기이하고 긴 문자 조합을 입력해야 한다. 아무 생각 없이 하는 행동이 습관이 되므로 복잡한 암호처럼 집중을 요구하게 만들면 습관을 중지하거나 그 빈도를 줄이는 해결책이 될 수 있다.

능력 체인의 마지막 고리는 일상이다. 이는 다섯 요소 중 가장 미묘하며, 적용하기 가장 힘든 요소다. 하지만 고려해볼 가치는 있다.

새벽 서핑은 내게 중요한 습관이 되었다. 이제 그건 내 정체성의 일부다. 새로운 서핑 일과는 나의 예전 습관 몇 가지를 따르기 힘들게 만들었다. 새벽에 초롱초롱한 정신으로 파도와 맞설 준비를 해야 하기 때문이다. 그래서 저녁을 일찍 먹기 시작했다. 스크린의 청색광을 피했고 잠자리에도 일찍 들었다. 이 모두는 건강에 좋지 않은 저녁 습관들과 상충하는 아침 일과를 설계함으로써 생긴 변화였다.

지금까지 우리는 원치 않는 구체적인 습관을 중지하기 위해 자극과 능력을 바꾸는 데 초점을 맞췄다. 그러나 자극과 능력의 재설계로도 벗어날 수 없는 습관에 갇혀 있다면? 할 수 있는 일은 더 있다.

마지막 수단, 동기 조절

많은 사람이 나쁜 습관을 없애려 할 때 동기를 바꿔보려는 노력부터 한다. 대부분 이런 노력은 실패한다. 왜 그럴까? 내리막 습관에서 동기 수준을 조절하기란 생각보다 어렵다. (자유낙하 습관의 경우 거의 불가능하다.) 자극이나 능력에 집중함으로써 문제를 해결할 수 있다면 동기는 건드리지 않는 게 좋다. 이전 단계에서 나쁜 습관이 해결되지 않았을 때만 동기의 조절을 시도하자.

첫 번째 선택지: 동기를 낮춰 습관을 멈춘다

직장에서 스트레스를 받아서 저녁에 술을 너무 많이 마신다고 하자. 이 경우 저녁에 술을 마시고 싶은 동기가 강해지지 않도록 낮에 일어나는 일들을 바꿀 수 있다. 퇴근하기 전에 정서적 균형을 되찾기 위해 명상하거나 퇴근해서 집으로 오는 길에 차분한 음악을 들으며 스트레스를 줄여 나중에 술을 많이 마시고 싶은 동기를 낮출 수도 있다. 다음은 습관에 대한 동기를 낮출 수 있는 다양한 행동들의 예다.

- 일찍 잠자리에 들면 알람 다시 울림 버튼을 누르려는 동기를 감소시킬 수 있다.
- 니코틴 패치를 붙이면 흡연 동기를 감소시킬 수 있다.
- 파티에 가기 전에 건강에 좋은 음식을 먹으면 파티에서 건강에 해로운 음식을 먹으려는 충동을 줄일 수 있다.

• 일주일에 한 번 침을 맞으면 진통제를 복용하려는 동기를 감소시킬 수 있다.

내 제자인 트리스탄 해리스가 사람들에게 무분별한 과학기술의 사용을 중단하라고 촉구하며 권장하는 방법들은 동기를 감소시키는 예로 참고할만하다. 그중 한 가지 방법은 휴대전화 화면을 흑백으로 바꾸는 것이다. 그의 가설에 따르면 화면의 색상이 강렬하지 않으면 인터넷 밈internet meme(인터넷을 통해 급속히 퍼진 이미지, 동영상, 해시태그, 유행어 등 - 옮긴이)이나 소셜미디어 포스트가 덜 흥미로워지고 뇌에도 동기 부여가 덜 된다고 한다.

두 번째 선택지: 동기 감소 요인을 도입해 습관을 멈춘다

두 번째 방법은 동기 감소 요인의 도입이다. 나는 이 방법을 그리 지지하지 않는다. 득보다 실이 많다. 다음은 동기 감소 요인을 도입해 전반적 동기 수준을 낮출 수 있는 행동 예다.

• 다시는 술을 먹지 않겠다는 약속을 페이스북에 올린다.
• 다시 담배를 피운다면 부패한 정치인에게 1천 달러를 후원하겠다고 약속한다.
• 계속해서 밤새 게임을 한다면 삶이 얼마나 비참할지 상상한다.

이 조치들은 행동의 근본 원인을 다루지 않는다. 나쁜 습관의 실행을 멈추게 할 수 있는 상반된 동기를 추가할 뿐이다. 이럴 때 긴장

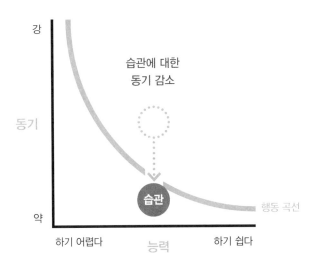

강

습관에 대한
동기 감소

동기

습관

약

행동 곡선

하기 어렵다   능력   하기 쉽다

과 스트레스가 발생하면서 실패로 이어질 때가 많다.

칼로리 섭취를 줄이고 싶다고 '멈춰! 넌 뚱뚱해'라는 쪽지를 냉장
고에 붙인다면 동기는 확실히 감소시키겠지만 사기 또한 꺾인다. 우
리는 부정적 감정이 아니라 긍정적 감정에 의해 가장 잘 변화하므로
동기를 감퇴시키려는 시도가 죄책감으로 바뀌지 않도록 주의해야
한다.

동기 감소 요인을 도입하기는 쉽다. 그러나 이것이 성공을 보장하
는 방법이라면 나쁜 습관을 가진 사람은 지구상에 거의 없을 것이다.
습관을 멈추기 위해 자신을 벌하거나 위협하는 것은 실패가 예견된
방법이다. 그런 방법은 감수할 만한 가치가 없다. 다른 선택지가 있
을 때는 더더욱 그렇다.

지금까지 논의한 접근법으로 습관이 고쳐지지 않았더라도 포기하

지 말라. 선택지는 더 있다. 다음 선택지는 빈도를 줄이는 것으로 다음과 같은 방법을 쓸 수 있다.

- 습관을 멈출 시간을 짧게 설정한다. (영원히 금연하는 대신 3일간 금연하기)
- 원치 않는 습관의 지속 시간을 줄인다. (4시간이 아니라 30분만 TV 보기)
- 원치 않는 습관의 빈도를 줄인다. (하루 10번이 아니라 한 번만 소셜 미디어 확인하기)
- 원치 않는 습관의 강도를 줄인다. (술을 부어라 마셔라가 아니라 천천히 마시기)

사람들은 습관에 양가적 감정을 느낄 때가 있다. 습관을 고치고 싶지만 한편으론 그러고 싶지 않은 마음도 있다. 이럴 때는 습관의 범위를 축소해 마음의 저항을 줄일 수 있다. 페이스북의 사용을 그만두고 싶기도 하지만 친구들과 연락할 기회를 놓칠까 봐 겁도 난다고 하자. 습관의 축소로 그런 긴장을 해소할 수 있다.

단 3일만 페이스북 사용을 중지하자고 자신에게 말해보자. 이렇게 함으로써 당신이 멈추려는 구체적 습관에 약간의 변동이 생긴다. '제한된 시간만 절제하기'가 '영원히 그만두는 것'보다 쉽게 느껴진다. 페이스북을 확인하지 않는 3일 동안이 두려워했던 만큼 어렵지 않으며 이런 변화에 기분이 좋아진다는 것을 발견할 수 있다. 혹은 페이스북 사용 중지가 삶에 가져온 변화가 크지 않으므로 이 습관을 끊는 데 우선순위를 두지 않게 될 수 있다. 어느 쪽이든 다른 변화를 쉽게 만들어줄 기술과 통찰을 얻을 수 있다.

만약 위의 방법들이 효과가 없다면 마스터플랜의 세 번째 단계인 예전 습관을 새로운 습관으로 대체하기로 넘어가라.

그래도 안 된다면…

3단계: 교체 행동의 설계

대다수 나쁜 습관은 2단계까지의 조치만으로도 멈출 수 있다. 하지만 행동 교체만이 복잡하게 얽힌 매듭 같은 습관을 해결할 유일한 방법인 경우가 있다. 마스터플랜의 이전 단계부터 살펴봤지만 어떤 방법도 효과가 없었다면 행동 교체를 고려해보라.

행동 교체를 위해서는 구체적이어야 한다

2단계에서 그랬듯이 그만두고 싶은 습관과 그것을 대체할 새로운 습관은 구체적으로 정해야 하며, 대체할 습관의 선택이 매우 중요하다. 그렇지 않으면 행동 교체는 효과가 없다. '자신에게 좋은' 습관으로 생각된다는 이유만으로 대체 습관을 선택한다면 행동 교체는 실패한다.

직장에서 정치 뉴스를 읽는 습관을 고치고 싶어서 그 시간에 서류 작업을 시도한다면? 보나마나 실패할 확률이 높다. 서류 작업이라는 습관은 뉴스 읽기보다 훨씬 동기 부여가 되지 않으며, 신체적으로나 정신적으로 더 힘든 일이기 때문이다. 서류 작업 습관은 뉴스를 보는 습관보다 동기와 능력 둘 다 낮으므로 처음부터 실패가 예정되어 있다. 예전 습관보다 하기 쉽고 강한 동기가 부여되는 습관을 찾으려면 습관 형성 기술을 동원해야 한다.

마스터플랜의 3단계에서는 2장에 나온 방법들을 사용해 자신에게 적합한 습관을 정해야 한다. 즉 행동군을 탐색하고 포커스 맵을 그려 황금 행동을 찾아야 한다.

내가 마스터플랜 단계를 거쳐 뉴스를 읽는 습관을 교체한다면 어떤 모습일까? 나의 경우 혈압을 올리는 뉴스를 읽는 대신 서핑 영상을 볼 것이다. 나는 서핑을 좋아하고 서핑 기술을 발전시키고 싶으니이에 대한 동기 부여가 충분하다. 그리고 영상 보기는 뉴스 읽기보다 쉽다. 그렇게 나는 예전 습관을 교체해줄 새로운 습관을 발견했다. 다음을 읽고 2장에서 살펴봤던 황금 행동 찾기의 세 가지 기준을 잠시 상기해보자.

- 영향력: 당신에게 행동은 효과적이다.
- 동기: 당신은 그 행동을 하고 싶다.
- 능력: 당신은 그 행동을 할 수 있다.

이제 자신에게 적합한 황금 행동을 골랐다면 다음은 뭘까? 자극을 찾아라!

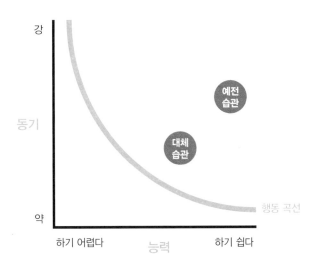

습관의 교체를 위해서는 자극을 재연결시켜야 한다

자극의 재연결이란, 자극을 받았을 때 예전 습관 대신 대체 습관에 따른다는 뜻이다. 당신은 10대 딸에게 하는 잔소리를 줄이고 싶다고 하자. 잔소리는 예전 습관이다. 자극은 딸이 부주의하게 행동할 때마다 느끼는 짜증이다. 다음에 짜증이 나면 딸에게 잔소리하는 대신 진심으로 긍정적인 말을 하는 새로운 습관으로 대체하도록 하자.

다음날 밤 딸이 요거트를 꺼내고 냉장고 문 닫는 걸 잊는다. 당신은 평소처럼 짜증이 치밀지만 이제 그건 새로운 행동을 위한 자극이다. 당신은 "냉장고 문 닫으라고 수없이 얘기했지!"라고 잔소리하는 대신 "건강한 간식을 먹어서 기쁘구나"라고 말할 수 있다.

새로운 습관을 실행하는 동안 축하하고 뿌듯함을 느끼는 것도 잊지 말자. 딸의 간식 선택을 칭찬한 후 방금 아이에게 좋은 일을 했다고 자축해야 한다. 딸을 지지하고 잔소리를 하지 않은 것을 축하하자. 만약 딸이 몹시 놀라 애매한 미소를 짓고는 냉장고 문을 닫는다면 그 또한 성공이다.

예전 자극과 새로운 습관을 연결 짓지 못하면 당신이 선택한 새로운 행동은 황금 행동이 아니다. 그래도 괜찮다. 항상 처음부터 성공하는 건 아니다. 이는 교체하려는 습관이 매우 가파른 내리막 습관인 탓일 수 있다. 어쩌면 예전 습관의 실천을 힘들게 만들지 못했거나 동기를 감소시킬 수 없었을 수도 있다. 만약 그렇다면 전 단계로 돌아가 다른 대체 습관으로 교체하면 된다.

만약 그래도 여전히 문제가 있다면 다음 단계로 넘어가도록 하라.

습관의 교체를 위해서는 능력과 동기를 모두 조정해야 한다

이제 당신은 예전 습관이 대체 습관보다 강한 동기를 부여하거나 하기 쉽다고 (또는 두 가지 모두라고) 확신할 수 있다. 나쁜 습관과 대체 습관을 행동 모형으로 그려보면 어떻게 된 일인지 알 수 있다. 예전 습관은 행동 곡선의 한참 위쪽에 있다. 예전 습관이 더 매력적이어서 새로운 습관이 끼어들 자리가 없다는 말이다.

그런 상황을 바꾸려면 다음 표에 나온 네 가지 방안을 선택할 수 있다.

네 가지 선택지 중 하나에 에너지를 집중한다면 행동 교체에 도움이 될 것이다. 네 가지 모두를 조정한다면 예전 습관을 새로운 습관으로 교체할 가능성은 훨씬 커진다. 하지만 전부 조정할 수 있는 건 아닐 것이다. 예전 습관에 대한 동기가 감소하지 않을 수도 있다. 그

	새로운 습관	예전 습관
능력	1. 능력 강화 새로운 습관의 실천을 쉽게 만든다	2. 능력 약화 예전 습관의 실천을 어렵게 만든다
동기	3. 동기 강화 새로운 습관에 대한 동기를 증가시킨다	4. 동기 약화 예전 습관에 대한 동기를 감소시킨다

래도 괜찮다. 예전 습관은 실행하기 힘들게 만들고 새로운 습관은 하기 쉬운 동시에 동기 부여가 되도록 만들 수만 있으면 습관 교체에 성공할 수 있다.

굿바이! 나쁜 습관

나쁜 습관을 멈추게 해줄 단 하나의 기법은 없다. 하지만 따라 할 수 있는 절차는 있다. 당신은 내 행동 설계 마스터플랜을 즉시 사용할 수 있다. 그리고 이를 연습할수록 절차에 더 익숙해지고 문제의 핵심을 정확히 파악하고 해결하는 데 능숙해질 것이다.

당신에게 항상 지각하는 나쁜 습관이 있을 수 있다. 또는 일을 미루는 나쁜 습관이 있을 수 있다. 그것들은 당신이 행동하지 않아서 생긴 습관이라는 점에서 특별하다. 어떤 행동을 하지 않거나 회피하는 습관에 대처할 때는 행동을 중지하는 대신 행동을 하게 해야 한다. 작은 습관을 실천하는 사람은 이런 유형의 나쁜 습관을 멈추기 위해 1단계로 돌아가 문제가 해결될 때까지 새로운 습관을 만들기를 반복할 것이다. 한 번 실패했다고 멈추지 말라. 계속 연습하라. 성공적인 결과를 얻을 때마다 행동군 그림을 다시 보면서 고쳐야 할 구체적 습관을 찾으라. 그것이 바로 꾸준하고, 예측 가능하며, 신뢰할 만한 방식으로 나쁜 습관을 해결하는 법이다.

신체적으로 힘들게 만드는 방법이 내가 원치 않는 습관을 없애는 데 가장 효과적임을 발견했듯이 당신도 어떤 패턴을 발견하게 될 것이다. 그리고 나쁜 습관을 지키기 쉽게 만드는 상황들을 인식하고 그런 상황을 피하는 법을 배우게 될 것이다.

우리는 6장에서 긍정적인 습관의 자연스러운 성장을 지켜보는 즐거움에 대해 이야기했다. 단언컨대 나쁜 습관이 사라진 것을 깨달았을 때도 똑같은 즐거움을 느낄 수 있다. 이 자체만으로도 놀라운 일이지만 더 뿌듯한 것은 (적어도 내게) 나쁜 습관이 사라지면 새로운 공간이 생긴다는 점이다. 원치 않는 습관을 제거한 공간에 열정을 느끼는 프로젝트에 바칠 시간, 직장에서의 생산성 향상, 관계의 심화 또는 새로운 정체성의 확장을 채울 수 있다.

여기 멋진 사례가 있다. 주니가 설탕 중독 습관을 해결한 지 한 달이 지난 어느 날 오후 창문 바깥에서 들려오는 아름다운 소리를 들었다. 무슨 소리인지 알아보러 나갔을 때 그녀는 11살 난 아들 엘리야가 햇살을 받으며 자신이 방금 지어낸 돌고래에 관한 노래를 부르고 있는 모습을 발견했다. 자폐증으로 늘 조용한 아이는 노래를 한 적이 한 번도 없었다. 적어도 주니가 들은 적은 없었다. 아이는 문간에 서 있는 그녀를 올려다보며 미소를 지었다. 주니는 아이 곁으로 다가가는 동안 눈물이 쏟아지려는 걸 간신히 참았다. 이 일이 6개월 전에 일어났다면 그녀는 소파에 쓰러져 자느라 아들의 아름다운 목소리를 듣지 못했으리라. 이제 그녀는 아이 곁에 앉아서 노래를 더 불러보라고 권하고, 질문도 하고, 자신도 이렇게 노래를 하고는 했다는 이야기도 해줄 수 있었다.

주니가 아들의 변화에 너무나 놀랐다고 남편에게 이야기했을 때 그는 지난 몇 개월 동안 가족 모두가 변했다는 사실을 일깨워줬다. 아들이 노래하기 시작한 것이나 남편이 평생 습관으로 달고 살던 탄산음료를 끊은 것은 우연이 아니었다. 부자는 그녀가 얼마나 변하고 있는지, 얼마나 행복한지 목격하고는 그녀와 함께 변화하도록 영감을 받았다. 딸은 더 체계적인 생활과 관심 속에서 성장했고 엄마를 우상으로 여겼다. 주니는 설탕 없는 식사를 축하하는 데 그치지 않고 텍사스 오스틴에서 두 번째로 마라톤을 완주하기까지 했다. 직장 동료에서부터 가족과 친구에 이르기까지 주변 사람 모두가 주니가 이룬 변화로 크고작은 영향을 받았다. 이는 주니의 노고가 가져온 선물이며 부수적인 효과였다. 그녀가 이전에 상상도 하지 못했던 일이었다.

행동 설계는 혼자만의 일이 아니다. 우리가 설계하는 행동 하나하나, 우리가 이룬 변화 하나하나가 연못에 떨어지는 물방울처럼 잔물결을 일으킨다. 우리는 행동을 통해 가족과 공동체, 사회를 형성한다. 그래서 우리가 만들고 끊임없이 반복하는 습관은 중요하다.

이 책은 행동이 개인에게 얼마나 중요한지에 주안점을 두었지만, 그것이 전부가 아니다. 체중을 5킬로그램 줄이거나 저녁 식사 중에 휴대전화 보지 않는 게 전부가 아니다. 행동 설계는 우리가 원하는 삶을 발견하고 그곳으로 나아가게 한다. 그러나 그게 끝이 아니다. 우리가 사랑하는 사람들과 우리가 만들고자 희망하는 세계를 만드는 데 행동 설계를 사용할 수 있다. 다음 장에서는 함께 변화하기의 진정한 의미를 되새겨보려 한다.

1. 나쁜 습관을 멈추기 위한 행동군 작성하기

당신에게는 없는 나쁜 습관을 고른다. 이유가 무엇일까? 그래야 이 연습 문제에 위협감을 덜 느끼고 더 많이 배우게 될 것이기 때문이다.

1단계 당신이 나쁜 습관이 있는 사람이라고 가정한다.

2단계 행동군을 그림으로 그리거나 TinyHabits.com/resources에서 양식을 내려받는다.

3단계 일반적인 나쁜 습관을 구름 모양 안에 적는다.

4단계 그 주위로 구체적인 습관을 10가지 이상 적는다. 여기에는 어느 정도의 상상력이 필요할 것이다.

5단계 행동군을 살펴보고 해결하기 가장 쉬운 구체적 습관을 두세 개 고른다.

*주: 행동군을 상상해서 작성하면서 기술을 쌓게 될 것이다. 그래서 당신 삶의 진짜 문제에 이 접근법을 적용할 때 자신감과 효율성은 더 커지고 두려움은 덜하 게 될 것이다.

2. 하루 동안 자극의 제거를 실천해보기

1단계 자주 사용하는 소셜미디어나 게임 앱을 고른다.

2단계 그 앱의 설정으로 가서 알림 기능을 끈다.

3단계 그 후 24시간 동안 어떤 일이 일어나는지(그리고 일어나지 않는지) 지켜본다.

*주: 알림 기능을 쓰지 않을 때 생활이 개선된다면 그 기능을 끈 상태로 둔다. 만약 생활이 불편해졌다면 알림 기능을 도로 켠다. 어느 경우든 배울 점이 있을 것이다.

3. 축하의 실천

1단계 임시 쓰레기통으로 쓸 수 있는 통을 찾으라.

2단계 평소 업무 공간 내에 쓰레기통을 두던 곳과 다른 곳에 새 쓰레기통을 두라.

3단계 평소 쓰던 쓰레기통 대신 새 쓰레기통을 사용하라고 자신에게 말하라.

4단계 버리거나 재활용할 물건이라는 자극이 생기면 기존 쓰레기통이 아닌 새 쓰레기통을 사용하라. 처음부터 바로 새 쓰레기통을 쓰게 되지는 않을 것이다. 더 빨리 바뀌게 하고 싶다면 5단계로 가라.

5단계 7~10차례 새 쓰레기통을 사용하는 예행연습을 한다. 매번 축하도 빠뜨리지 않도록 하라. 뿌듯함을 느끼도록 하라.

6단계 다시 업무를 보면서 새로운 습관이 어떻게 됐는지 관찰한다. 습관이 어떻게 바뀌는지, 습관의 교체가 어떤 느낌인지 알아차리는 것이 이 연습문제의 핵심이다.

*주: 깜박 잊고 새 쓰레기통을 쓰지 않았다면 새로운 습관의 예행연습을 더 하고 축하도 한다. (며칠간 습관 교체를 연습한 후에 원한다면 예전 습관으로 돌아가도록 한다.)

8장

습관의
나비효과

마이크와 칼라는 덫에 걸린 기분이었다. 아들 크리스는 스물한 살이나 됐는데도 독립은 고사하고 성인이라면 해야 하는 최소한의 책임도 지지 않으려 했다. 크리스가 열여덟 살에 대학을 중퇴했을 때 그들은 아들이 직장을 구하거나 다른 대학에 진학하리라고 생각했다. 하지만 그러지 않았다. 재정적, 정서적 지원에도 불구하고 크리스는 노력하려는 모습을 전혀 보이지 않았다. 아르바이트는 했지만 방 치우기, 생활비 내기, 동생과 사이좋게 지내기 같은 기본적인 일에 무관심했다. 집안에는 팽팽한 긴장이 맴돌아 모든 식구가 질식할 것만 같았다.

크리스가 집에 머무는 시간이 길어질수록 부자 관계는 점점 나빠졌다. 크리스가 냉담하게 굴고 거리감을 둘 때는 그나마 나았고 분노에 차서 폭언을 퍼부을 때는 최악이었다. 어쩌다 크리스에게 청소나 설거지를 시키려고 하면 마이크와 칼라는 화가 치미는 건 물론이고 일주일 내내 크리스의 불평과 분노를 받아내야 했다. 마이크는 크리스에게 제 방을 청소하라는 간단한 부탁을 했지만 며칠이나 무시당했다. 좀더 강하게 말하면 크리스는 "네, 네, 그럴게요"라고 건성으로 대답했다. 하지만 한 번도 청소를 하지 않았다.

불행히도 마이크가 사무실로 쓰는 방이 크리스의 방 바로 옆이어서 난장판인 아들의 방을 빈번히 지나치다 보니 이런 생각이 들었다. '아들이 내 말을 안 듣는군. 자신이 머무는 공간을 존중하지도 않고 내 뒷바라지를 고마워하지도 않아. 신경도 안 써.' 마이크는 크리스를 엄히 질책하며 집안의 규칙을 지키고, 더 나은 일을 구하고, 부모의 재산을 존중하고, 요금들을 제때 내서 연체료를 물지 않도록 하라고 요구했다. 크리스는 자리를 박차고 나갔고 끝내 요구받은 어떤 행동도 하지 않았다. 아들은 헤드폰을 끼고 지구 반대편에 있는 사람들과 게임만 했다.

마이크와 크리스는 며칠, 어떤 때는 몇 주 동안 몇 마디 이상을 나누지 않았다. 모든 대화의 저변에는 적대감과 실망감이 깔려 있었다. 마이크는 재택근무가 싫어질 지경이었다. 작은아들도 방 청소를 하라고 하면 "형도 안 하는데 왜 저한테만 그래요?"라고 대꾸했다. 그럴 때면 마이크는 현관문을 박차고 나가 다시는 집으로 돌아오지 않는 상상을 했다.

어쩌다 크리스와 저녁이라도 같이 먹을 때면 식탁 건너편의 아들을 바라보며 지독한 슬픔을 느꼈다. 죄책감 또한 적지 않았다. 크리스는 마이크와 칼라가 대학 신입생이었을 때 태어났다. 부부는 아이를 어떻게 키우는지 전혀 몰랐고 사실상 부모와 아이가 함께 성장했다. 크리스는 늘 특별한 아이였다. 그는 어른처럼 모든 걸 이해했고 둘의 대화에 동참했다. 크리스는 마이크와 칼라와 함께 강의와 파티에 참석하고 장거리 자동차 여행을 다녔다. 그들은 크리스가 영리한 아이라 행운이라고 여겼다. 하지만 당시에도 크리스는 갑자기 분노를 폭발해 그들을 당혹스럽게 했고 버릇없이 굴거나 자신을 통제하지 못할 때가 많았다.

학교에서 크리스의 성적은 상위권이었다. 그러나 잦은 결석이 발목을 잡았다. 그 문제가 결국에는 다른 영역의 실패로 이어졌다. 크리스는 수학과 영어만큼이나 중요한 사회적 기술을 배우지 못했다. 마이크는 성적이 전부가 아니며, 다른 사람들과의 관계, 성실함, 책임감이 중요하다고 크리스에게 말해주려고 애썼다. 그 모두가 크리스가 큰 어려움을 겪는 문제였다.

크리스의 정서적 능력은 늘 지적 능력을 따라가지 못했다. 마이크는 수년 동안 가족 치료를 받은 후에야 크리스가 상황을 예민하게 느끼는데 거기에 대처할 적절한 수단은 없다는 사실을 깨달았다. 크리스의 냉담함과 거리감이 방어기제라는 걸 알고 있음에도 불구하고 부부는 여전히 상처를 받았다. 아들과 가까워지고 싶은 마음 때문이기도 했고 아버지로서 아들이 감정을 잘 처리할 수 있도록 돕지 못했다는 죄책감 때문이기도 했다.

그렇게 지금의 상태에 이르렀다. 달리 방도가 없어 보였다. 냉정하게 거리를 두고 고통스러운 긴장 속에서 살아야 했다.

마이크와 칼라의 결혼생활도 점점 불안해졌다. 처음에는 둘이 합심했다. 상담을 받으러 가고, 유인책도 써보고, 그들이 읽은 책들을 토대로 정교한 계획도 세워봤지만 어느 방법도 소용이 없었다. 그리고 지금은 다음 대책을 놓고 의견이 갈렸다. 크리스를 쫓아내야만 할까? 칼라는 망설였지만, 마이크는 고등학교 때 그들이 손을 놓자 어떻게 됐는지 계속 상기시켰다. 그때 크리스는 마피아와 일하기 시작했다. 정말 그랬다. 크리스가 다녔던 사립 남자 고등학교에는 마피아 집안 자녀들이 이례적으로 많았다. 그래서 크리스가 친구 아버지의 심부름꾼이 되었을 때 마이크는 무슨 일이 벌어졌는지 알게 됐다. 마이크와 칼라는 크리스를 다른 학교로 전학시켰다. 크리스를 강제로 독립시킨다면 다시 쉽게 돈 버는 길로 빠질까 봐 두려웠다. 마이크와 칼라는 덫에 걸린 기분이었다. 스물한 살이나 먹은 자식에게 벌을 줄 수는 없고 집에서 쫓아낼 수 있을 뿐인데 그럴 수 있을 것 같지 않다면 어떤 선택지가 남겠는가? 어떻게 하면 성인 자녀가 자신을 돌보게 만들까? 변화하게 할까? 크리스는 착하고, 재미있고, 통찰력 있는 아이였다. 마이크에게는 아들이 특별한 일을 하며 살 수 있다는 믿음이 있었다. 부모와 살고 싶어 하지 않는 크리스의 마음도 알고 있었다. 크리스는 자신만의 집, 자신만의 생활을 원했다. 어떻게 해야 그럴 수 있을지 모를 뿐이었다.

마이크는 머리를 쥐어짜도 해결책을 찾을 수 없어 미칠 것 같았다. 그는 능력 있는 사람이어서 집안일로 스트레스를 받아도 직장에서는 승승장구했다. 마이크는 작은 건강식품 회사를 업계 선두 주자로 성장시킨 전략가였다. 혁신적인 방법으로 큰 도전 과제를 해결하는 것이 특기였고 늘 개선 방법을 찾아내는 사람이었다. 마이크는 해결책을 찾기 위해 내 행동 설계 훈련 프로그램을 찾아왔다.

마이크는 프로그램을 곧바로 이해한 사람 중 하나였다. 그는 새로운 지식을 오랜 난제에 신속히 연결하는 시스템 사고system thinking(부분적으로는 잡히지 않는 전체적인 모습을 체계적으로 파악해 문제를 해결하는 방법 – 옮긴이)를 하는 사람이었다. 나는 복잡한 행동 설계를 배우려는 그의 열의가 전문성 향상을 위해서인 줄만 알았다. 하지만 그에게서 느껴졌던 흥분된 기운은 마침내 아들을 도울 수 있게 됐다는 자각 때문이었음을 나중에 알게 되었다. 마이크는 행동 설계를 배우면서 아들의 여러 행동이 이해됐고 왜 자신의 개입이 도움이 안 됐는지 알게 됐다. 마이크는 동기에서 능력으로 초점을 옮길 필요가 있음을 깨달았다. 동기는 신뢰할 수 없기 때문이다. 청소년의 경우 특히 그렇다. 그는 또한 아들에게 기억하기 쉬운 즉각적인 자극을 주는 것이 그가 해온 추상적인 잔소리보다 훨씬 효과적이라는 것도 알게 됐다.

배운 내용을 시험해보고 싶은 흥분된 마음과 함께 작은 행동으로 시작하는 게 중요하다는 점을 염두에 두고 마이크는 우선 커피메이커 문제부터 해결하기로 했다. 이는 겉보기에는 집안의 작은 다툼 같지만 나날이 부자 관계를 악화시키는 원인이었다. 마이크는 세심한 조사 끝에 구매한 커피메이커를 자랑으로 여겼다. 그래서 깨끗이 사용하고 오래 유지하고 싶었다. 값비싼 필터를 사용한 후에는 원두 찌꺼기가 남지 않게 매번 헹궈두었다. 하지만 크리스는 이를 지키는 법이 없었다. 지금은 웃을 수 있는 일이 됐지만 마이크는 그 일로 화가 많이 났다. 커피를 한 잔 더 만들려고 아래층에 내려와보면 필터 안에 크리스가 그냥 놓아둔 원두 가루에서 김이 나고 있었다. 성인인 아들이 하지 못한 일을 처리한 후 마이크는 사무실로 가는 길에 크리스의 방을 지나며 "필터를 씻어놓으라고 몇 번을 말해야 하니?" 또는 "내 물건을 조심해서 쓰지 못하겠다면 쓰지 마"라고 퉁명스럽게 말했다. 그러고 나면 둘 다 기분 나쁘게 하루를 시작했고 부자는 좌절과 적의의 악순환에 빠졌다.

행동 설계 도구로 무장한 마이크는 이 문제를 분석하기 시작했다. 그의 열망은 분명했다. 그는 크리스가 자신의 물건을 아껴주기를 바랐다. 구체적으로는 커피메이커를 잘 관리해주기를 바랐다. 그래서 마이크는 "어떻게 하면 이 행동을 더 쉽게 하게 만들 수 있을까?"라는 돌파구 질문을 했다. 생각해보니 크리스에게 바라는 행동은 세 단계로 구성돼 있었다. 필터를 꺼내서 헹군 다음 도로 넣기였다. 크리스에게 한꺼번에 세 가지 모두를 해달라고 부탁해봐야 소용이 없을 게 분명했다. 그래서 마이크는 아들이 하기 쉽게 세 단계 중 오직 첫 단계만 해달라고 부탁했다.

"크리스, 다음에 커피메이커를 쓰면 필터를 꺼내서 싱크대 위에 올려놓을 수 있겠니?" 크리스는 묘한 표정을 지으며 대답했다. "그러죠."

다음 날 아침 카페인이 필요해 주방에 간 마이크는 싱긋 웃었다. 커피 필터가 싱크대 위에 있었다. 필터가 옆으로 기울어져 원두 가루가 조금 쏟아지기는 했으나 싱크대 위에 있었다. 자부심이 밀려왔다. 커피를 들고 위층으로 올라가는 동안 그는 성공을 느끼게 도우라는 축하의 기술이 생각났다.

"크리스, 필터를 싱크대 위에 놓아줘서 고맙다. 내게는 중요한 일이란다." 크리스는 열세 살 때부터 완벽히 익힌 참 이상한 아빠라는 표정을 던졌다. "별것도 아닌데요, 뭐."

다음 날에도 필터는 싱크대 위에 놓여 있었다. 마이크는 흥분했다. 다시 상기시키지도 않았는데 크리스가 부탁대로 했다. 마이크는 크리스에게 고맙다고 짧게 인사하고 다시 일하러 갔다. 크리스는 이 작은 과제를 계속했고 마이크는 그의 접근법이 효과가 있다고 믿기 시작했다. 요행이 아니었다. 몇 주 후 마이크는 크리스에게 필터를 싱크대에 놓기 전에 씻어달라고 부탁했다. 크리스는 필터 꺼내놓기는 매우 쉬운 일인데 아버지가 이상할 정도로 기뻐하므로 그러겠다고 했다.

일주일 후 싱크대 위에 필터가 보이지 않자 마이크의 가슴이 철렁내려앉았다. "다시 원점으로 돌아갔나?" 하지만 그는 아들이 아직 이 습관을 배우는 중임을 상기하며 잔소리하지 않겠다고 다짐했다. 그러나 필터를 꺼내보니 깨끗했다. 부탁도 하지 않았는데 크리스가 필터를 꺼내서 헹궈, 넣어뒀던 것이다.

마이크는 조용히 '야호!'를 외쳤다. 기대하지 않았는데 근사한 생일 선물을 받은 기분이었다. 크리스와의 관계에서 희망을 느낀 건 몇 년 만에 처음이었다. 그들의 아침 분위기는 완전히 바뀌었다. 일하기 전에 아들과 신랄한 말을 주고받는 대신 마이크는 뿌듯함을 느꼈다. 그는 잔소리하거나 싸우는 대신 아들을 성장시킬 방법을 찾아냈다. 그는 드디어 사랑하는 아들이 더 행복해지고 다른 사람과 조화롭게 사는 법을 배우도록 돕는 좋은 아빠가 된 기분이었다.

이 방법은 곧 커피 필터만이 아니라 과거 언쟁거리였던 온갖 행동으로 확대됐다. 마이크와 칼라는 크리스의 분노와 좌절이 '감당할 수 없는 상황에 대한 감정의 표출'임을 알게 되었다. 그들이 방 청소나 청구서 제때 내기 같은 일을 요구할 때 크리스는 어디서부터 시작할지 몰라 창피함, 억울함을 느꼈다. 하지만 그들이 구체적 과업을 아주 작은 행동들로 쪼개서 "사용한 수건은 빨래 바구니에 넣어줄래?"

또는 "식사를 마치면 접시를 개수대에 넣어줄래?"라고 부탁하자 크리스는 더 큰 과업을 할 발판을 얻었다. 작지만 의미 있는 과업에 성공했다고 느낌으로써 그는 더 많은 과업을 해낼 자신감을 얻었다. 마이크와 칼라는 이 과정을 아들과 함께하면서 다정하게 성공을 축하해주었다. 이는 크리스를 기분 좋게 해주었을 뿐 아니라 그들도 기분 좋게 해주었다. 아이에게 일부러 잔소리하거나 실망하고 싶은 사람은 없다. 우리는 자식에게 축하해주고 싶어 한다. 축하는 거창한 일이 아니다. 축하는 행동을 아주 작게 쪼개고 성공한 기분을 느꼈을 때 아주 쉽게 할 수 있는 행동이다.

최근에 마이크에게 사업은 어떤지 물었더니 그는 집에서 일어난 변화에 대해 더 신나게 이야기했다. 크리스는 여전히 부모 집에 살고 있지만 두 가지 아르바이트를 하면서 월세 보증금을 저축하고 있다. 부부와 크리스의 관계도 눈에 띄게 좋아졌다. 긴장의 불꽃은 사그라들었고 가족의 유대감은 더 끈끈해졌다. 크리스는 가족과 함께 식사하고, 웃음도 늘었으며, 속마음도 털어놓게 됐다. 크리스의 동생도 형을 핑계로 집안일을 안 하겠다고 할 수 없어졌으므로 집안의 잔소리가 전반적으로 줄었다. 크리스는 이해받고 있다고 느끼게 되었으며, 그의 부모는 그가 삶을 개척하도록 도울 수 있다고 믿게 되었다. 어떤 날은 마이크가 집안을 둘러보면서 예전에는 멀게만 느껴졌던 가족의 화목을 이룬 게 믿기지 않는다는 생각을 한다.

마이크는 수년 만에 처음으로 크리스로부터 생일 선물을 받았다 (며칠 늦기는 했지만 그게 무슨 상관이겠는가). 그는 솔 뮤직 레코드판을 수집하는데 크리스가 스티브 원더, 레이 찰스, 제임스 브라운의 음반을 선물했다. 마이크는 아들을 와락 끌어안고 고맙다고 하며 눈물을 보였다. 크리스는 미소를 지으며 "별것 아니에요, 아빠"라고 말했다.

모두를 위한 습관 설계

우리는 사회적 역학이 행동의 강력한 동인이라는 사실을 알고 있다. 미식축구를 보면서 하는 행동 방식, 정치 이야기를 하는 방식, 온라인이나 직접 만남에서 서로를 대하는 방식 등 그 영향은 우리 주변에 산재해 있다. 인간은 항상 공동체를 이루고 살아왔으므로 사회적 영향은 항상 우리와 함께해왔다. 그러나 그런 영향을 확대하고 증폭시키는 소셜미디어의 등장으로 우리 삶은 과거보다 더 연결되고 있다. 그러므로 어떻게 사회적 영향력이 우리의 개인적, 집단적 행동을 형성하며 궁극적으로는 지구상의 모든 생명체에 영향을 미치는지 깊이 생각해보는 게 그 어느 때보다 중요해졌다.

이 책에서 배운 내용은 해로운 영향으로부터 자신을 지키고 주변 사람 모두를 더 조화롭고, 건강하고, 의미 있는 삶으로 이끄는 데 힘이 되어 줄 것이다. 이제 당신은 무엇이 원치 않는 습관을 형성하고 있는지 이해할 수 있다. 여기서 습관은 사회적 압력 때문에 생긴 것도 포함한다. 당신 가족은 함께 식사하면서도 각자 휴대전화만 바라보고 있을 수 있다. 당신 직장은 너무 경쟁적이어서 아무도 휴가를 가지 않을 수도 있다. 당신의 독서 모임이 와인 모임에 가까울 수도 있다. 모든 집단에 존재하는 습관과 규범은 개인적 습관보다 견고하다. 하지만 행동 설계를 활용하면 함께 변할 수 있다.

집단의 행동 변화에 접근하는 방식에는 크게 세 가지가 있다. 우선, 집단의 부정적인 영향으로부터 멀어지기 위해 자신의 행동 변화를 설계할 수 있다. 두 번째로 다른 사람들과 협동해 집단의 행동 변화를 설계할 수 있다. 또는 마이크가 크리스를 위해 했듯이 다른 사람의 변화를 설계해 도움을 줄 수 있다. 두 번째, 세 번째 접근 방식이 이 장의 주제로서 우리는 각 접근법이 무엇을 의미하는지 그리고 상황에 맞춰 절차를 어떻게 조정할 수 있는지 살펴보려 한다.

작은 습관 만들기와 행동 설계를 활용함으로써 우리는 타인의 삶에 선한 영향력을 줄 수 있다. 집단을 변화시키는 데는 숙련되고 배려심 많은 한 사람(당신 말이다!)만 있으면 된다. 다만 처음부터 행동 설계로 문화 전체를 바꾸려고 하지 않는 게 좋다. 그 대신 팀이나 가족 등 가까운 곳에서 시작해야 한다.

크리스가 일상 습관을 기르도록 돕기 전에 마이크가 자신의 행동부터 바꿨던 것은 잘한 일이다. 마이크는 크리스에게 부탁할 내용과 방법을 수정했다. 독설을 퍼붓던 것을 멈추고 힘을 실어주고 지지하는 태도로 바꿨다. 그가 거둔 성공은 크리스의 행동뿐 아니라 자신의 행동에도 큰 영향을 미쳤다. 우리는 다른 사람들과 함께 살아가고 일하므로 변화는 좋건 나쁘건 모두에게 전반적인 영향을 미친다.

변화를 우연에 맡겨서는 안 된다. 당신의 미래를 의도적, 효율적으로 설계해 삶의 모든 부분이 더 나은 방향으로 변하게 하자. 가족이나 팀, 지역사회 단체에 변화를 일으키기 위해서는 원칙적으로 협조와 지지를 얻어야 한다. 하지만 협조와 지지를 얻기는 생각보다 쉽지 않다. 스탠퍼드대학 연구실에서 1년 프로젝트로 공동의 변화를 연구하기 시작했을 때 나는 순진하게도 모든 사람에게 나와 같은 가족이 있다고 가정했다. 내 파트너와 나는 식습관이나 전자기기의 사용 같은 사소한 변화를 시도할 때마다 서로를 지지했다. 내가 어렸을 때 어머니는 여동생의 학습 장애에 도움이 될까 해서 가족의 식단을 완전히 바꿨다. 우리는 흰 빵(식이섬유가 없고)과 주스 가루(설탕 범벅)를 못 먹는 게 너무 싫었지만, 가족이니까 동참했다.

내가 이런 개인적인 사례를 연구원들에게 이야기하자 그들은 정반대의 경험을 들려주었다. 어떤 부모는 명상을 하고 싶다는 아들의 말에 이런 반응을 보였다고 했다. "또 다른 단계를 거치려나 보구나. 그 단계가 지나가면 알려주렴." 또 다른 연구원은 아내로부터 "여보, 당신 계획은 아이들 개학 후로 미룰 수 있지?"라는 말을 들었다고 했다. 이런 이야기를 통해 나는 가족이 나의 열망을 지지할 뿐 아니라 방해할 수도 있다는 것을 알게 됐다.

만약 집안에서 변화를 일으키기가 힘들다면 행동 설계의 원칙이 도움이 될 수 있다. 배우자가 진작부터 달성하고 싶었던 것은 무엇인가? 지금 당신 팀의 열망은 무엇인가? (만약 모른다면 팀원들에게 물어보라!) 그들이 그 열망을 달성하게 도와보자.

당신은 건강한 식단을 원하지만 당신 가족은 깔끔한 집을 원할 수 있다. 가족이 원하는 열망에서 시작해야 한다. 변화는 변화를 이끈다는 사실을 기억하라. 사람들이 시작하고 싶은 지점에서 변화의 길로 들어서게 하라. 자신감과 기술이 쌓이면 가족들은 다른 형태의 변화도 받아들일 것이다. 따라서 당장 바꿀 수 없다고 가족의 식습관 변화를 포기할 필요는 없다.

만약 당신이 변화의 선도자가 될 수 없다 해도 포기하지 말라. 행동 설계와 작은 습관 기르기는 어떤 집단, 상황에서도 함께 변화하는 방법이다. 필요한 권한이나 지원을 받지 못하더라도 행동 설계의 원리를 안다면 실행 가능한 도구를 가진 셈이다. 모든 집단의 상황은 독특하다. 그리고 집단의 변화는 개인의 변화와 마찬가지로 처방이 아닌 절차를 통해 이뤄낼 수 있다.

'타인을 변화시키기'에 대해 구체적으로 알아보기 전에 짚고 넘어갈 점이 있다. 이 개념은 사람들을 약간 긴장시킬 수 있다. 하지만 깨닫지 못하고 넘어갈 뿐, 우리는 지금 이 순간에도 타인의 행동에 줄곧 영향을 미치고 있으며(그것은 공동체 생활의 본질이다) 아무도 그 점에 대해 크게 걱정하지 않는다는 사실을 이해해야 한다.

새로운 식습관 프로그램으로 가족을 도우려 하거나 직장 동료의 생산성 문제를 도와주려 할 때, 곧바로 매우 어려운 일을 요구한다면 실패할 것이다. 그리고 그 실패는 앞으로의 변화를 더 어렵게 만든다. 변화하는 과정에 있는 사람들을 지원할 때는 다음 두 가지를 지침으로 삼도록 하라.

#1 사람들이 이미 하고 싶어 하는 일을 하도록 돕는다.
#2 사람들이 성공을 느끼게 돕는다.

직장 동료, 상사, 고객, 자녀가 열망하는 일을 할 수 있도록 돕는다

316

면 당신은 확고한 기반 위에 설 수 있다. 그리고 누군가에게 성공을 느끼게 돕는 것이 나쁜 일일 때는 거의 없다.

집단 습관 설계하기

함께 변화하는 방법에는 '다른 사람들과 협동해 집단의 행동 변화를 설계하는 방법'과 '다른 사람의 변화를 은밀히 돕는 방법'이 있다. 이 장에서는 그 두 가지 방법을 논의하고자 한다. 나는 두 가지 방법을 분명하게 전달하고 기억에 남도록 이름을 붙였다. 첫 번째 방법을 쓸 때를 주동자로, 두 번째 경우를 지원자로 부른다.

주동자

주동자는 작은 습관 기르기와 행동 설계에 관해 배운 내용을 공유하고 함께 실행함으로써 집단이 변화하도록 앞장서서 돕는다. 주동자는 회사 휴게실에서 난해한 문제를 어떻게 해결할지 이야기하던 중 불현듯 '우리도 행동군을 탐색하고 포커스 맵을 그려볼 필요가 있겠다!'라는 생각을 한다. 동료들에게 방법을 설명하고 다음 날 모두가 포커스 맵을 만들고 변화를 위한 아이디어를 갖고 모이기로 한다. 한마디로 집단의 변화를 주도적으로 이끄는 것이 주동자의 역할이다.

지원자

지원자는 조심스럽게 몰래 행동 설계를 한다. 가족이나 다른 사람들이 당신이 행동 설계를 하고 있다는 사실을 알 필요는 없다. 이는 마이크가 아들에게 커피메이커의 사용법을 부탁하면서 썼던 접근법이다. 그는 크리스에게 행동의 단계를 나눠서 하기 쉽게 만들었다거나 의도적으로 아들의 성공을 축하하고 있다고 이야기하지 않았다. 그렇지만 그 방법은 효과가 있었다. 다른 사람들의 변화를 돕기 위해 그들에게 나의 의도를 알릴 필요는 없다. 그때그때 행동군의 작성 같은 행동 설계 기법을 사용하거나 행동을 쉽게 만들면 된다.

당신이 주동자든 지원자든 다음의 행동 설계 단계를 똑같이 거쳐야 한다. 집단에 변화를 일으키기 위해 사용하는 방법은 기본적으로 개인적 변화의 방법과 같지만 어떻게 그 방법들을 실행하는 방법은 조금 다르다.

집단 행동 설계 7단계

선택
1단계 ▶ 집단의 열망을 명확히 한다
2단계 ▶ 함께 행동 선택지를 탐색한다
3단계 ▶ 집단에 적합한 구체적인 행동을 찾는다

설계
4단계 ▶ 아주 작게 시작한다
5단계 ▶ 적절한 자극을 준다

실행
6단계 ▶ 성공을 축하한다
7단계 ▶ 함께 반복하고 확대한다

©BJ Fogg

1. 집단의 열망을 명확히 한다

행동 설계는 항상 열망을 명확히 하는 데서 시작한다. 제품을 설계하든, 자신의 습관을 설계하든 또는 집단이 함께 변화하려 하든 첫 단계는 '열망의 명확화'다.

주동자: 가족이 식생활을 바꾸도록 돕고 있다면 당신은 "우리 가족은 신선한 과일과 채소를 더 먹기를 원해. 그게 우리가 달성하려는 게 맞지?"라고 질문함으로써 열망을 제시하고 다른 가족도 동의하는지 확인한다.

직장에서는 업무 프로젝트에서 달성해야 할 결과(내년 매출의 20퍼센트 증가) 또는 덜 구체적인 열망(직원들의 스트레스 감소)이 있을 수 있다. 그것이 출발점이다. 주동자로서 팀원 모두가 무엇을 달성하기를 희망하는지 분명히 알리고, 모두가 똑같이 이해하고 있는지 확인한다.

지원자: 열망을 확인하기 위해 굳이 행동을 설계하고 있다는 말을 할 필요는 없다.

"확인 차원에서 하는 말인데 우리는 X를 설계하고 있는 거죠?"

"네, 맞습니다."

"좋습니다! 모두 똑같이 이해하고 있는지 확인하고 싶었어요. 고맙습니다!"

지원자의 이런 행동은 구성원에게 목표를 상기시켜주므로 모두에게 도움이 된다.

2. 함께 행동 선택지를 탐색한다

열망이 명확해진 다음에는 행동군을 탐색한다.

주동자: 2장에서 설명했던 요술봉 사용하기 기법을 쓰거나 행동군의 빈칸을 채워 공동의 열망에 이르게 할 행동 목록을 구성원들과 함께 작성한다.

내가 관찰한 바로는 세심한 안내를 받은 소집단은 요술봉 기법으로 더 광범위한 행동을 생각해낸다. 그러나 20명이 넘어서는 집단에서는 중재가 힘들다. 사람 수가 많은 집단은 인원을 나눌 필요가 있다(나는 한 번에 1천 명 이상과 함께 이 절차를 써본 적도 있다). 어떤 방법을 선택할지는 집단의 성격과 주동자의 리더십에 달려 있다.

지원자: 적절한 순간에 다음과 같은 질문을 함으로써 은밀히 요술봉 기법을 쓸 수 있다.

- 어떤 일이 일어나면 좋겠는가? 만약 우리에게 마법의 힘이 있다면 누가 무엇을 할까?
- 아무에게나 무엇이든 시킬 수 있다고 상상해보라. 그들에게 무슨 행동을 시키면 이상적일까?

당신은 지역 공원 운영 회의에 참석하고 있다. 당신은 자원봉사자다. 소장은 더 많은 사람이 공원을 이용하기를 바란다. 당신은 그것이 소장의 열망라고 인식한다. 회의가 성과를 얻을 수 있도록 소장의 열망에 동의한 다음 앞에서 설명했던 요술봉 질문을 던진다. 참석자들에게 이런 생각을 하도록 요청하면 두 가지 이유로 회의가 흥미로워진다. 당신은 회의의 초점을 구체적인 목표에 두어 추상적인 논의를 벗어나게 한다. 그리고 모두가 잠재적인 해결책을 상상하게 한다. 그 결과 처음에 나온 아이디어 하나를 놓고 결정하는 일은 없어진다.

은밀하게 요술봉 기법을 쓴 덕택에 5분 전만 해도 난감하게 여겨졌던 문제가 해결이 가능한 문제로 바뀐다.

3. 집단에 적합한 황금 행동을 찾아낸다

일단 가능성 있는 행동들을 다수 찾아냈다면 이제 어떤 행동을 선택할지 따져봐야 한다. 2장에서 설명한 대로 당신은 영향력이 크고, 하기 쉽고, 동기 부여가 되는 행동을 사람들에게 찾아주고 싶다. 세 가지 특성을 전부 지닌 행동을 선택한다면 이상적일 것이다. 그런 행동이 집단의 황금 행동이다.

집단의 황금 행동을 찾아내는 최상의 방법은 포커스 맵을 그려보는 것이다. 다 함께 이 과정에 참여할 수 있다. 포커스 맵 작성 과정에서 합의에 이른다면 황금 행동을 실행에 옮길 때 서로를 지지하게 된다.

주동자: 집단에서의 포커스 맵 사용은 2장에서 설명했던 틀과 전반적으로 같지만 추가할 사항이 있다.

작은 습관 포커스 맵과 마찬가지로 카드에 적힌 행동들로 시작한다. 행동 카드의 목록은 요술봉 기법 또는 행동군 탐색에서 찾아낸 것들이다. 주동자인 당신은 포커스 맵 작성을 몇 차례 반복할 것이며, 첫 번째에서는 행동 카드를 한 장씩 들고 세로축의 영향력을 기준으로 영향력이 큰 행동은 위쪽, 영향력이 작은 행동은 아래쪽으로 배치할 거라고 설명한다.

모든 카드를 포커스 맵에 배치할 때까지 팀원들이 돌아가며 카드를 붙이게 한다. 그런 다음 다시 한 명씩 돌아가며 이유를 설명하지는 말고 카드를 위 또는 아래로 자리를 옮기게 한다. 이때 한 사람이 한 장의 카드만 옮길 수 있다. 때로는 행동의 영향력에 대한 사람들의 생각이 달라서 하나의 카드가 여러 차례 옮겨지기도 할 것이다. 그게 정상이다. (걱정하지 말고 계속 진행하라.) 모두 만족할 때까지 계속한다. 합의에 도달하면 카드 배치를 끝낸다.

다음으로는 팀원들이 번갈아가며 가로축의 실행 가능성을 기준으로 카드를 배치한다. 할 수 있을 것으로 생각되는 행동은 오른쪽에, 할 수 없을 것으로 생각되는 행동은 왼쪽에 놓아야 한다고 설명하라. 모든 사람이 배치에 만족할 때까지 한 명씩 카드 한 장을 좌우로 옮기게 하라. 짧은 논평과 위치 조절을 거쳐 행동 곡선 우측 상단의 황금 행동을 발견하게 될 것이다.

지원자: 요술봉 기법에 자극받아 당신이 속한 그룹이 여러 가지 아이디어를 제시한다면 당신은 이렇게 질문할 수 있다. "현실적으로 우리는 어떤 선택지를 실행할 수 있을까요?" 이는 내 행동 모형의 동기와 능력 요소를 합한 질문이다.

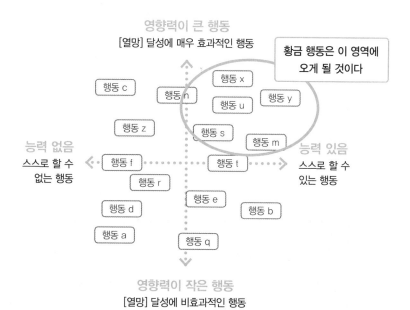

영향력이 큰 행동
[열망] 달성에 매우 효과적인 행동

황금 행동은 이 영역에 오게 될 것이다

행동 c
행동 n
행동 x
행동 u
행동 y
행동 z
행동 s
행동 m

능력 없음
스스로 할 수 없는 행동

능력 있음
스스로 할 수 있는 행동

행동 f
행동 t
행동 r
행동 e
행동 d
행동 b
행동 a
행동 q

영향력이 작은 행동
[열망] 달성에 비효과적인 행동

4. 모든 사람이 황금 행동을 하기 쉽게 만든다

집단의 황금 행동을 지속적인 습관으로 만들 생각이라면 작은 습관
기르기 방식대로 최대한 간단하게 만들도록 하라. 교육 세미나에 전
원 참석하기 같은 일회성 행동 역시 최대한 쉽게 설계해야 한다.

주동자: 집단 구성원에게 무엇이 원하는 행동을 하기 힘들게 만드는
지 그리고 어떻게 이 행동을 하기 쉽게 만들 수 있는지 질문하라.

2주 전 팀원들과 새로운 프로젝트를 시작했다고 하자. 팀장인 당
신은 팀원 각자가 프로젝트를 진행하면서 매일의 문제점을 하루에

한 번 이메일로 알려주기를 원한다. 법무팀이 새 계약을 검토해주지 않았거나, 예산이 부족해 양질의 사용자 조사를 할 수 없거나, 인터넷이 계속 다운되어서 문제일 수 있다. 뭐가 됐건 팀장인 당신이 문제점을 파악하고 해결함으로써 각 팀원이 효율적으로 업무를 진행할 수 있기를 원한다. 이는 멋진 계획 같고 팀원들도 크게 반기는 듯이 보였지만 지난 2주 동안 결과가 신통치 않았다. 발견을 위한 질문을 할 때가 됐다.

다음번 프로젝트 회의에서 팀원들에게 문제점을 공유하는 이메일에 관해 묻는다. 무엇이 이 일의 실행을 어렵게 만드는가?

더 구체적으로 능력 체인의 각 요소에 대해 질문할 수 있다. 이메일을 보낼 시간이 충분한가? 돈은? 정신적 능력은? 신체적 능력은? 기존 일과와 상충하는가? 이렇게 함께 확인하면 서로의 약한 고리를 찾을 수 있다. 확인 결과 시간이 문제가 아니었다. 팀원 대부분이 문제점을 어떻게 파악해야 할지 몰랐다. 이를 간파한 당신은 능력의 문제임을 깨닫는다(하지만 크게 이야기하지는 않는다!).

이제 이메일을 쉽게 보낼 구체적 방법을 찾아보자. 문제점을 확인하는 팀원들의 기술을 향상함으로써 이 일과를 쉽게 만들 수 있다. 또는 팀원들에게 프로젝트의 명료성, 법률적 문제, 예산의 제약, 협조 문제, 기술 문제 등 다양한 항목이 열거된 체크리스트를 제공할 수도 있다. 이런 조치는 능력 체인의 약한 고리를 강화시켜 모두가 이메일 보고를 더 쉽게 수행할 수 있게 한다.

지원자: 당신은 배우자와 함께 매일 운동하기를 바라는데 아내가 열

의를 보이지 않는다고 가정하자. 아내에게 "매일 운동하기가 힘든 이유가 뭐라고 생각해?"라는 발견의 질문을 하라.

만약 시간이 없다는 대답이 돌아온다면, 노련한 당신은 시간이 진짜 문제일 수도 있고 아닐 수도 있음을 알아차린다. 하지만 진짜 시간이 문제라고 가정하고 질문해 보자. 매일 10분만 나와 운동할 방법을 찾을 수 있다면 운동할 수 있겠는가? 만약 그렇다고 대답한다면 10분짜리 운동을 찾으라. 하지만 너무 피곤해서 운동할 수 없다는 등의 다른 이유를 댈 수도 있다.

이제 분명해졌다. 문제는 시간이 아니었다. 신체적 노력이 문제였다. 그렇다면 노래에 맞춘 디스코나 간단한 요가 동작처럼 힘이 덜 드는 운동을 매일 아침 하자고 제안하라. 그리고 환경을 재설계해 운동하기 쉽게 만드는 것도 잊지 말라(예컨대 잠자리에 들기 전에 요가 매트를 내놓을 수 있다). 태양 숭배 자세 하나만 해서 무슨 건강상 이득이 있을까 염려할 것 없다. 아무리 사소해도 건강한 습관을 시작하는 것만으로도 대단한 일이다.

지원자의 방식을 쓸 때는 행동을 하기 어렵게 만드는 요인이 무엇인지 비공식적이지만 체계적으로 파악한 다음 약한 고리를 강화하는 조치를 취해야 한다.

5. 황금 행동을 자극할 방법을 찾는다

자극에는 인간 자극, 상황 자극, 행위 자극이 있다. 5단계에서는 어떤 자극이 당신 그룹에 확실히 효과가 있을지 알아내야 한다.

주동자: 작은 습관 기르기 접근 방식을 써서 "이 습관은 여러분의 일과 중 어디에 자연스럽게 들어맞겠는가?"라고 질문하라. 팀원들이 문제점을 이메일로 보고하게 도우려면 "기존의 어떤 일과가 이 새로운 습관을 실천하게 상기시킬 수 있을까?"라고 질문하라.

팀이 함께 선택지를 탐색할 수도 있지만 각 개인이 자신만의 앵커 행동을 고를 수도 있다. 어떤 팀원은 "점심을 먹고 온 후에 장애물 체크리스트를 보면서 이메일을 간단히 보낼 것이다"라는 습관 레시피를 작성할 수 있다.

지원자: 이 단계에서 지원자의 접근 방식은 주동자와 같다. 만약 이것이 효과가 없으면 "여러분이 이메일을 보내도록 상기시킬 좋은 방법이 뭐라고 생각합니까?"라고 질문할 수 있다.

나는 효과가 있는 방안을 찾은 다음 이를 확산시키기를 좋아한다. 문제점 체크리스트를 보고 이메일에 대해 이야기해보자. 그 과업의 실행을 쉽게 만든 후에 어떻게 되는지 지켜보라. 이 과업을 잘 수행하는 팀원들을 알아낸 후 이메일을 보내도록 만든 자극이 무엇인지 물어보라. 스스로 인지하지 못하고 있더라도 그들에게는 자극이 있었을 것이다. 성공적인 패턴을 발견하면 모든 팀원에게 동일한 자극을 활용하자고 제안하라.

사무실을 돌면서 당신에게 이메일을 보내야 할 팀원 10명과 이야기한다고 가정하자. 5명은 이메일을 잘 보내고 있다. 5명 중 4명은 점심을 먹으러 나가기 전에 문제점 체크리스트를 키보드 위에 올려놓는다는 사실을 알아낸다.

작은 습관 레시피

점심을 먹고 온

_____

후에

장애물 체크리스트
를 보면서 이메일을
간단히 보낼 것이다

뇌에 습관을 각인
시키기 위해 즉시

:)

앵커 설정 Anchor Moment
작은 행동(새로운 습관)을
실행하도록 상기시킬 생활
속 기존 일과

작은 행동 Tiny Behavior
대단히 작고 대단히 쉽게
축소한 자신이 원하는 새
로운 습관

축하 Celebration
내면에 긍정적인 감정(뿌듯
함)을 불러일으키기 위한
행동

그러면 점심을 먹고 왔을 때 체크리스트가 이메일을 보내야 한다는 걸 상기시킨다. 그렇다면 습관 레시피는 "점심을 먹으러 가기 위해 지갑을 든 후에 장애물 체크리스트를 키보드 위에 올려놓을 것이다"가 된다. 이 방법을 모든 팀원과 공유한다면 당신은 효과가 있는 방법을 찾아서 나머지 팀원에게 확산시킨 셈이다.

6. 성공을 축하한다

이 단계는 집단 내에 습관을 만들고자 할 때만 적용된다. 해결책이 일회성 행동이나 결정이라면 건너뛰어도 좋다.

주동자: 사람들이 성공을 느낄 수 있게 적절한 순간에 피드백을 줄

수 있다면 좋은 습관을 만들 수 있다. 그러나 그게 전부가 아니다. 내가 5장에서 이야기했듯이 성공한 느낌은 파급 효과를 낳는다. 존경하고 신뢰하는 사람의 칭찬만큼 강력한 것은 없다. 그리고 어떤 사람에게는 바로 당신이 그 사람이다.

주동자가 뿌듯함이 가져오는 효과를 이용해 집단의 습관을 만들고 궁극적으로 문화를 바꿀 방법에는 세 가지가 있다.

첫째, 감정이 어떻게 습관을 만드는지 집단 구성원에게 가르친다. 축하하고 뿌듯함을 느낌으로써 필요할 때마다 긍정적 감정을 불러일으켜 습관화에 이르게 하는 새로운 방법을 발견했다고 설명하라. 집단 구성원들이 5장 마지막 부분의 훈련 중 하나를 풀면서 자신만의 진정한 축하 방식을 찾게 하고 이 기술을 발전시키고 적용하도록 격려하라.

둘째, 집단 구성원이 뿌듯함을 느끼도록 돕는 역할을 한다. 아기의 걸음마를 도와주는 부모는 자연스럽게 그런 역할을 하며, 좋은 교사에게도 이 역할은 자연스럽다. 일상생활에서도, 심지어 예상하지 못할 때도 이런 예를 발견하게 된다. 마우이에서 사람들이 서핑을 배우는 장소에서는 초보자들이 처음으로 파도를 탈 때 구경꾼들이(주로 친구와 부모들) 환호를 보내준다.

셋째, 집단 구성원들이 서로의 좋은 습관을 축하하도록 권장한다. 작은 습관 기르기를 배운 가족들에게서 이 방법이 자연스럽게 나타나고는 한다. 어린아이들은 이 방법을 바로 습득한다. 엄마가 주방 싱크대를 짚고 팔굽혀펴기를 두 번 할 때 "잘했어요, 엄마!"라고 외치며 박수를 보내주는 딸을 생각해보라.

지원자: 지원자도 주동자와 마찬가지로 다른 사람이 뿌듯함을 느끼도록 부추길 수 있다. 그러나 좀더 은밀한 방식으로 한다. 누가 바람직한 행동을 했을 때 당신은 "와, 아주 좋네. 책상을 정리하니 기분이 어때?"라고 이야기해 습관화를 도울 수 있다. 이 질문은 직접적인 축하는 아니지만 동료가 다음에 책상을 정리할 때 뿌듯함을 더 즉각적으로 느낄 수 있게 한다. 설령 사람들이 결과에 도달하지 못하더라도 과정에서 성공을 거뒀음을 인식하게 도움으로써 성공의 의미를 재정의할 수도 있다. 체중계의 눈금은 변하지 않았어도 탄산음료 대신 물을 선택할 때마다 성공한 것이다. 명상할 때 마음이 차분해져야만 성공한 게 아니다. 단순히 조용히 앉아 있기만 해도 성공이며 거기에서 만족감을 느껴도 좋다.

나는 한 연구에서 성공을 인정하는 32종류의 메시지를 제시한 적이 있다(4행과 8열로 이루어진 표로 제시했다). 개인이 최고의 성과를 냈을 때 인정하는 "그 어느 때보다 잘했어요!"라는 말은 32가지 메시지 중 하나다.

어떤 사람들은 자신의 최고 성과를 갱신했음을 인정받을 때 뿌듯함을 느끼고, 어떤 사람들은 다른 사람보다 잘했다고 할 때 뿌듯함을 느낀다. 어떤 메시지가 구성원 각자를 가장 뿌듯하게 해주는지 안다면 그를 이용해 각자가 습관이 몸에 배게 하고 점점 더 나은 성과를 내게 도울 수 있다.

다음은 그 틀에 따라 내가 학생들에게 피드백을 준다고 가정하고 작성한 몇 가지 메시지이다.

- 늘 성실히 과제를 제출하는군요.
- 시험에서 만점을 받았네요.
- 첫 시험에서는 점수가 형편없었는데 이번에는 아주 잘 봤군요.
- 이 내용을 어떤 수강생보다 빨리 이해했네요.
- 어떤 수강생보다 성적이 크게 향상되었군요.

성공을 표현하는 32가지 메시지는 이 책의 부록에 실어두었다.

7. 함께 문제를 해결하고 반복한다

이제 행동 설계의 마지막 단계에 도달했다. 일회성 행동의 설계든 습관의 설계든 항상 반복이 필요하다는 사실을 수용하라. 원하는 만큼 효과가 없는 행동이 있다면 문제 해결을 위한 구체적인 조치를 취하라.

주동자: 구성원들에게 한 번의 시도로 습관이 생기지 않을 수 있다는 점을 미리 알려야 한다. 지속적인 습관 만들기는 구두를 사는 것과 비슷하다. 처음에 신어본 구두가 완벽히 맞지 않을 수 있다. 이런 비유는 구성원의 기대치를 낮추어 첫 번째 행동 설계가 성공하지 못해도 팀원들로부터 신뢰를 잃지 않게 해준다.

다음으로 자극, 능력, 동기로 이어지는 행동 모형에 기반한 문제 해결 순서를 설명한다. 습관을 기르려는 시도가 실패하더라도 절대 구성원의 동기나 의지 부족을 탓해선 안 된다. 의지를 발휘해야 한다면 설계가 잘못된 것이다. 만약 자극을 조정하고 최대한 간단한 행동으로 바꾸었는데도 성공하지 못한다면 그 행동에서 물러나 다른 행동, 즉 구성원 모두가 실제로 원하는 행동을 다시 찾아야 한다.

지원자: 지원자 스타일로 집단의 행동 문제를 해결하려 한다면 새로운 방식으로 행동 모형을 도입할 수 있다. 늘 그렇듯이 자극으로 시작하라. 그런 다음 능력을 살펴라. 그리고 동기는 마지막 수단으로 고려하라. 이때 동기 요인을 고려하지 않고 이미 동기 부여가 된 행동을 찾는 것이 최상의 시나리오다.

지원자가 어떤 조처를 하거나 피해야 하는지 행동 모형 그래프로 살펴보면 분명해진다. 회사의 걷기 프로그램에 직원들의 참여를 독려할 책임을 맡고 있다고 상상해보자. 직원들에게 30일간 걷기에 도전하라고 권하지만, 신청률이 저조하다. 신청자가 목표치의 2퍼센트 미만이다.

첫 번째 문제 해결법은 자극의 검토다. 직원들이 당신이 보낸 안내 메일을 열어볼까? 메일이 스팸메일함으로 들어갈 수도 있다. 받은 메일함이 꽉 찼을 수도 있다. 그렇다면 등록을 자극할 다른 방법을 찾아야 한다. 전화를 걸거나 손으로 쓴 쪽지를 전달해 권유해볼 수 있다.

직원들이 자극을 받았는데도(당신이 손으로 쓴 쪽지를 직접 갖다줬다) 여전히 결과가 신통찮다면 문제 해결의 다음 단계로 넘어가라. 나는 이런 경우 행동 모형의 어느 부분에 오는 상황인지 표시해보기를 좋아한다.

우측 상단에는 자극에 반응해 걷기 프로그램에 지원한 직원들이

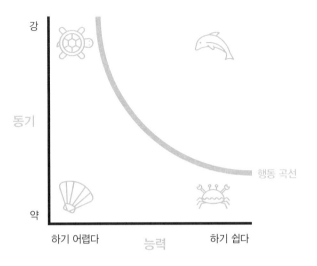

오게 된다. 나는 그 구역을 돌고래 집단이라고 부른다. 그들은 동기와 능력 둘 다 갖고 있다. 그들은 자극이 왔을 때 도전에 응하는 행동을 했다.

좌측 상단은 자극이 왔을 때 신청하지 않은 이들이 속하는 구역이다. 그들은 동기는 갖고 있지만 무슨 이유에선지 걷기가 너무 어려운 도전 같아 신청하지 않는다. 나는 이들을 거북이 집단이라고 부른다.

좌측 하단과 우측 하단은 걷기 프로그램에 합류할 동기가 부여되지 않은 이들, 게 집단과 조개 집단이다. 게 집단은 능력은 있지만 걷고 싶어 하지 않는다. 조개 집단은 능력도 동기도 없다. 돌고래 집단 외에 더 많은 직원을 동참시키려면 우선 거북이 집단에 초점을 맞추고 능력 체인을 활용해 어떻게 하면 더 쉽게 걸을 수 있을지 알아내도록 하라. 당분간 게 집단과 조개 집단은 잊어버리라. 그들이 합류할 가능성은 낮으므로 시간을 낭비할 필요가 없다.

일반적으로 혁신가들은 흔히 네 부류의 문제를 동시에 해결하려 한다. 또는 가장 힘든 부류인 조개 집단에 집중해야 한다고 생각한다. 두 접근법 모두 틀렸다. 행동 설계는 사람들이 이미 하고 싶은 행동을 하게 돕는 것이 목적이다. 게 집단과 조개 집단은 걷기 프로그램에 동참하고 싶어 하지 않는다. 돌고래 집단과 거북이 집단은 하고 싶어 한다. 그러므로 돌고래와 거북이 집단부터 돕도록 하라. 그러고 나서 게와 조개 집단이 좋아할 만한 탁구나 요리 클럽, 자전거 타기 같은 활동을 찾아보라. 또는 그들은 내버려두고 돌고래와 거북이 집단과 신나게 걷기를 즐기라.

그렇지만 게 집단에도 (어쩌면 조개 집단도) 손을 내밀어야 할 상황이 있다. 사람들이 해야만 하는 행동, 예를 들어 독감 예방접종처럼 필수적인 일일 때가 그런 경우다.

만약 모종의 이유로 게 집단도 걷기 프로그램에 동참하게 해야 한다면 그들의 열망이 무엇인지 찾아보라. 처음에 걷기 프로그램을 광고하며 즐겁게 건강을 챙기자는 구호를 내걸었는데 게 집단의 반향을 불러일으키지 못했다면 그들에게 의미 있는 구호를 찾으라. 여기에는 약간의 조사가 필요하다. 또 게 집단의 모두가 똑같은 열망에 공감하지 않을 수 있다. 따라서 홍보에 다음과 같은 변화를 주면 어떨지 고려해보라.

- 걷기 프로그램에 합류하고 금요 연주회 무료입장권 받기
- 걷기 프로그램에 합류하고 최고 간부와 면담할 기회 얻기

- 걷기 프로그램에 합류하고 무료 워킹화 받기

집단을 변화시키는 방법에 대해 대략 알아보았다. 지금부터는 실제 사례를 소개하려 한다. 다음 두 이야기는 실화다. 첫 번째는 앞에서도 소개했던 최고의 사연이다. 두 번째는 스트레스가 불가피한 병원에서 탄력 회복성을 높이기 위해 작은 습관 기르기 방식을 적용한 이야기다.

사례: 가족이 함께 한 학습 장애 극복

열망과 결과의 명확화

에이미의 딸 레이철은 유치원에 다닐 때 ADHD(주의력 결핍 및 과잉 행동 장애) 진단을 받았다. 신경심리학자는 레이철이 그가 본 아이들 가운데 가장 똑똑하고 가장 산만하다고 했다. 에이미는 딸이 생각이 깊은 아이라는 걸 알았다. 하지만 레이철은 사소한 행동 하나하나에 정신이 팔리는 바람에 매사에 몹시 느렸다. 아이는 자기만의 생각에 빠져 지시에 잘 따르지 못했고, 좀처럼 결정을 내리지 못했다. 그러나 레이철의 선생님은 아이가 뛰어난 사고력을 발휘할 방법을 찾아 연습문제를 끝내거나 질문에 바로 답해야 한다는 걸 잊지 않고 조금만 빨리 처리한다면 학교생활을 잘할 수 있다고 입을 모았다. 4학년이 되면서 레이철은 특수반에 배정됐다. 에이미는 아이가 숙제를 끝내게 하느라 날마다 애를 먹는데 아이는 게임을 하거나 밖에 나가서 놀 생각만 했다.

에이미가 첫 번째로 했던 일은 레이철의 숨겨진 열망을 알아내는 것이었다. 거기에는 어느 정도의 시간과 에이미의 창의적 질문이 필요했다. 레이철에게는 좋은 성적 받기, 선생님에게 인정받기, 구구단 외우기가 중요하지 않은 일로 밝혀졌다. 에이미는 레이철이 하고 싶은 행동과 회피하는 행동 이면에 있는 아이만의 독특한 이유를 계속 파고들었다. 열망을 올바로 알아내는 것이 핵심임을 아는 에이미는 숙제하기(필요조건)를 레이철이 이미 가진 열망에 맞추었다.

에이미는 레이철에게 "숙제하기가 힘든 건 알지만 네가 숙제하는 법을 배우지 못하면 어떤 일이 일어날 것 같아?"라고 질문하자 진정한 깨달음의 순간이 찾아왔다고 했다. 그때 레이철의 대답은 "음, 자유 시간이 더 생기겠죠"였다.

"그렇지. 하지만 4학년을 마치고 다른 아이들은 전부 5학년으로 올라가는데 너만 못 올라가면 기분이 어떨까?" 레이철의 눈이 휘둥그레졌다. "뭐라고요?"

"그리고 너는 여전히 4학년인데 다른 아이들은 6학년이 되면 어떨까?" 레이철은 머리를 굴리기 시작했다. "그건 싫을 것 같아요."

"그래, 너도 4학년을 마치고 반 친구들과 같은 학년으로 올라가고 싶구나. 잘됐다. 이제 네가 무엇을 원하고 어디로 가기를 원하는지 알았으니까 그렇게 되게 만들 좋은 방법을 찾을 수 있겠다."

이는 레이철만큼이나 에이미에게도 중요했던 대화였다. 그녀는 레이철이 숙제 내용을 익히는 데는 사실상 관심이 없음을 알게 되었다. 엄마에게 중요했을 뿐이었다. 공부에 대한 레이철의 관심은 학교 친구들보다 뒤처지지 않는 정도였다. 그래서 에이미는 그 열망을 새로운 행동군의 구름 칸에 적고 이에 도달할 수 있게 해줄 구체적 행동들에 대해 레이철과 이야기했다.

구체적 행동 찾기

방과 후 숙제하기는 함께 변화하는 여정을 시작하게 해줄 구체적 행동이었으므로 에이미와 레이철은 이를 출발점으로 삼았다.

하기 쉽게 만들기

다음 단계는 레이철이 실행하기 쉽게 만들기였다. 가장 큰 장애물은 주의 집중력이었다. 레이철은 집중력을 유지하기 위해 끊임없이 고군분투해야 했다. 방과 후에는 집중력 유지가 더 힘들었다. 그래서 에이미는 숙제를 작게 쪼개어 실험해보았다. 숙제하는 장소로 정해둔 유리 탁자에 학용품 정리하기, 레이철이 끝내야 하는 연습문제 목록 적기 등 할 일을 10분 단위로 쪼갰다. 중간에는 5분 휴식 시간을 두어 트램펄린에서 뛰게 했다. 학습용 카드와 비디오도 사용해보았다. 숙제를 컴퓨터에도 해보고 종이에도 해봤다. 그러면서 능력 체인에서 발견되는 약점을 보강했다.

이 모든 과정에서 에이미는 딸에게 자신의 생각을 분명하게 밝히고 레이철의 의견을 물었다. 레이철이 무언가에 거부감을 보이면 5일간 레이철의 방식대로 하고 5일간 에이미의 방식대로 해본 후 어느 쪽이 나은지 결정했다. 에이미는 레이철이 숙제를 마치도록 돕고 있을 뿐 아니라 습관을 실험하고 관리하는 법 또한 가르치고 있다는 사실을 알았다. 그녀는 레이철에게 변화의 기술을 가르치고 있었다.

자신에게 적합한 자극 찾기

레이철의 방과 후 일과에 숙제할 시간을 끼워 넣는 것은 매우 중요한 문제였다. 저녁 식사 후까지 숙제를 미뤘을 때는 결과가 뻔했다. 아무리 애써도 레이철이 너무 지쳐서 제대로 집중할 수 없었다. 그래서 하교 직후에 바로 숙제를 마쳐야만 한다고 결론 내렸다. 하교 직후부터 시간을 점점 세분화해 나갔다. 에이미는 숙제하기의 세부 행동마다 "… 후에 … 할 것이다"라는 작은 습관 레시피를 작성했다. 그들은 몇 차례 숙제할 시간을 옮겨가며 반복한 끝에 효과가 있는 레시피를 완성했다. "5분간 트램펄린에서 뛴 후에 책가방에서 문제지를 꺼낼 것이다"라는 레시피였다. 함께 탐색해가는 동안 그들은 학용품 정리하기, 그날의 숙제 목록 작성하기, 틈틈이 신나는 활동하기 같은 작은 습관들로 쪼개는 것이 중요하다는 사실을 알게 됐다.

작은 성공을 함께 축하하기

에이미는 숙제 습관 레시피에 축하하기도 반드시 포함시켰다. 그들은 각각의 성공에 가장 효과적인 축하 방법을 찾기 위해 하이파이브를 하며 뛰었고, 막춤도 추었고, 스티커 판도 만들었다. 천성이 엉뚱하고 다정한 레이철은 축하를 열심히 했다. 에이미는 방금 딸이 한 행동과 축하의 연관성을 분명히 밝혀 딸이 뿌듯함을 느끼게 하고 새로운 습관이 효율적으로 자리 잡게 했다.

레이철과 에이미는 숙제하기에 도움이 되고 교실에서 점점 성공을 경험하게 해줄 새로운 습관들을 계속 도입했다. 그중 일부는 레이철의 학습 습관으로 자리 잡았다. 모녀가 4학년 때 만든 습관 하나는 레이철이 시간을 관리하고 할 일을 끝내는 데 특히 도움이 됐다. 이 습관의 레시피는 "학교에서 돌아온 후에 (트레일링 에지: 책가방 벗기) 숙제가 뭐가 있으며 시간이 얼마나 걸릴지 예상해서 적을 것이다"였다. 축하는 저절로 하게 됐다. 레이철은 숙제를 끝내는 데 얼마나 걸릴지 예상하고 나면 그날 저녁 나머지 시간에 할 수 있는 온갖 일이 생각나서 저절로 신이 났다. 숙제 목록 위에 시간을 썼을 뿐이지만 이를 통해 시간 관리 방법을 배웠다. 레이철은 점차 특정 과제를 하는 데 시간이 얼마나 걸릴지 파악하고 거기에 맞춰 순서를 정하는 데 능숙해졌다. 처음에는 에이미가 며칠에 한 번씩 레이철이 예상한 시간을 검토하고, 무엇을 잘못 추측했고, 왜 잘못 추측했으며, 어떻게 수정할 수 있는지 이해시키는 과정이 필요했다. 그러나 레이철이 이 습관을 통제할 수 있게 되자 곧 그런 점검도 그만두게 됐다. 레이철이 자신의 능력과 동기에 대한 이해를 높일수록 에이미의 관여도 줄어들었고 결과적으로 모녀 사이의 스트레스도 줄었다.

6학년이 되었을 때 레이철은 더 이상 특수반에 배정되지 않았다. 아이는 정규 수업을 잘 따라갔을 뿐 아니라 심화 과정 수업까지 들었고 우수한 성적으로 졸업했다.

작은 습관 기르기로 레이철을 돕기 시작했을 때 에이미는 대단한 변화를 기대하지 않았다. 다만 딸이 타고난 재능을 활용할 길을 찾기만을 바랐다. 레이철이 4학년에 유급했더라도 실망하지 않았을 것이다. 하지만 딸이 잠재력을 최대한 발휘하게 돕지 못했다면 에이미는 계속 마음이 아팠을 것이다. 다행히 에이미는 세심한 엄마였다. 만약 그녀가 레이철에게 과도한 요구를 했더라면 그녀의 노력은 끊임없는 불안과 긴장의 원천이 되고 결국에는 실패했을 것이다.

사례: 간호사의 스트레스 줄이기

간호사 번아웃 문제의 해결을 위해 주요 상급종합병원과 협업을 한적이 있다. 이때 나는 린다를 코치로 초청했다. 병원 대표에게는 "간호사들의 회복 탄력성을 높여줄 새로운 습관을 형성하게 돕는" 프로젝트라고 브리핑했다. 회복 탄력성resilience이라는 긍정적인 틀로 포장했지만, 사실 간호사, 의사, 다른 의료진 사이에서 점점 심각한 문제로 대두된 직원 번아웃 때문에 진행하는 프로젝트임을 모두가 알고 있었다.

간호사들은 아픈 사람을 돌본다. 훌륭한 간호에도 불구하고 일부환자는 사망했고, 의사와 환자, 보호자가 부당한 요구를 해올 때도있었다. 간호사의 직업적 실상을 알게 될수록 그들이 얼마나 심한 스트레스를 받고 있으며, 이런 스트레스가 직장을 넘어 일상 생활에도악영향을 미친다는 사실을 알게 됐다.

린다와 내가 화상 회의로 강의를 하는 동안 나는 화면으로 간호사를 한 명 한 명 만날 수 있었다. 어떤 사람은 집에서 게슴츠레한 눈에 잠옷 차림으로 소파에 털썩 주저앉아 포장해온 음식을 먹으며 강의를 들었다. 그들은 전혀 간호사처럼 보이지 않았다. 밤샘 파티 후의 대학생처럼 보였다. 책상에 앉아 강의를 듣는 이들도 피로가 가득한 얼굴로 카메라를 응시했다.

린다와 나는 진심으로 그들을 돕고 싶었다. 린다는 스트레스 감소를 위한 작은 습관 기르기를 전문으로 했기 때문에 이상적인 강사였다. 간호사들은 자신을 (그리고 서로를) 잘 돌봐주어야 환자들 더 잘 돌봐줄 수 있다는 것을 충분히 이해했지만, 그런 열망을 실행에 옮길 방법을 몰랐다.

우리는 일주일에 한 시간씩 한 달 동안 작은 습관을 기르는 방법들을 가르쳤고 그들은 한 주 동안 아주 작은 행동으로 나누고, 습관 레시피를 작성하고, 앵커 ➡ 습관의 연속 실행을 예행연습하고, 축하하고, 문제 해결하기를 실천했다. 이 과정에서 우리는 인간으로서의 간호사들을 알게 되었다. 병원에서의 기존 습관도 조금 알게 되었다. 간호사들은 거의 쉬지 못했다. 그들이 사용하는 낡은 소프트웨어는 짜증을 유발했다. 가장 놀라웠던 점은 그들이 12시간 근무하는 동안 물을 전혀 마시지 않는다는 사실이었다. 간호사들은 그것이 건강에 좋지 않은 행동임을 알지만, 병원 문화의 무언가가 갈증마저 외면하게 했다. 물을 마시지 않으면 화장실에 다녀올 필요가 없었다. 그럼으로써 더 많은 환자를 도울 수 있다고 생각했고 동료들이 자신의 헌신을 인정할 거라고 믿었던 것이다.

하지만 헌신의 대가는 컸다. 긴 근무 시간 후에 집으로 돌아간 대다수 간호사가 가족과 교류하지 못했다. 두통에 시달렸고 일부는 수면 장애도 있었다.

간호사들의 작은 습관 기르기 훈련을 돕기 위해서 나는 레시피 작성 도구를 개발했다. 린다와 나는 간호사들에게 레시피 양식의 왼쪽에 앵커(매일 병원에서 하는 일과) 목록을 쓰게 했다.

- 차를 주차한 후…
- 컴퓨터에 로그인한 후…
- 환자를 만난 후…
- 심전도를 한 후…
- 간호사 호출에 응답한 후…
- 손을 씻은 후…

그런 다음 스트레스를 줄이기 위해 그들이 할 수 있는 사소한 행동에는 무엇이 있을지 찾았다. 우리는 아주 많은 행동을 찾아냈고 그중 일부를 레시피 양식의 오른쪽에 적었다.

- 심호흡을 한 번 할 것이다.
- 가장 가까운 사람에게 미소를 지을 것이다.
- 물을 한 모금 마실 것이다.
- 도움을 청할 것이다.
- 감사 인사를 할 것이다.

간호사들은 좌우에 적힌 글을 짝을 바꿔가며 목록에 채울 수 있었다. 왼쪽에 앵커 행동, 오른쪽에 아주 작은 행동을 짝지음으로써 간호사들은 근무 중에 시도할 수 있는 습관 레시피를 빠르게 작성했다. 간호사들은 어떤 레시피가 효과가 있었는지 서로 공유했다. 다음은 그들이 만든 레시피다.

- 병원에 차를 주차한 후에 눈을 감고 느긋이 세 번 심호흡할 것이다.
- 출근 카드를 찍은 후에 '오늘 나는 정말로 내가 필요한 사람들을 도울 것이다'라고 생각할 것이다.
- 각 환자를 본 후에 눈을 맞추고 미소를 지을 것이다.
- 내 컴퓨터를 병원 컴퓨터에 연결한 후에 물을 한 모금 마실 것이다.
- 팀이 모인 후에 처음 이야기를 나눈 야간 근무자에게 감사 인사를 할 것이다.

우리는 간호사들이 바쁘고 스트레스가 많은 업무 속에서 작은 습관 방식을 실행하도록 배우는 동안 너무나 피곤하고 지친 가운데서도 함께 변화하고 있음을 목격할 수 있었다. 간호사들은 축하하기도 받아들였다. 우리는 어떻게 작은 성공을 축하할지 그리고 왜 축하를 해야만 하는지 그들에게 이해시키는 데 한 회분 강의를 할애했다. 그 성과는 놀라웠다. 간호사들은 우리가 희망한 대로 자신의 성공을 축하하기 시작했다. 또 서로를 축하해주기 시작했다. 물을 마신 동료 간호사에게 잠시 박수를 보내고, 동료가 휴게실에 들어와 앉으면 하이파이브를 해주고, 누군가 느긋이 심호흡하면 "잘했어요!"라

작은 습관 레시피

병원에 주차한

눈을 감고 느긋이

세 번 심호흡

뇌에 습관을 각인
시키기 위해 즉시

후에

할 것이다

☺

앵커 설정Anchor Moment
작은 행동(새로운 습관)을
실행하도록 상기시킬 생활
속 기존 일과

작은 행동Tiny Behavior
대단히 작고 대단히 쉽게
축소한 자신이 원하는 새
로운 습관

축하Celebration
내면에 긍정적인 감정(뿌듯
함)을 불러일으키기 위한
행동

고 했다.

우리는 간호사에 이어 다른 직원들도 교육했다. 거기에는 응급실
직원과 병원 행정직원이 포함됐다. 작은 습관 기르기가 간호사에게
미친 영향을 측정하기 위해 공식 연구도 진행했다.

교육받기 전에 간호사들은 스트레스와 회복 탄력성에 관한 설문
지를 무기명으로 작성했다. 교육을 끝내고 3개월 후 간호사들은 동
일한 설문지를 다시 작성했고, 그 데이터는 다음 항목에서 통계적으
로 유의미한 개선이 있었음을 보여주었다.

- "나는 매일 스트레스 완화 습관을 실천한다."
- "나는 직장에서 스트레스를 잘 관리하고 있다."

- "나는 온종일 회복 탄력성 기르기 기법을 틈틈이 연습한다."
- "나는 매일 직장에서 건강한 습관을 실천한다."
- "나는 업무가 순조로울 때 이를 알아본다."
- "나는 집에서 긍정적인 습관을 설계할 수 있다."

린다와 나는 작은 습관 기르기가 직장 내의 어려운 문제를 해결하는 데 도움이 될 수 있어서 기뻤다. 우리의 노력으로 이 치유자들이 스트레스를 덜 받고, 더 건강해지고, 환자 간호를 더 잘하게 되었다는 사실이 기뻤다.

우리는 크고작은 문제들로 가득한 세상에 살고 있다. 나는 행동 설계의 원칙과 작은 습관 기르기의 방법, 변화의 기술만 알면 어떤 난관에 직면하든 해결에 필요한 모든 것을 가진 거라고 믿는다. 나는 내가 가르친 학생들과 전문가들이 행동 설계를 통해 난감해 보이는 문제를 해결하는 모습을 목격했다. 함께 변화하기가 관계의 심화를 의미하든, 스트레스가 심한 직장의 근무 환경의 개선이나 아이가 잠재력을 최대한 발휘하게 돕는 것을 의미하든, 올바른 접근법을 사용한다면 거의 모든 변화가 가능하다.

행동 설계는 혼자만의 일이 아니다. 우리가 설계하는 습관 하나하나, 우리가 축하하는 작은 성공 하나하나, 우리가 이룬 변화 하나하나가 개인적 삶을 넘어서 퍼져나간다. 우리는 행동을 통해 가족, 공동체, 사회를 형성해나간다. 그리고 그들도 우리를 형성해나간다. 행동 설계는 단순히 5킬로그램 체중 감량이나 저녁 식사 중에는 휴대전화 내려놓게 하기 위한 게 아니다. 행동 설계는 우리가 지향하는 사람이 되고 우리가 더불어 살고 싶은 가족, 팀, 공동체, 세상을 만들어가는 활동이다.

1. 행동 설계 공유하기

1단계 팀원이나 가족에게 30분만 스탠퍼드대학의 학자가 개발한 새로운 방식을 함께 배워보자고 요청한다.

2단계 행동군 양식을 나눠주거나 직접 그리라고 한다.

3단계 구름 모양 칸 안에 열망을 쓰라고 한다.

4단계 열망으로 이어질 수 있는 행동을 최소 10가지 이상 생각해보게 한다. (5분 정도 시간을 준다. 하지만 당신이 도움을 주어야 할 수도 있다.)

5단계 열망을 이루는 데 가장 도움이 될 듯한 5가지 행동 옆에 별표를 한다.

6단계 그들이 할 수 있는 행동에 동그라미를 치게 한다. 별표와 동그라미 둘 다 표시된 행동들이 황금 행동이다. 황금 행동의 의미를 설명한다.

7단계 황금 행동들을 공유하고 그것을 현실화할 방법을 논의하게 한다. 만약 새로운 습관 설계로 이어지게 된다면 그들이 작은 습관 기르기 방법을 사용하게 돕는다.

2. 행동 설계를 통해 함께 문제 해결하기

1단계 ▶ 팀원이나 가족에게 30분만 스탠퍼드대학의 학자가 개발한 새로운 방식을 함께 배워보자고 요청하라.

2단계 ▶ 구성원 모두가 공유할 열망을 하나씩 생각하게 한다. 팀원들은 효율적인 회의를 원할 수 있다. 가족은 오붓한 가족만의 저녁 시간을 더 원할 수 있다.

3단계 ▶ 2단계에서 나온 열망 가운데 하나를 고르고 모두에게 그 의미가 명확한지 확인한다.

4단계 ▶ 모두가 집단의 열망을 이루게 해줄 황금 행동 찾기 절차를 따르게 한다. (1. 2~6단계 참조)

5단계 ▶ 구성원들에게 황금 행동 한두 가지를 공유하게 한다. (모두가 볼 수 있게 적는다.)

6단계 ▶ 당신이 적은 목록을 검토한다. 팀원 또는 가족에게 각 황금 행동을 실행할 방법을 질문한다. 논의를 거쳐 계획을 세운다.

3. 변경할 행동에 대한 팀의 의견 조율

1단계 모이기 전에 팀의 열망이 무엇인지 정한다. 긍정적인 소통 또는 정말 중요한 프로젝트의 진전이 열망이 될 수 있다.

2단계 각자 요술봉 기법을 통해 행동들을 생각해본다. (또는 다른 사람에게 아이디어를 얻는다.)

3단계 이 행동이 구체적인지 다시 확인한 다음 각각을 색인 카드나 작은 종이에 적는다.

4단계 팀원들을 모아 열망을 설명한다.

5단계 각 팀원에게 비슷한 수의 카드를 나눠준다.

6단계 이 장에서 설명한 대로 집단 포커스 맵을 그린다. 집단의 포커스 맵 작성을 진행하는 법에 관해 더 자세히 알고 싶다면 FocusMap.info를 참조하라.

7단계 행동 곡선의 우측 상단에 배치할 행동들을(황금 행동) 정했다면 팀이 각각의 행동을 어떻게 실행할 수 있을지 질문한다.

8단계 논의를 거쳐 계획을 세운다.

작은 변화가 모든 것을 바꾼다

2008년 학회 연설을 위해 암스테르담에 있었다. 개막식 기조연설을 마치고 하루 종일 행사장에서 시간을 보냈다. 저녁 리셉션 후에 호텔 방에 막 들어서는데 전화의 알림음이 울렸다.

"개럿이 약물 과다 복용으로 죽었어."

동생의 문자 메시지였다. 눈을 깜박이고 다시 읽었다. 너무 짧고 간단명료해서 오히려 비현실적이었다. 하지만 내 입에서는 "아니야"라는 말부터 나왔다. 나는 점점 더 크게 아니라고 외쳤다. 지금도 그 날을 떠올리면 가슴이 미어지는 듯하다.

개럿은 린다 누나의 아들이었다. 조카는 스무 살이 되어서도 여전히 나를 BJ 삼촌이라고 부르며 만날 때마다 포옹을 해주었다. 가족 모두가 인정하듯 개럿은 조카들 중에서도 가장 다정했다. 개럿의 형제자매들은 농담으로, 또 진담으로 그를 '골든 차일드'golden child라고 불렀다. 그는 해바라기를 좋아했고 먹는 거라면 누구에게도 지지 않았다. 초콜릿 칩 쿠키라면 특히 그랬다.

조카의 수많은 모습이 머리를 스치다가 의문이 꼬리에 꼬리를 물었다. 약물 과다 복용? 개럿은 중독 치료를 받고 몇 개월 동안 약 없이 지냈다. 나는 그가 마약을 완전히 끊었다고 생각했다. 어떻게 된 걸까? 나는 침묵 속에 호텔 방 침대 한편에 걸터앉아 있었다. 정신이 멍했다. 끔찍한 몇 분이 흘러갔다. 누나는 인생 최악의 고통에 빠져 있을 텐데 나는 지구 반대편에 있었다. 충격과 의문을 밀어내고 일어났다. "짐 싸서 가야겠어. 당장."

프런트에 전화해 스히폴 공항까지 얼마나 걸리는지 물었다. 자정이 막 지난 시각이었다. 몇 분 만에 모든 짐을 가방에 던져 넣고 택시를 타고 공항에 가서 라스베이거스행 비행기를 탔다.

린다 누나에 대한 가장 어릴 적 기억 중 하나는 내가 3살쯤 됐을 무렵 거실의 작은 칠판 앞에 서 있던 모습이다. 나를 작은 의자에 앉혀놓고 누나는 테이프가 물에 젖으면 붙지 않는다는 아주 중요한 사실을 내게 가르쳤다. 누나는 칠판에 작은 테이프 조각을 붙인 다음 또 한 조각을 물에 담갔다가 칠판에 붙였다. 물에 적신 테이프가 칠판 아래로 미끄러지자 누나가 외쳤다. "봐, BJ!"

누나와 나는 늘 각별한 사이였다. 누나가 맏이이기도 하고 우리 둘의 성격이 잘 맞아서 그럴 것이다. 우리 둘 다 배우고 가르치기를 좋아하며, 항상 사람들을 도울 방도를 찾았다. 앞에서 내가 했던 이야기들로 짐작했겠지만, 린다 누나는 다른 사람을 돌보는 데 타고난 사람이다. 누나는 여덟 아이의 엄마다. 그리고 내가 아는 누구보다 많은 고통을 겪었다.

개럿의 부고를 듣고서 라스베이거스로 날아간 나는 곧장 누나의 집으로 갔다. 누나 가족들이 상상할 수 없는 상실감을 견디는 동안 누나 곁에 거기 머물렀다. 나는 추도사를 했고 관을 운구했다.

장례식 후 가족, 친지들이 누나 집에 모여 음식을 나누고 깊은 애도를 표했다. 어느 순간 주방에서 옆 베란다로 나가는 누나 모습이 보였다. 1분쯤 후 나도 따라 나갔다. 밖으로 나가 보니 날이 어두워지고 있었다. 석조 테라스에 앉아 있는 누나가 보였다. 누나는 벽에 기댄 채 팔로 다리를 감싸 안고 웅크리고 있었다. 누나는 손으로 얼굴을 가리고 온몸이 떨리도록 흐느껴 울고 있었다. 나는 그 옆에 털썩 앉아서 누나의 어깨를 감싸 안았다. 뭐라고 말을 해야 할지 알 수 없어서 둘이 그냥 앉아 있었다.

누나는 훗날 사람들과 장례식, 끔찍한 상실감에서 벗어날 필요가 있었다고 말해주었다. 그러나 테라스로 나왔을 때 슬픔을 벗어날 길이 없다는 걸 깨달았다. 그 순간 누나는 무너졌다.

린다 누나는 내가 어렸을 때뿐 아니라 성인기로 접어들면서 여러 가지 개인적 고통을 겪을 때도 항상 나를 돌봐주고 지지해주었다. 그래서 그날 누나네 집 베란다에서 이제 내 차례라고 생각했다. 누나 옆에 앉기 전에 나는 무슨 일이 있더라도 누나를 도울 거라고 다짐했다.

표면적으로 그것은 사랑하는 사람이 고통에 빠졌을 때 돕고 싶은 순수하고 깊은 욕구였다. 하지만 그건 내 일과 삶의 궁극적인 방향에 영향을 미친 중요한 순간이기도 했다. 누나에게도 마찬가지였다.

개럿의 죽음 이후로도 린다 누나의 삶에 파도가 계속 몰아쳤다. 아들을 잃은 후 몇 년 동안 누나의 고군분투는 이어졌다. 매형이 알츠하이머로 진단받은 후 병세가 급속도로 나빠지는 바람에 가족 사업이 망해 파산까지 했다. 그동안 나는 어떤 식으로든 누나에게 힘이 되어주려 노력했지만, 어느 순간 누나는 갈림길에 선 자신을 발견했다. 그동안 누나는 열심히 공부해 석사 학위를 따고 부모들이 소셜미디어라는 새로운 영역을 헤쳐나갈 수 있도록 전국을 다니며 꾸준히 컨설팅을 하고 있었다. 그러나 몇 년 동안 아이들을 두고 자주 출장을 다니며 번아웃 상태가 되도록 일해도 생활이 빠듯하기만 하자 누나는 새로운 방향을 모색하고자 했다. 나도 누나가 가족을 부양할 수 있는 수입이 필요하다는 것을 알고 있었다.

당시 나는 작은 습관 프로그램을 개별적으로 지도하고 있었다. 그 인원이 매년 수천 명에 이르렀다. 그걸로 큰돈을 벌지는 못했지만 나는 코칭이 재미있었고 간접적인 체험을 통해 인간 행동에 대해 아주 많은 것을 배웠다.

그런데 매일 수백 명의 사람과 교류하자니 내게 가장 부족한 자원인 시간을 빼앗겼다. 나는 휴가 중이나 강연을 위한 출장길에도 시간을 내서 세계 각지의 사람들을 지도했다. 작은 습관 실천자들이 내 방법으로 성공하는 것이 너무 좋았다. 그들은 친구들에게 작은 습관 프로그램을 알려주었고, 친구들은 또 그들의 친구들에게 이야기했다. 그렇게 계속 소문이 퍼졌다.

나는 사람들을 도우면서 매일 기분이 좋기는 했지만, 그로 인해 나의 진짜 일인 학문에 쏟을 시간을 빼앗기는 점이 걱정되기 시작했다. 하지만 매주 나의 프로그램에 등록하는 수백 명을 외면할 수가 없었다.

그러던 차에 린다 누나도 도움이 필요했다. 누나는 작은 습관 프로그램에 적임자였다. 당시 누나는 스탠퍼드대학에서의 내 워크숍을 돕고 있었다. 그러니 행동 설계에 대해 이미 아주 많이 알고 있었을 뿐 아니라 아주 훌륭한 교사였고 주로 헬스케어와 웰니스 분야에서 일해왔다. 나는 작은 습관 프로그램의 코치 자리가 린다 누나의 기술과 열정에 잘 맞겠다는 확신이 들었다. 그리고 그 일이 누나에게 돈을 벌 수 있는 직업이 되기를 바랐다. 그와 동시에 나는 5일 프로그램에 합류한 사람들의 지도를 도와줄 숙련된 전문가 집단을 키우고 싶었다. 이것이 린다 누나를 도우면서 나의 일상적 부담도 덜어줄 좋은 방법이 되었을까?

그랬다. 하지만 그 이상을 얻게 되리라는 것을 그때는 깨닫지 못했다. 작은 습관들로 거둔 린다 누나의 놀라운 성공에 대해서는 여러분도 이 책에서 읽었지만, 나는 누나와 함께 작은 습관 프로그램을 사람들에게 가르치는 동안 누나가 차근차근 변해가는 모습을 목격할 수 있었다. 보기만 해도 놀라웠다. 나는 누나가 변화의 기술을 습득하는 모습을 지켜봤다. 기술을 숙달해 자신감을 얻은 모습도 봤다. 그리고 그 변화를 통해 마인드세트에 어떤 근본적인 변화가 생겼는지도 지켜봤다. 나는 약 6개월 동안 누나가 다른 사람이 삶을 바꾸도록 돕는 한편으로 자신의 삶도 완전히 바꿔나가는 모습을 지켜봤다. 누나는 발전하고 성장했다. 가장 중요하게는 활기와 희망을 되찾았다.

작은 습관 프로그램에서 사람들을 코칭하면서 내가 알게 된 사실은 코치가 행복해진다는 것이다. 이유는 아주 간단하다. 사람들이 삶의 변화를 만들어가도록 도우면서 그 긍정적 영향을 매일 보기 때문이다. 기분이 좋아지고 뿌듯해진다.

린다 누나는 내가 이 책에서 알려준 사실, 즉 긍정적인 감정이 최고의 변화를 가져온다는 사실을 잘 보여주는 고무적이고 찬란한 예다. 그녀는 삶의 변신을 보여주는 살아 있는 증거다.

2016년 나는 내가 탄 비행기가 추락하는 꿈을 꾸었다.

기내의 모든 것이 흔들렸던가? 옆 승객이 내 팔을 움켜잡았던가? 사람들이 비명을 질렀던가? 아마 그랬을 것이다. 하지만 내가 확실히 기억하는 게 있다. 나는 내가 죽을 거라는 걸 알았다. 하지만 기이하게도 두려움에 사로잡히지도, 공황 상태에 빠지지도 않았다. 슬프게도 인생 최고의 순간들이 주마등처럼 스쳐 지나가지도 않았다. 대신 깊은 후회만 가득했다. 내게 주어졌던 많은 통찰이 사라질 게 안타까웠다. 고통스러운 죽음이 눈앞에 다가오자 행동 변화에 관한 진실을 설명할 의무를 다하지 못했다는 아쉬움만 남았다. 수많은 사람이 더 건강하고 행복해지도록 돕는 데 실패했다는 생각이 들었다.

잠에서 깨어 꿈이란 걸 깨닫고는 '와, 정말 이상하다. 비행기 추락으로 죽을 게 확실한데 그렇게 반응해?'라는 생각이 들었다.

곧 꿈의 의미를 알아챘다. 나의 통찰을 널리 알려야 했다. 그것도 곧. 내 모든 통찰을 세상에 알릴 방법이 필요했다.

나는 몇 년 동안 책을 쓰려고 했지만 다른 프로젝트들이 시간을 다 잡아먹는 듯했다. 스탠퍼드대학의 행동설계연구소Behavior Design Lab

를 운영하고, 해마다 새로운 강좌를 개설하고, 비즈니스 혁신가들을 양성하고, 한 번에 대여섯 가지 프로젝트를 진행하고 있었다.

그 꿈은 내가 해야 할 일을 상기시켰다. 그때까지 내 연구 내용의 극히 일부만 세상에 알려졌다. 알려진 내용도 나의 바람만큼 사람들이 쉽게 찾아볼 수 있는 게 아니었다. 행동 설계에 관한 내 연구는 온라인으로 찾기 힘들었다. 나는 매일 연구 내용을 가르치고 적용하고 있었지만, 스탠퍼드대학 수강생과 혁신적 기업가 훈련에 참석할 수 있는 사람들에게 한정됐다. 다른 사람들은 외부 강연이나 내 트위터로 극히 일부만 접할 수 있을 뿐이었다. 인간 행동 변화와 관련된 구조도, 순서도, 혁신 방안으로 가득한 파일 상자와 공책들도 집 안 사무실의 수납장 안에 넣어두기만 해서 그 정보를 아무도 이용할 수 없었다.

사람들이 이메일이나 전화로 도움을 청할 때 나는 괴로운 심정이었다. 의미 있는 프로젝트를 앞두고 있을 그들은 "어떻게 하면 선생님 연구에 대해 더 알 수 있을까요?"라고 묻고는 했다. 나는 "제 트위터 게시물을 주의 깊게 읽고 온라인으로 제 영상물들을 검색해보세요"라는 답답한 대답밖에 하지 못했다. 결과적으로 나는 답을 주지 못했다. 그리고 나면 마음이 불편했다. 그 당시 행동 설계의 모형과 방법들을 종합해 제시할 수 있는 무언가가 내게는 없었다. 페루의 학생들이 더 나은 재활용 서비스를 설계하기 위해 사용할 수 있고, 보건소 직원이 효과적인 예방접종 프로그램을 설계하는 데 도움이 되고, 가족이 삶을 개선하기 위해 사용할 수 있는, 책 같은 게 없었다.

비행기가 추락하는 꿈으로 나는 작은 습관 기르기가 누나에게 도움이 되었듯이 누군가의 누나, 형, 어머니, 아버지, 아들, 딸에게도 도움을 줄 수 있음을 깨달았다. 나는 이러한 통찰력이 삶에 패배감을 느끼는 모든 사람에게 도움이 될 수 있다는 걸 알고 있었다. 수치심과 자기비판에 빠진 사람, 자신이 되고 싶은 사람과 살고 싶은 삶을 알지만 어떻게 해야 그걸 이룰 수 있는지 모르는 사람, 애초에 의미 있는 변화가 가능하다는 것을 의심하는 사람에게도 도움이 될 수 있었다.

만약 내가 오래전에 작은 습관 프로그램을 포기했더라면, 만약 누나를 도울 결심을 하지 않았더라면, 나는 중대한 깨달음을 얻지 못했을 수도 있다. 스탠퍼드대학에서의 연구와 비즈니스 리더들과의 협업도 중요하지만, 그것이 세상의 변화를 가져오지는 못할 거라는 걸 말이다.

세상을 바꿀 이는 여러분이다.

이는 바람이 아니라 객관적인 사실이다.

이제는 당신도 작은 습관 프로그램에 따라 만든 습관이 절대 사소하지 않다는 걸 알 것이다. 그 효과는 강력하다.

습관은 변화의 가장 작은 단위일지 몰라도 가장 근본적인 요소이기도 하다. 습관을 기점으로 변화의 동심원이 퍼져나간다. 생각해보라. 한 사람이 한 가지 습관으로 시작해 두 가지, 세 가지 습관으로 늘려가고 정체성이 바뀔 때 가족과 친구에게 영감을 주고, 다시 그들이 동료 집단의 마인드세트가 바뀌도록 영향을 주며, 이것이 들불처럼 번져 무력감의 문화를 몰아내고 모두에게 힘을 주어 서서히 세상을 변화시킬 것이다. 여러분 자신과 가족이 작은 변화를 시작할 때 자연스럽게 변화의 물결로 이어질 수 있다.

나는 정말 큰 꿈을 꿀 때(상당히 자주 있는 일이다) 행동 설계가 오늘날 만연한 실패의 문화를 반전시킴으로써 세계가 필요로 하는 대규모의 변화를 만들어내는 데 어떤 역할을 할 수 있을지 생각한다. 정확한 행동 모형과 효과적인 변화 방법이 상식이고 일반적인 관행이 된다면 어떨까? 변화가 일어날 가능성이 엄청날 것이다. 어린아이들은 뿌듯함의 감정을 배우고 그것을 평생 적용할 수 있을 것이다. 전 세계 의료 종사자들은 환자들이 건강한 습관을 만들 수 있게 돕고, 자신의 스트레스를 효과적으로 관리하는 데도 같은 개념을 적용할 수 있을 것이다. 회사에서는 업무상 어려움을 행동 변화의 틀로 바라봄으로써 월요일 아침 회의가 좀더 생산적으로 바뀔 수 있을 것이다. 혁신가들은 행동 설계를 활용해 사람들이 최고의 자신으로 변신하도록 도와줄 제품을 만들 수 있을 것이다. 정책 입안자들과 공무원들은 좀더 쉽게 관념적 쟁점을 구체적 행동으로 변환한 다음 지역사회가 해결책을 만들고 실행하도록 권한을 부여할 수 있을 것이다.

미래에 대한 비전은 몇 년이 걸릴지 모르지만, 다행히 변화의 문화는 지금 당장 배양할 수 있다. 변화의 연쇄반응을 일으킬 가장 빠른 방법 가운데 하나는 사람들에게 행동 설계의 사고와 실행 방식을 소개하는 것이다. 이것은 당신이 오늘 저녁 식사 자리에서도 할 수 있는 일이다. 이 책에서 배운 내용을 친구와 가족에게 이야기하라. 변화에 대한 공동의 이해는 집단 변화의 기반이 된다. 정확한 공통의 관점에서 문제를 파악할 때 더 빨리, 더 성공적으로 문제를 해결할 수 있다. 그리고 행동 설계는 이런 측면에서 탁월하다. 직장의 팀원들이 행동 모형을 배워 습득하게 되면 그들은 공동의 방식으로 행동에 대해 생각하고 변화에 관해 이야기하게 된다. 이러한 방법들을 배울 때 그들은 구체적이고 실용적인 수준의 변화를 위한 공동의 설계 방식 또한 배우게 된다. 이는 효율성과 영향력을 높이고 갈등을 줄여 귀중한 시간을 낭비하지 않게 한다는 것도 중요하다. 당신의 도움으로 주변 사람 모두가 인간의 행동 원리와 변화를 설계할 수 있는 방식을 공유하고 그 혜택을 누릴 수 있다.

지금 당장 당신이 변화의 문화를 만드는 데 도울 수 있는 방법은 다음과 같다.

공유

- 주변 사람들과 변화에 관해 대화를 나눈다. 이 책에서 가장 핵심인 통찰(예컨대 포그 원칙)을 공유한다.
- 사람들이 이미 하고 싶어 하는 일을 하도록 돕는다.
- 사람들이 성공을 느끼게 돕는다.

자신의 변화를 위해서는 두 원칙을 이렇게 수정할 수 있다.
- 자신이 이미 하고 싶었던 일을 하도록 하라.
- 자신이 성공을 느끼도록 하라.
- 이 책에서 가장 유용했던 내용을 공유한다. 정원에 비유해 습관 형성을 설명할 수 있을 것이다. 습관은 우리가 정원을 설계하고 가꾸는가 혹은 방치하는가에 따라 늘 변화하는 풍경으로 볼 수 있다. 적합한 자리에 작은 씨앗을 심은 다음 잘 가꿈으로써 습관을 시작할 수 있다. 습관의 정원사로서 우리는 완벽하지 않을

것이다. 시행착오도 겪을 것이다. 하지만 괜찮다. 또는 나쁜 습관 고치기는 엉킨 매듭 풀기와 마찬가지라는 비유를 공유할 수도 있다. 이런 이미지는 습관을 없애는 데 올바른 기대를 설정하게 하고, 사람들이 수치심과 자기비판을 떨쳐버릴 수 있게 도와주는 데도 매우 효과적이다. 이러한 아이디어는 공유하기 쉬울뿐더러 사람들이 새롭고, 정확하고, 유용한 방식으로 변화와 습관을 생각할 수 있게 한다.

실행

- 다른 사람들이 뿌듯함을 느낄 수 있게 지도한다. 뿌듯함이 어떤 기분이며 어떤 기능을 하는지(새로운 습관의 정착) 알려준다. 축하의 방법도 설명해줄 수 있다. 그리고 다른 사람들이 잘 해낸 일이 있을 때 적극적으로 축하해준다. 어떤 순간이든 (특히!) 작은 성공을 거뒀을 때도 뿌듯함을 느끼게 해줄 수 있다. 딸이 장난감(수십 개 중에서) 하나를 집어서 정리했을 때 손뼉을 쳐주거나 안아주라.

- 이 책의 본문이나 연습문제를 공유한다. 온라인으로 행동군 양식을 구해서 친구와 가족들과 사용해본다. 이 책의 연습문제들은 직장이나 학교에서 효과적인 학습 도구가 된다는 사실을 발견하게 될 것이다.

- 긍정적 변화를 가족의 전통으로 만든다. 아무리 어려워 보여도 지금 시작하라. 작은 습관 기르기와 뿌듯함의 개념을 공유함으로써 오늘부터 서로의 변화를 지지해줄 수 있다. 함께 변화의

기술을 배우고 연습할 때 자율권 부여라는 지속적 유산이 만들어질 것이다.

내 강의 중 가장 유명한 건 아마 2007년에 했던 강의일 것이다. 〈뉴욕타임스〉에서는 이 강의를 '페이스북 수업'이라고 지칭했다. 페이스북에서 막 앱 호스팅 플랫폼을 시작했던 그때 나는 소셜네트워크를 사용하는 일반인들이 다른 사람에게 어떤 영향을 미칠 수 있는지에 관한 이해를 높이기 위해 스탠퍼드대학에 새로운 강의를 개설했다. 학생들은 초기 행동 모형의 원칙과 절차를 사용해 앱을 개발하고 (소셜미디어의) 현실 세계에 무료로 내놓았다. 그 앱들은 내가 상상했던 이상으로 성공적이었다. 학생들은 돈을 전혀 쓰지 않고도 6개월 만에 2,400만 명 이상을 끌어들였다. 나는 세상을 변화시킬 수 있는 행동 설계의 놀라운 잠재력과 그에 수반되는 엄청난 책임감을 목격했다.

나는 이 책에서 행동 변화를 어떻게 생각하고 설계할지에 관한 몇 가지 중요한 통찰을 공유했다. 내가 보기에 그것은 많은 획기적 발견과 비슷하다. 보편적 원리가 밝혀지면 좋게 쓰일 수도, 나쁘게 쓰일 수도 있다. 기본 화학 원리가 비료와 생명을 구해줄 약을 만드는 데 활용될 수도 있고 같은 원리가 화학 무기를 개발하는 데 사용될 수도 있다.

페이스북 수업을 마무리하는 즉시 나는 가장 야심 차고도 요원한 최고선일 세계 평화를 위해 기술을 매개로 한 사회적 영향력을 어떻게 활용할 수 있는가에 초점을 맞췄다. 3개월 만에 나는 스탠퍼드대학에 '평화의 기술'Peace Technology이라는 새로운 강좌를 개설하고 수강 신청을 받았다. 이런 노력은 강의가 끝나고도 확대되어 현재 '평화 혁신'Peace Innovation이라는 이름 아래 전 세계의 연구소에서 계속되고 있으며 본부는 헤이그에 있다.

그보다 하위 수준이지만 똑같이 높은 이상을 품고 나는 스탠퍼드 대학 밖에서 혁신가들에게 웰니스와 경제적 안정, 지속가능성을 향상시킬 제품을 만들어내는 방법을 가르치는 데 주력해왔다. 선행에 집중하는 것은 내게 자연스러운 일이었다. 나는 받은 만큼 베풀어야 한다는 종교적 전통 속에서 성장했고 항상 그렇게 믿어왔기 때문이다.

나는 일을 하면서 운이 좋았다는 것을 알고 있다. 수년간 사람들은 내게 문을 열어주고, 도전해오고, 영감을 주었다. 그 결과 나는 작은 습관 기르기를 비롯해 이 책에 소개한 모형과 방법들을 발견하고 명료화하는 데에 내 연구와 노력, 삶을 집중할 수 있었다. 나는 퍼즐의 답을 하나씩 받아온 느낌이다. 그리고 마침내 맞춰진 퍼즐은 새로우면서도 매우 익숙했다.

그 후 비행기 추락 꿈을 꾸면서 나는 연구의 핵심적인 통찰을 공유하지 못했다는 사실을 깨달았다. 그리고 그 사실이 몹시 마음에 걸렸다. 나는 선을 행할 잠재력이 있으면서 인류를 위해 쓰지 않는 것은 비윤리적이라고 믿는다. 그건 암 치료제를 발견하고 혼자만 알고 있는 것과 같을 것이다.

그러나 이제 이 책이 현실이 되어 독자의 손에 들리게 되어 감사하고 매우 기쁘다(그래서 더 편히 자게 된 것도 당연히 기쁘다). 오늘 비행기가 추락하는 꿈을 꾼다면 이제는 후회되는 일이 없을 것이다. 여러분이 여기 나온 모형과 방법들을 어떻게 활용해 삶을 더 행복하게 만들고, 주변 사람들을 돕고, 더 살기 좋은 세상을 만들 수 있을지 기대가 된다.

나는 이 책이 어떤 어려움이 닥쳐도 이겨내고, 아직 이루지 못한 꿈을 실현하는 데 필요한 것을 제공해주리라고 믿는다. 이제 당신에게는 변화를 위한 시스템이 있다. 추측할 필요가 없다. 어떤 열망이나 결과를 원하든 설계할 수 있다.

하지만 그게 전부가 아니다. 이제 당신은 습관과 인간 행동에 관한 온갖 헛소리와 혼란을 걸러낼 수 있다. 행동이 어떻게 작동하는지, 무엇에 주의를 기울이고 수용할지, 무엇을 무시하고 버려야 할지 이제 알기 때문이다. 친구가 새로운 운동 또는 다이어트 프로그램을 이메일로 전달해주면 휙 훑어만 봐도 당신이 알아야 할 모든 내용을 알 수 있을 것이다. 당신이 이미 하고 싶은 일을 하게 해줄 것인가? 성공의 느낌을 얻게 해줄 것인가? 두 질문에 대한 답이 당신을 자유롭게 해줄 것이다. 새로운 프로그램이 이 두 가지 요구 조건을 충족시키지 못한다면 애써 시간을 들일 가치가 없기 때문이다.

지구에서의 우리 삶의 질은 시간을 어떻게 쓸지, 인생을 어떻게 살지, 가장 중요하게는 자신과 타인을 어떻게 대할지 등, 우리가 매일 하는 선택에 달려 있다. 요즘 사람들이 그 어느 때보다 더 비통해하고, 분열하고, 압도당하는 듯한 모습을 보고 있으면 슬프다. 지구촌의 우리는 점점 더 자신과 타인들로부터 단절되어간다. 우리를 병들게 하는 문제를 고치기 위한 첫걸음은 긍정적인 감정을 받아들이는 것이다.

습관은 그 목적을 위한 수단이다. 습관은 우리에게 변화의 기술을 가르치고, 우리의 꿈을 향해 나아가게 하며, 뿌듯한 감정을 세상에 보태준다. 당신은 성공의 느낌을 받아들이고, 매일매일의 삶에 선을 늘림으로써 자신뿐 아니라 타인을 위해 세상을 더 밝게 만들 것이다. 수치심과 죄책감을 이겨내고 평생 자기비하 발언을 견뎌온 자신과 타인을 해방시킬 것이다.

이 책이 제시하는 가장 심대한 변화는 개별 습관의 형성이 아니라 경험의 본질적 변화다. 고통에서 조금 덜한 고통으로, 두려움에서 희망으로, 압도당하는 느낌에서 힘을 얻는 느낌으로의 변화. 이런 변화는 에이미, 주니, 린다, 사리카, 수쿠마르, 마이크를 비롯한 다른 이들이 긍정적 감정을 받아들이고 그것을 더 큰 변화를 위한 지렛대로 사용하기로 했기 때문에 이뤄졌다. 그러면서 그들은 참담한 환경과 역기능의 악순환, 수년간의 자기비판을 극복했다. 그들은 자기 삶에 대한 통제력을 회복하고 우리 모두가 할 수 있는 일을 알아냈다. 그것은 바로 아주 작은 변화를 통한 모든 것의 변화다.

행동 설계: 모형, 방법, 원리

=======

다음 표는 행동 설계의 모형과 방법, 원리들을 한눈에 볼 수 있게 정리해 놓은 것이다. 이 표를 (또는 최신 버전을) 업무 프로젝트나 교육용으로 사용하고 싶다면 Behavior Design.info에 방법이 나와 있다.

행동 설계

모형	방법
새로운 습관을 만드는 데 집중한다	예전 습관을 멈추는 데 집중한다
포그행동모형 B=MAP 동기–PAC 모형 동기 파동 동기의 상충 능력–PAC 모형 능력 체인 자극–PAC 모형	**작은 습관**(작은 습관 특유의 방법) 스타터 단계 축소 앵커(기존 일과 ➡ 새로운 습관) 습관 레시피: ___ 후에 ___ 할 것이다 레시피 작성 도구 진주 같은 습관 예행연습: 앵커 ➡ 새로운 습관 ➡ 축하 뿌듯함을 느낄 수 있게 축하하기
행동 설계의 다른 모형들 행동군 자동성 스펙트럼 변화의 기술 행동 변화 마스터플랜 파워 존 모형	**다른 모형들**(작은 습관에도 적용) 행동 문제 해결하기: P ➡ A ➡ M 행동군 양식 요술봉의 사용 포커스 맵 그리기(행동 매칭) 발견의 질문 & 돌파구 질문 설계의 흐름: 하기 쉽게 만들기

원칙

#1: 사람들이 이미 하고 싶은 행동을 하도록 돕는다
#2: 사람들이 성공을 느끼게 돕는다

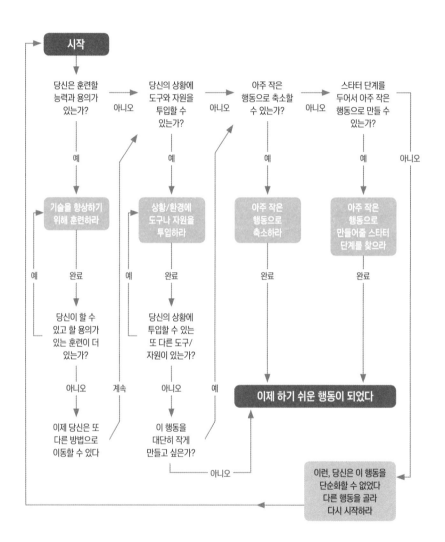

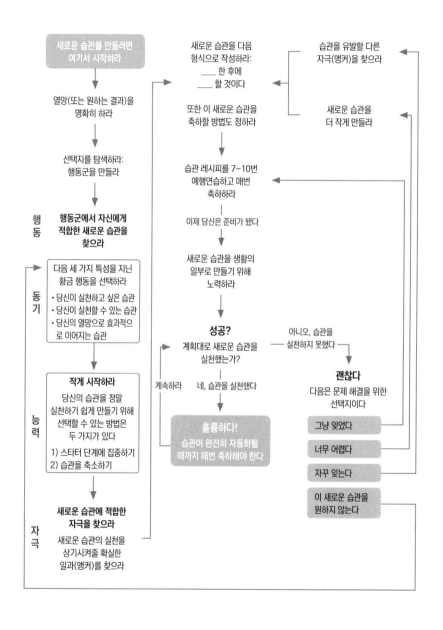

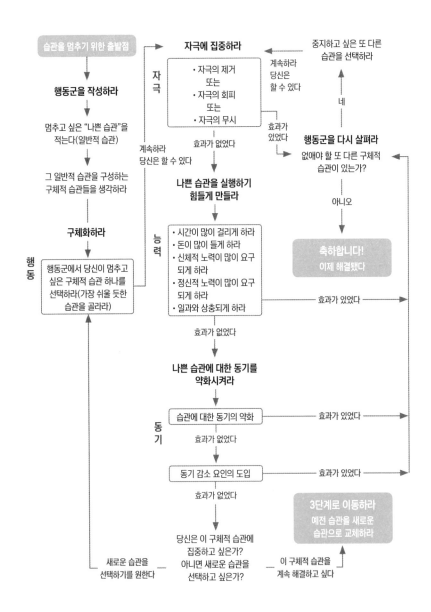

행동 변화 마스터플랜 – 3단계

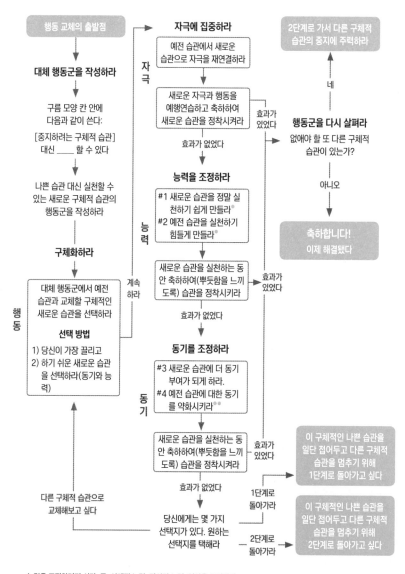

●　능력을 조정하려면 시간, 돈, 신체적 노력, 정신적 노력, 일상을 고려하라.
●●　예전 습관에 동기 부여가 덜 되게 하거나, 동기 감소 요인을 추가하거나, 두 가지 방법 모두로 동기를 감소시킬 수 있다.

성공을 표현하는 32가지 방식

성공의 느낌은 지속적 변화를 가져오는 데 도움이 되므로 청자가 성공했다고 느낄 수 있도록 메시지를 구성하는 32가지 방법을 소개한다.

32가지가 모든 사람에게 똑같은 영향을 주지는 않는다. 내 연구에 따르면 어떤 사람들은 자신의 성과에 대한 피드백을 좋아한다. 어떤 사람들은

	A. 일회성	B. 역대 최고	C. 지난번과 비교
1. 당신의 뛰어난 실적	당신은 많은 제품을 판매하는 데 성공했다.	당신은 이번 주에 그 어느 때보다 많은 제품을 판매했다. 개인 최고 기록이다.	당신은 이번 주에 지난주보다 20% 더 제품을 판매했다.
2. 다른 사람과 비교한 당신의 실적	오늘 당신은 동료보다 많은 제품을 판매했다.	당신은 어느 누구보다 많은 제품을 판매했다. 신기록이다.	지난 한 달 동안 당신은 어느 직원보다 판매 실적이 크게 향상됐다.
3. 협업할 때의 당신의 성과	당신 덕택에 당신 판매팀은 좋은 실적을 올렸다.	당신은 팀이 사내 기록을 갱신하는 데 중추적 역할을 했다.	당신은 당신 팀이 지난달 실적을 초과하도록 도왔다.
4. 나쁜 실적에도 불구하고 좋은 소식	당신은 제품을 판매하지는 못했지만, 잠재 고객을 찾아내는 훌륭한 일을 해냈다.	당신은 제품을 판매하지는 못했지만, 그 어느 때보다 많은 잠재 고객을 찾아냈다.	당신은 제품을 판매하지는 못했지만, 이번 달에 지난달보다 많은 잠재 고객을 찾아냈다.

동료보다 잘했다는 평가에 강하게 반응한다. 그리고 어떤 사람은 (비록 소수이기는 하지만) 성과가 나빠도 잘했다는 이야기를 듣기를 좋아한다.

다음은 판매 실적을 예로 든 32가지 표현법이다.

D. 획기적 기록	E. 올바른 방향성	F. 지속적 노력	G. 그나마 다행	H. 난관에 직면했는데도
당신은 제품 전부를 판매하는 획기적 기록을 세웠다.	지난 분기에 당신은 매주 판매 실적을 갱신했다.	당신은 제품 판매에 필요한 일을 꾸준히 해왔다.	당신은 적어도 비용을 충당할 만큼 제품을 판매했다.	새로운 판매 지역인데도 불구하고 당신은 실적이 좋았다.
당신은 판매액 100만 달러에 도달한 유일한 직원이다.	당신의 판매 실적은 누구보다 빨리 향상되고 있다.	당신은 항상 동료들보다 열심히 일한다.	다른 사람들은 모두 신제품 판매를 일찌감치 포기했지만, 당신은 계속 버텼다.	지난주에 본사 지원을 받지 못했음에도 불구하고 당신은 모든 동료보다 판매 실적이 좋았다.
당신의 도움으로 당신 팀은 판매액 100만 달러에 도달했다.	당신은 팀이 점점 효율적으로 거래를 성사시키도록 돕고 있다.	당신의 꾸준한 노력은 팀원 모두가 성공하도록 도움을 주었다.	당신 팀은 이번 주에 어떤 거래도 성사시키지 못했지만, 당신의 도움으로 많은 것을 배웠다.	팀의 규모가 작음에도 불구하고 당신은 팀이 성공하도록 도왔다.
당신은 제품을 판매하지는 못했지만, 우리 회사와 1년을 함께한 기록을 세웠다.	당신은 제품을 판매하지는 못했지만, 시간이 갈수록 잠재 고객을 찾아내는 능력이 향상되고 있다.	당신은 제품을 판매하지는 못했지만, 열심히 일하고 절차를 충실히 따랐다.	당신은 제품을 판매하지는 못했지만, 심한 독감을 앓고 건강하게 복귀했다.	당신은 제품을 판매하지는 못했지만, 그로 인해 좌절하지 않았다.

┊ **옮긴이** ┊ 김미정

서울대학교 사회교육과에서 학사 및 석사 학위를 받았으며 미국 일리노이대학교에서
교육심리학 박사과정을 수료했다. 고등학교와 대학교에서 학생들을 가르치기도 했고
10년 넘게 영상번역가로 활동했다. 글밥아카데미를 수료하고 바른번역에 소속되어
활동 중이다. 옮긴 책으로는 《그릿》 《자기통찰》 《끝까지 해내는 기술》 《최고의 변화는
어디서 시작되는가》 《오직 스스로의 힘으로 백만장자가 된 사람들의 52가지 공통점》
《변화의 시작 5AM 클럽》 《나는 혼자일 때 더 잘한다》 《이웃집 백만장자 변하지 않는
부의 법칙》 《슈퍼버그》 등이 있다.

습관의 디테일

초판 1쇄 발행 2020년 10월 26일
초판 9쇄 발행 2023년 12월 15일

지은이 BJ 포그
옮긴이 김미정
펴낸이 유정연

이사 김귀분
책임편집 신성식 **기획편집** 조현주 유리슬아 서옥수 황서연 정유진 **디자인** 안수진 기경란
마케팅 반지영 박중혁 하유정 **제작** 임정호 **경영지원** 박소영 **교정교열** 김우영

펴낸곳 흐름출판(주) **출판등록** 제313-2003-199호(2003년 5월 28일)
주소 서울시 마포구 월드컵북로5길 48-9(서교동)
전화 (02)325-4944 **팩스** (02)325-4945 **이메일** book@hbooks.co.kr
홈페이지 http://www.hbooks.co.kr **블로그** blog.naver.com/nextwave7
출력·인쇄·제본 (주)상지사 **용지** 월드페이퍼(주) **후가공** (주)이지앤비(특허 제10-1081185호)

ISBN 978-89-6596-404-9 03190